用友 ERP 实验中心精品教材

财务软件应用实训教程

（用友 ERP-U8 V10.1 版）

杜素音　裴小妮　主编

清华大学出版社

北 京

内 容 简 介

本书以一个商业企业会计工作岗位为载体，设计了八个教学项目，主要包括系统的初始化、总账系统的日常与期末业务处理、报表的制作分析、固定资产管理、薪资管理系统、采购管理、销售管理、库存管理以及存货核算等。在课程内容编排上，以企业业务流程为导向，循序渐近、举一反三，并安排有项目九综合实训练习，帮助学生快速理解并掌握财务业务一体化管理流程及其操作技能。

本书主要供高等学校会计、经济信息管理等相关专业教学使用，也可作为会计、财务人员及业务人员会计信息系统应用的培训教材。本书配套课件下载地址为http://www.tupwk.com.cn。

本书封面贴有清华大学出版社防伪标签，无标签者不得销售。

版权所有，侵权必究。举报：010-62782989，beiqinquan@tup.tsinghua.edu.cn。

图书在版编目(CIP)数据

财务软件应用实训教程：用友ERP-U8 V10.1版 / 杜素音，裴小妮 主编. —北京：清华大学出版社，2017(2022.7重印)

(用友 ERP 实验中心精品教材)

ISBN 978-7-302-46982-7

Ⅰ. ①财… Ⅱ. ①杜… ②裴… Ⅲ. ①财务软件—高等职业教育—教材 Ⅳ. ①F232

中国版本图书馆 CIP 数据核字(2017)第 017747 号

责任编辑：崔 伟 马遥遥
封面设计：牛艳敏
版式设计：方加青
责任校对：曹 阳
责任印制：宋 林

出版发行：清华大学出版社
　　　网　　　址：http://www.tup.com.cn，http://www.wqbook.com
　　　地　　　址：北京清华大学学研大厦 A 座　　　　　邮　　编：100084
　　　社 总 机：010–83470000　　　　　　　　　　　邮　　购：010-62786544
　　　投稿与读者服务：010-62776969，c-service@tup.tsinghua.edu.cn
　　　质 量 反 馈：010-62772015，zhiliang@tup.tsinghua.edu.cn
　　　课 件 下 载：http://www.tup.com.cn，010-62781730
印 装 者：三河市铭诚印务有限公司
经　　销：全国新华书店
开　　本：185mm×260mm　　　印　　张：21.75　　　字　　数：607 千字
版　　次：2017 年 7 月第 1 版　　　印　　次：2022 年 7 月第 6 次印刷
定　　价：55.00 元

产品编号：073667-02

前言

随着市场经济的深入发展，越来越多的企事业单位使用财务软件进行账务处理，为了使学生能够掌握一技之长，适应社会经济不断发展的新形势、新需求，我们总结已使用过的教材，结合课堂教学提升需要，编写了本书。

本书是以电算化账务处理的工作内容为平台，按照实际会计工作账务处理的流程为主线，旨在培养学生财务软件操作技能。

通过本书的学习，读者应达到以下目标：

- 熟悉用友财务软件的基本理论、工作内容、操作流程。
- 理解并掌握总账系统的初始化设置、日常业务及期末业务处理。
- 掌握报表的制作与财务比率分析。
- 掌握固定资产管理系统的初始化设置、日常业务处理、报表账簿查询及期末业务处理。
- 掌握薪资系统的初始化设置、日常业务及期末业务处理。
- 掌握应收款管理系统和应付款管理系统的初始化设置、日常业务处理、转账处理、报表账簿查询及期末业务处理。

全书分为九个项目，由广州番禺职业技术学院杜素音担任主编，负责总体策划及统稿工作，并编写项目一、项目二、项目四、项目七、项目八、项目九，广州番禺职业技术学院裴小妮老师编写项目三、项目五和项目六。在教材编写过程中，广州番禺职业技术学院王晔老师和杨广莉老师对本书进行了补充完善与修订；林少珑、罗萍萍、连纯燕、甄蓬娇、陈楚仪、陈敏婕等同学对本书进行了校对，新道科技股份有限公司陈建明先生也给予了大力支持。限于我们的学识水平，书中疏漏在所难免，恳请广大读者不吝赐教。

杜素音

2017年3月

重要提示：

为便于教学和自学，本书提供以下资源：

- 8个项目的实验账套备份
- PPT教学课件

读者可通过http://www.tupwk.com.cn/downpage，输入书名或书号搜索即可。

读者若因链接问题出现资源无法下载等情况，请致电010-62796865，也可发邮件至服务邮箱wkservice@vip.163.com。

目录

项目一 系统管理

────── 实 训 要 求 ──────

(1) 增加操作员
(2) 新建账套
(3) 账套输出
(4) 账套引入

────── 实 训 资 料 ──────

1. 新建账套

1) 增加操作员
操作员编号：01；账套主管：刘子松。

2) 建账信息
账套号：100；账套名称：北方制造；启用会计期间：2017年1月1日。

3) 企业基本资料
北京市北方机械制造股份有限公司有一个基本生产车间、一个维修安装辅助生产车间，生产产品有四辊冷轧机、热轧机两种，使用圆钢、钢板、螺栓等主要材料及一些辅助材料。

企业名称：北京市北方机械制造股份有限公司(简称：北方制造)

地址：北京市八达岭科教园区祥元东路10号

开户银行：中国工商银行北京市分行昌平支行

账号：100101040029

法人代表：杨鲁林

注册资金：1000万元

联系电话：010－68920000

邮编：100000

税务登记号：11022577338105100

4) 核算类型
该企业记账本位币为人民币(RMB)；企业类型：工业企业；行业性质：2007年新会计制度科目；账套主管：刘子松；按行业性质预设会计科目。

5) 基础信息

存货、客户、供应商分类，有外币核算。

6) 分类编码方案

科目编码级次：422222

部门编码级次：22

收发类别编码级次：111

存货分类编码级次：222

其他采用系统默认。

7) 设置数据精度

该企业对存货数量、存货单价、开票单价、件数、换算率等小数位均约定为2位。

8) 启用的系统与启用日期

启用总账系统。启用日期为：2017年1月1日。

2. 修改账套

将账套名称更改为"北方制造"。

3. 增加操作员及赋予权限

操作员权限如表1-1所示。

表1-1 操作员权限表

操作员编号	操作员姓名	密码	系统权限
01	刘子松	空	拥有账套主管全部权限
02	王青军	空	基础信息、财务会计全部权限
03	王颖	空	拥有出纳及出纳签字权限

4. 账套备份与引入

1) 设置系统自动备份计划并输出账套

在计算机D盘下新建"100账套备份"文件夹，再在"100账套备份"文件夹中新建"(1-1)系统管理"文件夹，并将账套备份至新建的"(1-1)系统管理"文件夹中。

2) 账套引入

将备份的账套从计算机D盘下新建的"100账套备份/(1-1)系统管理"文件夹中引入。

—— 实训指导 ——

1. 新建账套

1) 以admin的身份登录系统管理

(1) 进入系统管理如图1-1所示，系统管理员登录系统管理如图1-2所示。

(2) 选择"开始"→"所有程序"→"用友ERP-U8"→"系统服务"→"系统管理"→"注册"命令，操作员为admin，密码为空。

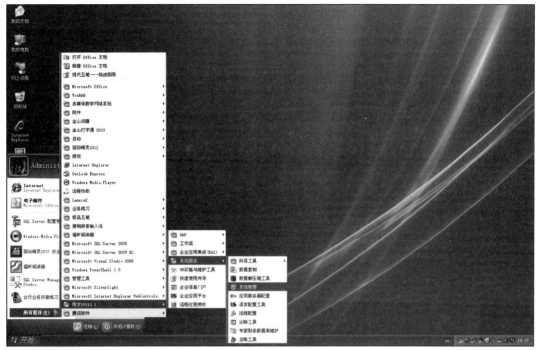

图1-1　进入系统管理

图1-2　系统管理员登录系统管理

2) 增加操作员：刘子松

用户增加及设置操作员权限如图1-3所示。单击"权限"按钮进入"用户管理"对话框，然后单击"增加"按钮弹出"操作员详细情况"对话框，录入编号、姓名和角色信息。

提示： 设置权限时应该先选择相应的账套后，再选择人员，最后设置权限。

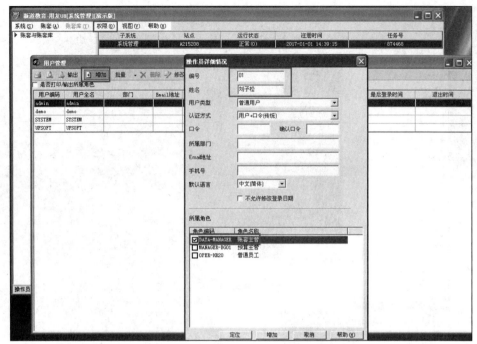

图1-3 用户增加及设置操作员权限

3) 建立账套

(1) 选择"系统服务"→"系统管理"→"注册",以admin的身份登录系统管理,如图1-4所示。

图1-4 系统管理员登录系统管理

(2) 在图1-5中选择"新建空白账套"单选按钮,单击"下一步"按钮会弹出如图1-6所示界面,录入账套名称及启用期间账套信息:账套号:100;账套名称:北京市北方机械制造股份有限公司;启用会计期:2017年1月。单击"下一步"按钮创建账套单位信息,按照初始提供的企业基本信息逐项填入,如图1-7所示。完成后继续单击"下一步"按钮。

图1-5 新建空白账套

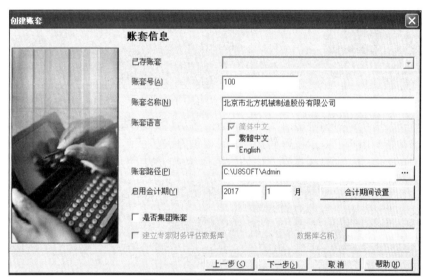

图1-6 账套名称及启用期间

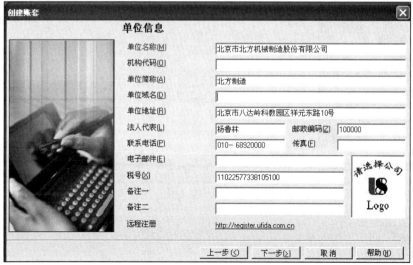

图1-7 创建账套单位信息

(3) 在图1-8中设置账套的核算类型,企业类型:工业;行业性质:2007新会计制度科目。完成后单击"下一步"按钮。

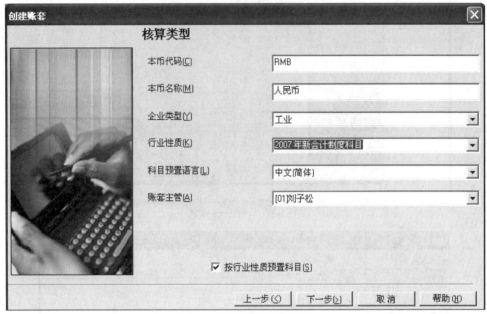

图1-8　账套核算类型设置

(4) 在图1-9中设置账套基础信息:存货、客户、供应商分类,有外币核算。然后单击"下一步"按钮弹出如图1-10所示提示框,其提示"可以创建账套了么?"单击"是"按钮,开始环境初始化,如图1-11所示(一般情况下建账时间较长,请耐心等待几分钟)。

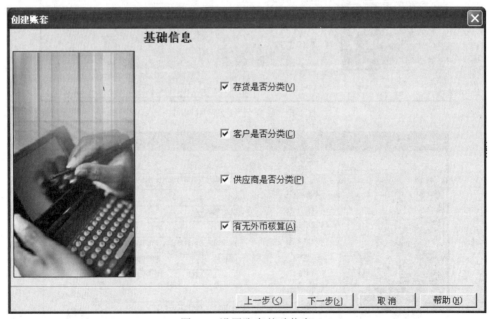

图1-9　设置账套基础信息

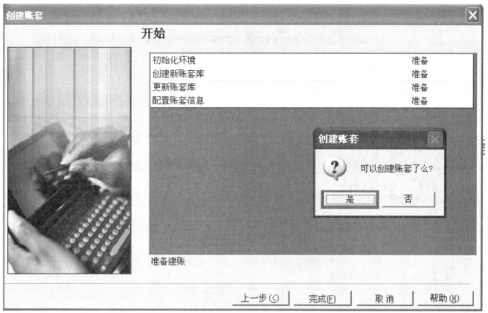

图1-10　开始创建账套

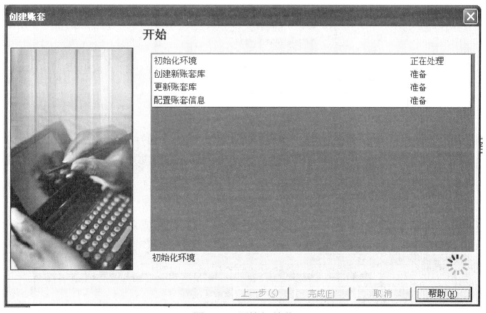

图1-11　环境初始化

(5) 在图1-12中进行分类编码方案的相应设置。

科目编码级次：422222

部门编码级次：22

收发类别编码级次：111

存货分类编码级次：222

其他采用系统默认。

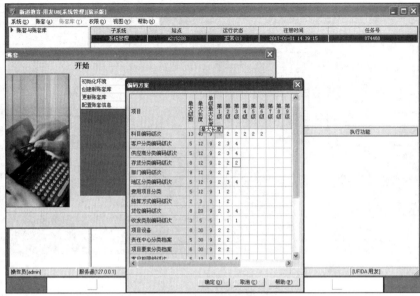

图1-12　分类编码方案设置

(6) 单击"确定"按钮后，再单击"取消"按钮，将弹出图1-13所示"数据精度"对话框。

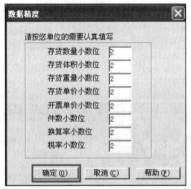

图1-13　"数据精度"对话框

(7) 单击"确定"按钮后，等待几分钟将出现图1-14所示建账成功提示界面。

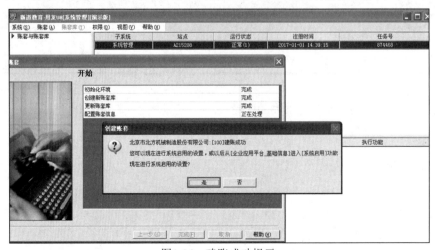

图1-14　建账成功提示

(8) 单击"是"按钮，启用总账系统，如图1-15所示。选择第一行"总账"，设置启用日期：2017年1月1日，然后单击"确定"按钮后，出现图1-16所示启用系统提示信息："确实要启用当前系统吗？"单击"是"按钮，弹出图1-17所示窗口，系统启用完成。

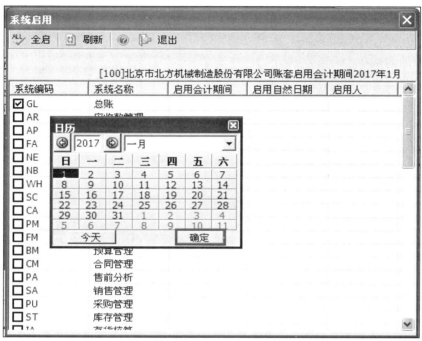

图1-15 "系统启用"对话框

图1-16 启用系统提示信息

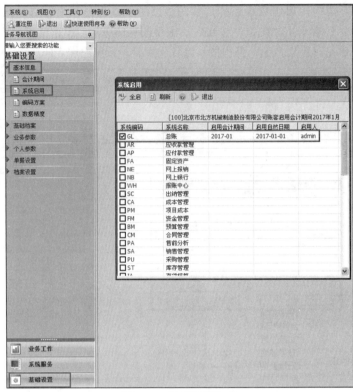

图1-17　系统启用完成

　　启用子系统也可登录企业应用平台进行操作："开始"→"所有程序"→"用友ERP-U8 V10.1"→"企业应用平台"。操作命令："基础设置"→"基本信息"→"系统启用",如图1-17所示。

2. 修改账套

　　在图1-18所示系统登录界面中以"账套主管01刘子松"的身份登录,在系统管理中选择"账套"→"修改"命令(见图1-19),将账套名称修改为"北方制造",然后单击"下一步"按钮,系统弹出图1-20所示账套信息确认对话框。

图1-18　系统登录界面

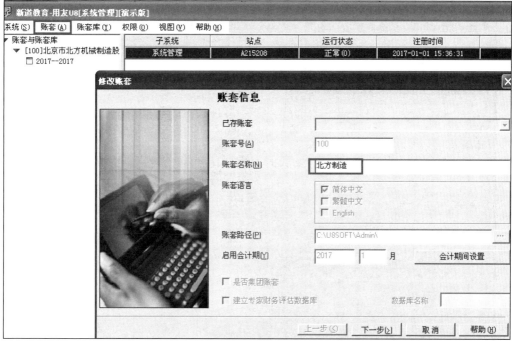

图1-19 系统管理

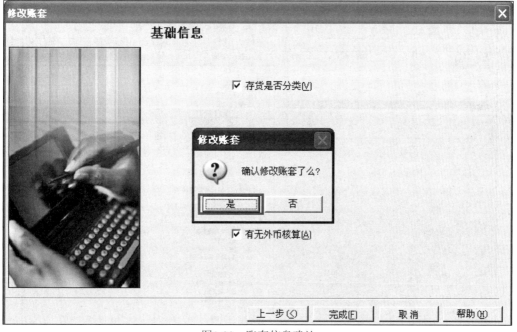

图1-20 账套信息确认

3. 增加操作员及赋予权限

参照表1-1所示操作员权限，完成操作员权限设置。在"操作员权限"对话框，赋予"02王青军"权限如图1-21所示；赋予"03王颖"权限如图1-22所示。

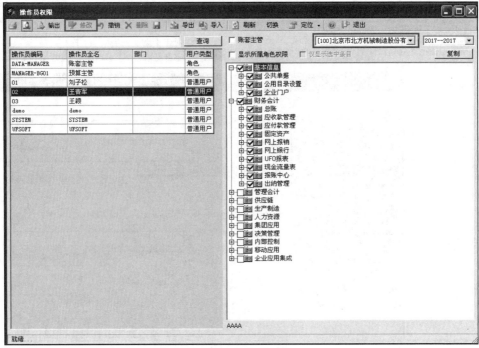

图1-21 操作员权限

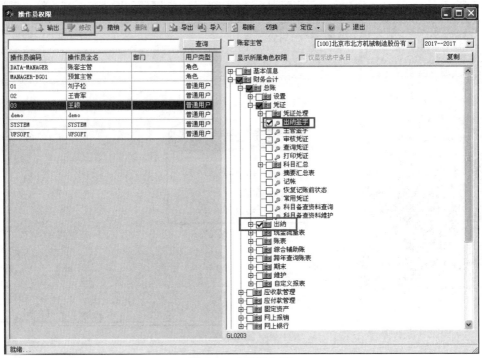

图1-22 出纳员权限

4. 账套备份与引入

1) 设置系统自动备份计划并输出账套

由系统管理员admin在系统管理中设置备份计划。

在企业实际运营过程中，定时将企业数据进行备份并存储到不同的介质上(如U盘、移动硬盘、网盘、云盘等)，对数据的安全性极为重要。

操作步骤：

(1) 在计算机D盘下新建"100账套备份"文件夹，再在"100账套备份"文件夹中新建"(1-1)系统管理"文件夹。

(2) 由系统管理员admin注册系统管理，选择"系统"→"设置备份计划"命令打开"备份计划设置"对话框，如图1-23所示。

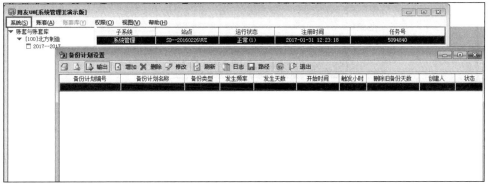

图1-23　设置备份计划

(3) 单击"增加"按钮，弹出"备份计划详细情况"对话框后，录入计划编号"2017-1"、计划名称"100账套备份"；在开始时间录入"18:00:00"，如图1-24所示。

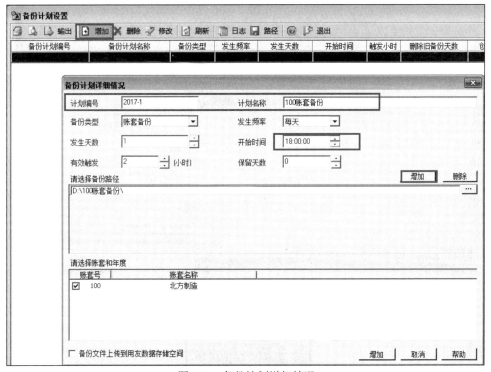

图1-24　备份计划详细情况

(4) 单击"增加"按钮，完成备份计划设置，单击"取消"按钮退出。

(5) 选择"账套"→"输出"命令进行账套备份，如图1-25所示，在图1-26中选择账套备份路径，单击"确定"按钮后系统弹出如图1-27所示对话框提示备份成功。

图1-25 账套输出

图1-26 选择账套备份路径

图1-27 备份成功

2) 引入账套

当数据被破坏时，可将最近备份的账套引入本系统。 例如将备份的账套从计算机D盘下新建的"100账套备份/(1-1)系统管理"文件夹中引入，操作方法是：由系统管理员admin注册系统管理，选择"账套"→"引入"命令进行账套恢复。如图1-28所示选择账套备份文件，单击"确定"按钮后系统弹出提示账套引入成功，如图1-29所示。

图1-28　选择账套备份文件

图1-29　账套引入成功

课后实训练习一

1. 新建账套

(1) 账套号："999"，账套名称：总账培训账套，启用日期：2017年1月，单位名称：北京天宇公司。

(2) 记账本位币："人民币"，企业类型："工业"，行业性质："2007新会计制度科目"并预置科目。

(3) 存货及供应商不分类，客户分类，有外币核算。

(4) 编码方案：

- 科目编码方案为4-2-2-2。
- 部门编码方案为2-2。
- 结算方式编码方案为1-1。
- 客户分类编码方案为1-1-2。
- 其他编码项目保持不变。

(5) 数据精度均默认2位。

(6) "总账"，启用日期为2017年1月1日。

2. 用户管理

增加操作员A01 "张兰"为账套主管。

增加操作员A02 "王新"，并赋予账套主管权限。

增加操作员A03 "李渊"，并为其赋予"总账"的所有权限。

账套输出：请同学们将练习账套备份到D盘"练习一系统管理"文件夹。

课后实训练习二

1. 建立新账套

1) 账套信息

账套号：学号最后三位(例如学号为201201710101，则账套号为"101")；账套名称：成都阳光信息技术有限公司；采用默认账套路径；启用会计期：2017年4月；会计期间：默认。

2) 单位信息

单位名称：成都阳光信息技术有限公司；单位简称：阳光公司；单位地址：成都市金牛区信息路999号；法人代表：肖剑；邮政编码：610039；联系电话及传真：028-12345678；税号：110 108 200 711 013。

3) 核算类型

该企业的记账本位币：人民币(RMB)；企业类型：工业；行业性质：2007新会计制度科目；账套主管：你本人名字；选中"按行业性质预置科目"复选框。

4) 基础信息

该企业有外币核算，进行经济业务处理时，需要对存货、客户、供应商进行分类。

5) 分类编码方案

该企业的分类编码方案如下。

科目编码级次：4222；客户和供应商分类编码级次：223；收发类别编码级次：12；部门编码级次：122；结算方式编码级次：12；地区分类编码级次：223；存货分类编码：122，其余默认。

6) 数据精度

该企业对存货数量、单价小数位定为2。

7) 系统启用

启用总账系统，启用时间为2017-04-01。

2. 财务分工（功能级权限设置，还有数据级、金额级）

1) 账套号+01（如10101）本人名字

角色：账套主管。所在部门：财务部。负责财务业务一体化管理系统运行环境的建立以及各项初始设置工作；负责管理软件的日常运行管理工作，监督并保证系统的有效、安全、正常运行；负责总账管理系统的凭证审核、记账、账簿查询、月末结账工作；负责报表管理及其财务分析工作。

具有系统所有模块的全部权限。

2) 账套号+02 王晶

角色：出纳。所在部门：财务部。负责现金、银行账管理工作；具有"总账—凭证—出纳签字""总账—出纳"的操作权限。

3) 账套号+03 马方

角色：总账会计、应收会计、应付会计、资产管理、薪酬经理。所在部门：财务部。负责总账系统的凭证管理工作以及客户往来、供应商往来管理工作。具有总账管理、应收款管理、应付款管理的全部操作权限。

4) 账套号+04 白雪

角色：采购主管、仓库主管、存货核算员。所在部门：采购部。主要负责采购业务处理。具有公共目录设置、应收款管理、应付款管理、总账管理、采购管理、销售管理、库存管理、存货核算的全部操作权限。

5) 账套号+05 王丽

角色：销售主管、仓库主管、存货核算员。所在部门：销售部。主要负责销售业务处理，权限同白雪。

注意： 以上权限设置只是为了实训中的学习，与企业实际分工可能有所不同，企业相关操作员比较多，分工更细致。

账套输出：请同学们将练习账套备份到D盘"练习二系统管理"文件夹。

项目二 基础档案设置

—— 实 训 准 备 ——

将系统日期修改为"2017年1月1日"。引入"100账套备份/(1-1)系统管理",以"01账套主管刘子松"身份登录企业应用平台。

—— 实 训 要 求 ——

(1) 部门档案设置
(2) 职员档案设置
(3) 客商信息设置
(4) 外币核算设置
(5) 会计科目设置
(6) 项目目录设置
(7) 凭证类别设置
(8) 结算方式设置
(9) 计量单位设置
(10) 存货档案设置
(11) 开户银行设置
(12) 账套备份

—— 实 训 资 料 ——

1. 部门档案设置

部门档案设置如表2-1所示。

表2-1 部门档案设置表

部门编码	部门名称	部门编码	部门名称
01	总经办	04	采购部
02	财务部	05	仓储部
03	销售部	06	生产车间

2.职员档案设置

1) 人员类别

部门人员编码如表2-2所示。

表2-2　部门人员编码表

人员编码	人员类别
1011	管理人员
1012	经营人员
1013	生产人员

2) 人员档案

部门人员档案设置如表2-3所示。

表2-3　部门人员档案设置表

人员编号	人员姓名	性别	行政部门	人员类别	是否业务员	人员属性
001	王林	男	总经办	管理人员	是	总经理
002	刘子松	男	财务部	管理人员	是	财务主管
003	王青军	男	财务部	管理人员	是	财务会计
004	王颖	女	财务部	管理人员	是	出纳
005	张薇	女	销售部	经营人员	是	销售主管
006	刘琳	女	采购部	经营人员	是	采购主管
007	钱娟	女	仓储部	管理人员	否	货仓主管
008	郑强	男	生产车间	管理人员	是	生产主管
009	李刚	男	生产车间	生产人员	否	生产人员

3.客商信息设置

1) 供应商分类

01配件供应商；02材料供应商。

2) 供应商档案

供应商档案设置如表2-4所示。

表2-4　供应商档案设置表

编号	供应商名称	简称	纳税号	所属分类	开户银行	银行账号
01	北京宏达股份有限公司	宏达股份	110267369814697	配件供应商	中国农业银行朝阳区支行	11660023692368122
02	广州市蓝天钢材厂	蓝天钢材厂	940267369816999	材料供应商	中国工商银行棠下支行	116600742746923343
03	北京思博钢材销售有限责任公司	思博钢材	110267369816687	材料供应商	中国建设银行海淀支行	116600742746923344

3) 客户分类

01 长期客户；02 短期客户。

4) 客户档案

客户档案设置如表2-5所示。

表2-5 客户档案设置表

编号	客户名称	简称	所属分类	税号	开户银行	银行账号	是否默认值
01	东风机车厂	东风机车厂	长期客户	123456789012311	中国银行佛山市洪山分行	6602467398741231	是
02	广州华峰股份有限公司	华峰股份	长期客户	123456789012312	招商银行萝岗分行	6602343898761232	是
03	新世纪公司	新世纪公司	短期客户	123456789012313	中国工商银行广东省支行	6602347898761234	是

4. 外币核算设置

外币核算设置如表2-6所示。

表2-6 外币核算设置表

币名	美元
币符	USD
汇率小数位	5
最大误差	0.00001
汇率方式	固定汇率
折算方式	外币×汇率=本位币
1月份记账汇率	6.5

5. 会计科目设置

(1) 增加或修改会计科目，会计科目设置如表2-7所示。

表2-7 会计科目设置表

科目编码	科目名称	辅助核算	币别/计量
1001	库存现金	日记账	
1002	银行存款	银行账、日记账	
100201	工行存款	银行账、日记账	
100202	中行存款	银行账、日记账	
1122	应收账款	客户往来(不受控应收系统)	
1221	其他应收款	个人往来	
140301	钢板	数量核算	吨
140302	圆钢	数量核算	吨
140303	螺栓	数量核算	个
1405	库存商品		
140501	四辊冷轧机	数量核算	台
140502	热轧机	数量核算	台
1605	工程物资	项目核算	资产
160501	专用物资	项目核算	资产
160502	专用设备	项目核算	资产

(续表)

科目编码	科目名称	辅助核算	币别/计量
2001	短期借款		
2202	应付账款	供应商往来(不受控应付系统)	
2211	应付职工薪酬		
221101	职工工资		
221102	职工福利费		
2221	应交税费		
222101	应交增值税		
22210101	进项税额		
22210102	销项税额		
410401	未分配利润		
5001	生产成本		
500101	直接材料		
500102	直接人工		
500103	制造费用		
5101	制造费用		
510101	工资		
510102	福利费		
510103	办公费		
510104	差旅费		
510105	折旧费		
510106	其他		
6001	主营业务收入		
600101	四辊冷轧机	数量核算	台
600102	热轧机	数量核算	台
6401	主营业务成本		
640101	四辊冷轧机	数量核算	台
640102	热轧机	数量核算	台
6601	销售费用	部门核算	
660101	工资	部门核算	
660102	福利费	部门核算	
660103	办公费	部门核算	
660104	差旅费	部门核算	
660105	折旧费	部门核算	
660106	其他	部门核算	
6602	管理费用	部门核算	
660201	工资	部门核算	
660202	福利费	部门核算	
660203	办公费	部门核算	
660204	差旅费	部门核算	
660205	折旧费	部门核算	
660206	其他	部门核算	

(2) 使用成批复制功能,增加会计科目。

(3) 指定会计科目:指定现金总账科目为库存现金;银行总账科目为银行存款。

6. 项目目录设置

项目目录设置如表2-8所示。

表2-8 项目目录设置表

项目大类名称	核算科目	项目编号	项目分类
自建办公楼	工程物资及其明细科目	1	一期工程
		2	二期工程

其中,一期工程包括"自建办公楼"和"设备安装"两项工程。

7. 凭证类别设置

凭证类别设置如表2-9所示。

表2-9 凭证类别设置表

类型	限制类型	限制科目
收款凭证	借方必有	1001,1002
付款凭证	贷方必有	1001,1002
转账凭证	凭证必无	1001,1002

8. 结算方式设置

结算方式设置如表2-10所示。

表2-10 结算方式设置表

编号	结算方式	编号	结算方式
1	现金结算	3	商业汇票
2	支票结算	301	商业承兑汇票
201	现金支票	302	银行承兑汇票
202	转账支票	4	电汇

9. 计量单位设置

计量单位设置如表2-11所示。

表2-11 计量单位设置表

组号	组别	代码	计量单位名称	主计量单位	换算率
01	无换算关系组	01	台		无换算率
		02	吨		
		03	辆		
		04	公里		
		05	个		
02	有换算关系组	06	袋	袋	
		07	箱		固定换算率1箱=10袋

10. 存货档案设置

1) 存货分类

存货分类如表2-12所示。

表2-12 存货分类表

存货分类编码	存货分类名称
01	原材料
02	成品类
03	劳务类

2) 存货档案设置

存货档案设置如表2-13所示。

表2-13 存货档案设置表

存货分类	存货编码	存货名称	计量单位	属性
01原材料	01	钢板	吨	外购、生产耗用
	02	圆钢	吨	外购、生产耗用
	03	螺栓	个	外购、生产耗用
02成品类	04	四辊冷轧机	台	自制、内销、外销
	05	热轧机	台	自制、内销、外销
03劳务类	06	运输费	公里	外购、应税劳务

11. 开户银行设置

编码：001

开户银行：中国工商银行北京市分行昌平支行

账号：100101040029

12. 账套备份

— 实训指导 —

1. 基础档案设置

1) 登录企业应用平台

操作步骤：

(1) 以账套主管"01刘子松"的身份注册登录企业应用平台。

(2) 选择"开始"→"程序"→"用友ERP-U8"→"企业应用平台"命令，打开图2-1所示企业应用平台登录界面，进入"企业应用平台"对话框。输入操作员"01"，密码为空。选择账套"[100]北方制造"，操作日期"2017-01-01"，单击"登录"按钮。

(3) 在图2-2所示基础设置系统启用界面，选择"基础设置"→"系统启用"，打开总账系统。

(4) 在图2-3所示总账系统启用日期设置界面，将总账启用日期设置为"2017-01-01"，单击"确定"按钮。

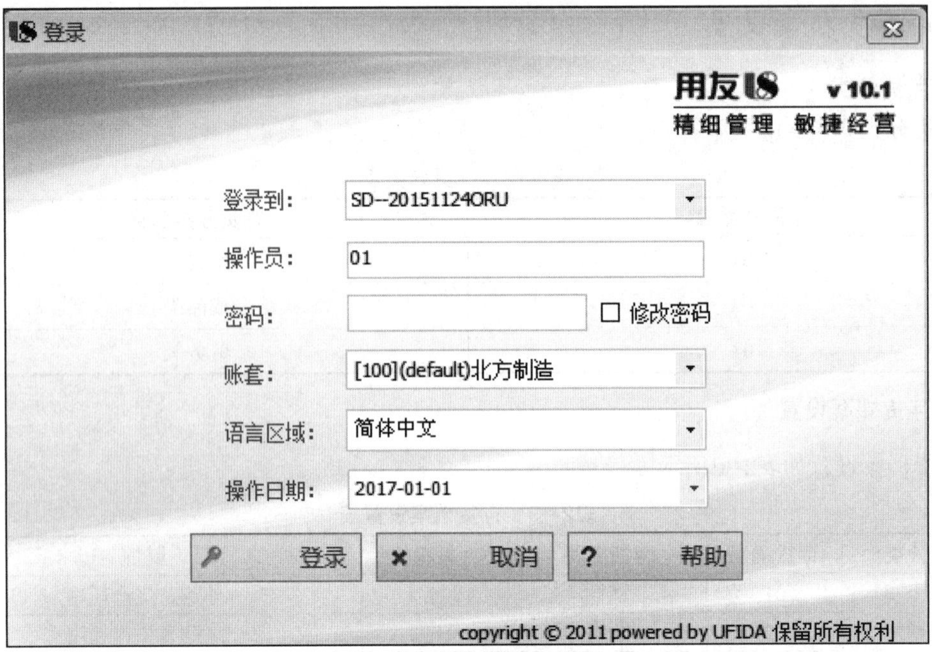

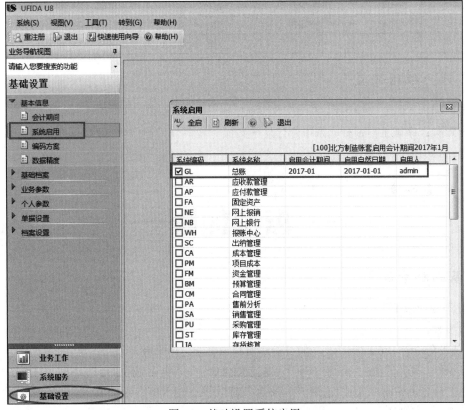

图2-1 企业应用平台登录

图2-2 基础设置系统启用

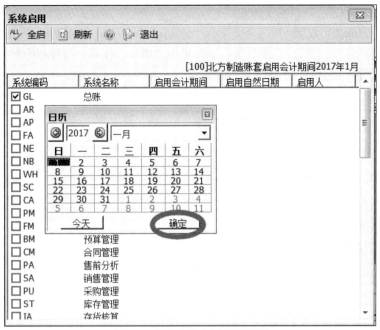

图2-3 总账系统启用日期设置

2) 进行基础设置

在"用友 ERP-U8 门户"窗口中,选择"基本信息"→"基础档案"命令,在图2-4所示基础档案设置界面中双击要设置档案项目,即进入相应项目的设置界面。

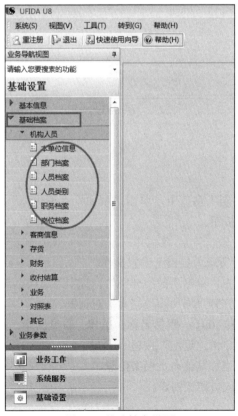

图2-4 基础档案设置

3) 设置部门档案

参照表2-1，完成如下设置：

(1) 如图2-5所示，在"部门档案"窗口中，单击"增加"按钮，进行相应数据录入。部门编码：01；部门名称：总经办。单击"保存"按钮。

(2) 同理，参照表2-1增加其他部门档案信息。

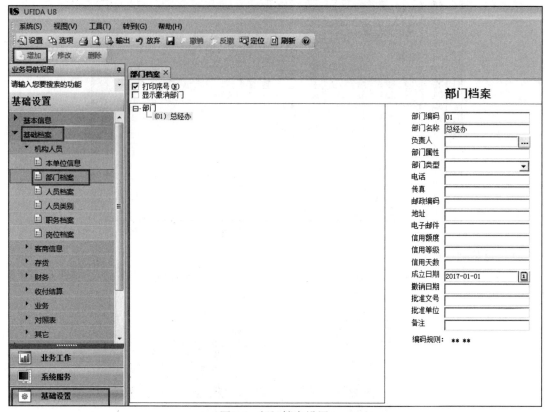

图2-5 部门档案设置

2. 职员档案设置

1) 设置人员类别

参照表2-2，在"人员类别"窗口中，单击"增加""正式工"按钮，进行相应数据录入，如图2-6所示。单击"保存"按钮。

2) 设置人员档案

参照表2-3，完成如图2-7所示人员档案设置操作。

(1) 在"人员档案"窗口中，单击"部门分类"，选中"总经办"。

(2) 单击"增加"按钮，打开"增加职员档案"对话框。

(3) 输入数据。职员编码：001；职员名称：王林；职员属性：总经理。

(4) 单击"保存"按钮，单击"退出"按钮。

(5) 同理，根据实训资料增加其他人员档案信息。

完成后出现如图2-8所示人员档案列表。

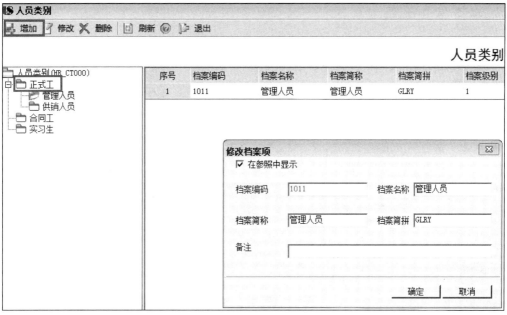

图2-6 人员类别设置

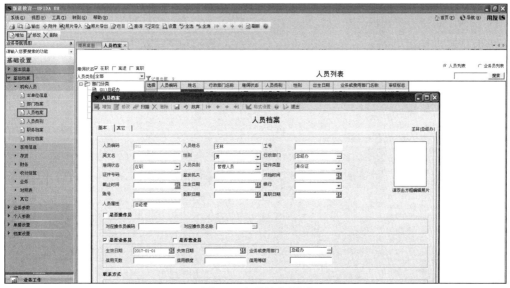

图2-7 人员档案设置

图2-8 人员档案列表

3. 客商信息设置

1) 供应商分类

将供应商进行如下分类：01 配件供应商；02 材料供应商。

操作步骤：

(1) 在图2-9所示供应商分类窗口中，单击"增加"按钮。

(2) 输入数据。分类编码：01；分类名称：配件供应商。

(3) 单击"保存"按钮。

(4) 同理，根据实训资料增加02材料供应商分类信息。

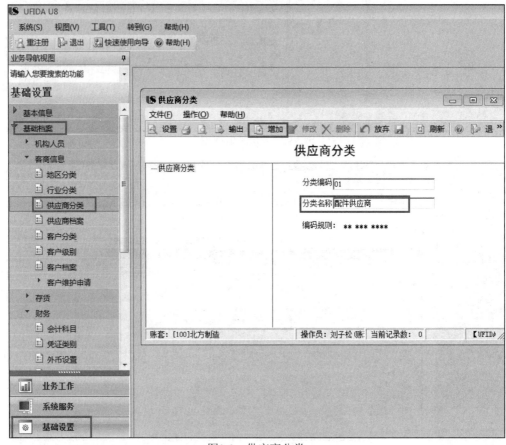

图2-9　供应商分类

2) 设置供应商档案

参照表2-4进行供应商档案设置。

操作步骤：

(1) 选择"基础设置"→"基础档案"→"客商信息"→"供应商档案"，如图2-10所示。

(2) 在"供应商档案"窗口中，选中"(02) 材料供应商"。

(3) 单击"增加"按钮，打开"增加供应商档案"对话框。

(4) 输入数据。供应商编码：01；供应商名称：北京宏达股份有限公司；供应商简称：宏达股份；所属分类：01；税号：110267369814697；开户银行：中国农业银行朝阳区支行；银行账号：11660023692368122。

(5) 单击"保存"按钮保存后单击"退出"按钮退出对话框。

(6) 同样的操作步骤，根据实训资料增加其他供应商档案信息。

完成后出现如图2-11所示供应商档案列表。

① 增加：单击"增加"按钮，会弹出增加供应商档案的窗口，供应商编码、供应商简称、所属分类码为必填项目，完成后单击"保存"按钮。单击"退出"按钮可退出增加供应商档案。

② 修改：选中需要修改的供应商，单击"修改"按钮，修改完成后单击"保存"按钮。单击"退出"按钮可退出修改供应商档案。

③ 删除：选中需要删除的供应商，单击"删除"按钮，删除完成后单击"保存"按钮。单击"退出"按钮可退出删除供应商档案。

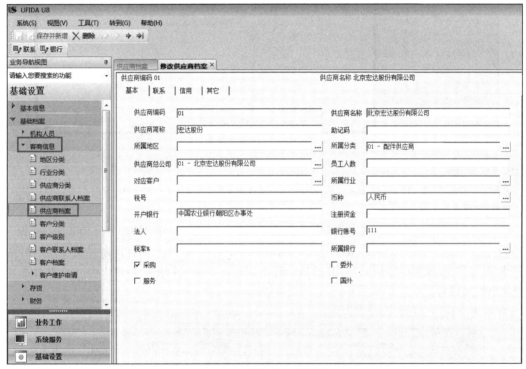

图2-10 增加供应商档案

图2-11 供应商档案列表

说明：在增加新的供应商档案时，请按照供应商名称关键字查询，若要增加的供应商档案已有，则不必再增加，防止ERP系统中出现供应商档案重复。

3) 客户分类

对客户进行以下分类：01 长期客户；02 短期客户。

操作步骤：

(1) 在图2-12所示的"客户分类"对话框中，单击"增加"按钮。

(2) 输入数据。分类编码：01；分类名称：长期客户。

(3) 单击"保存"按钮。

(4) 同理，根据实训资料增加其他客户分类信息。

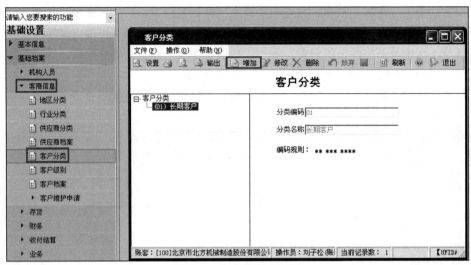

图2-12　客户分类对话框

4) 客户档案

参照表2-5进行客户档案设置。

操作步骤：

(1) 如图2-13所示，打开"客户档案"，单击"增加"按钮，打开"增加客户档案"对话框。

(2) 输入数据。客户编码：01；客户名称：东风机车厂；客户简称：东风机车厂；所属分
类：长期客户；税号：123456789012311；开户银行：中国银行佛山市洪山分行；银行账号：
6602467398741231。

(3) 单击"保存"按钮保存后退出。

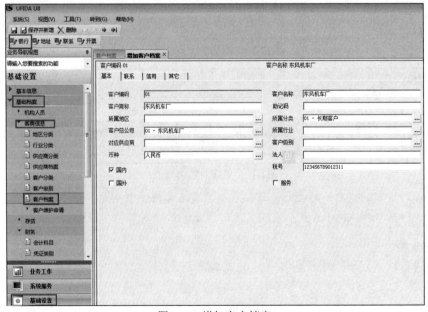

图2-13　增加客户档案

(4) 单击增加客户档案界面左上方"银行"按钮，增加客户银行档案，如图2-14所示。

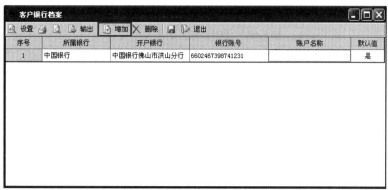

图2-14　增加客户银行档案

(5) 同理,参照表2-5,根据实训资料增加其他客户档案信息。

提示:

(1) 如果在新建账套时选择了客户分类,则必须要在此进行客户分类的设置,然后才能增加客户档案;若在新建账套时没有进行客户分类,则不需要在此进行客户分类的设置,直接可以增加客户档案。

(2) 当客户分类已被使用过后不能删除。

4. 外币核算设置

选用不同的外币汇率方式将会影响汇兑损益的结转。设定汇率方式后,决定了最后记账时究竟是使用固定汇率还是浮动汇率。

参照表2-6进行外币核算设置。

操作步骤:

(1) 打开"基础设置"选项卡,选择"基础档案"→"财务"→"外币设置"命令。

(2) 单击"增加"按钮,分别输入币符:USD;币名:美元。

(3) 单击"确认"按钮,在"月份"栏"2017.01"对应的"记账汇率"栏中输入 6.500 00,按Enter键确认,如图2-15所示。

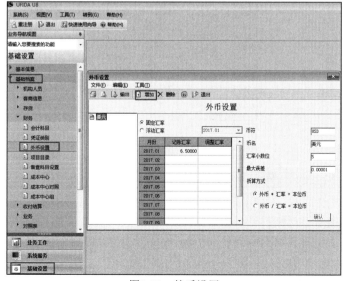

图2-15　外币设置

常用外币及汇率交易牌价如表2-14所示。

表2-14 常用外币及汇率交易牌价

币种	交易单位	中间价	现汇买入价	现钞买入价	卖出价
美元(USD)	100	650.85	649.55	644.34	652.15
港币(HKD)	100	83.80	83.63	83.05	83.97
欧元(EUR)	100	716.91	714.04	691.46	719.78
英镑(GBP)	100	925.25	921.55	892.40	928.95
日元(JPY)	100	5.76	5.74	5.56	5.79

5. 会计科目设置

1) 增加或修改会计科目(参照表2-7)

建立账套时,设置了采用"2007新会计制度科目",因此,该账套系统中已存在160个总账科目。在设置会计科目过程中,根据北京市北方机械制造股份有限公司业务需要以及财务制度的要求,增加、修改会计科目。

新增明细科目操作步骤如下:

(1) 打开"基础设置"选项卡,选择"基础档案"→"财务"→"会计科目"命令。

(2) 在会计科目界面中单击"增加"按钮,在"新增会计科目"对话框中,填写"科目编码":100201,填写"科目名称":工行存款,单击"确定"按钮。结果如图2-16所示。

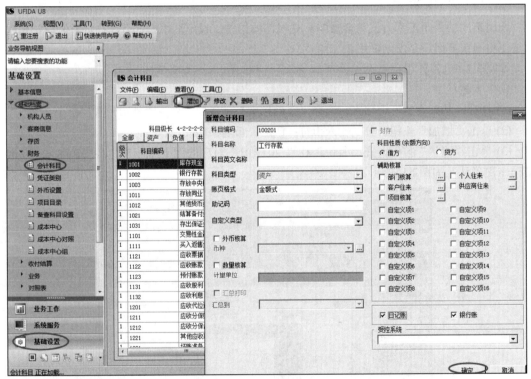

图2-16 会计科目设置

(3) 继续增加其他会计明细科目,具体资料参照表2-7。

明细科目其他(如会计科目510106、660106、660206)用以归集金额小、不经常发生且无法归属其他明细科目的业务内容。

提示:

(1) 明细科目相同的情况下，可使用成批复制功能增加会计科目。

操作步骤如下:

● 打开【基础设置】选项卡，执行"基础设置"\"财务"命令，打开"会计科目"；

● 在会计科目界面单击"编辑"按钮，打开"成批复制"对话框。

● 在"成批复制"对话框中输入相应编码，选择"辅助核算"，单击"确认"按钮完成。如图所示。

(2) 只有建立账套时设置了外币核算，才可以设置外币及汇率。

修改会计科目操作步骤如下:

(1) 选中"应收账款"会计科目，然后单击"修改"按钮，打开"会计科目_修改"对话框。

(2) 在"会计科目_修改"对话框中单击"修改"按钮，修改"辅助核算"为"客户往来"，在"受控系统"中取消"应收系统"。单击"确定"按钮，再单击"返回"按钮，如图2-17所示。

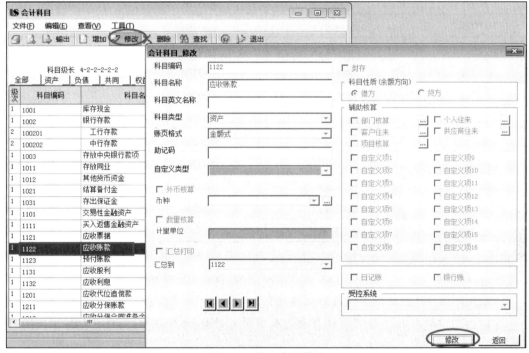

图2-17　修改会计科目

(3) 继续修改其他会计科目，资料如表2-15所示。

表2-15　会计科目修订表

科目编码	科目名称	科目编码	科目名称
1001	库存现金	4001	实收资本
1002	银行存款	410401	未分配利润
100201	工行存款	5001	生产成本
100202	中行存款	500101	直接材料
1122	应收账款	500102	直接人工
1221	其他应收款	500103	制造费用

(续表)

科目编码	科目名称	科目编码	科目名称
140301	钢板	5101	制造费用
140302	圆钢	510101	工资
140303	螺栓	510102	福利费
1405	库存商品	510103	办公费
140501	四辊冷轧机	510104	差旅费
140502	热轧机	510105	折旧费
1601	固定资产	510106	其他
1602	累计折旧	660101	工资
1605	工程物资	660102	福利费
160501	专用物资	660103	办公费
160502	专用设备	660104	差旅费
2001	短期借款	660105	折旧费
2202	应付账款	660106	其他
2211	应付职工薪酬	660201	工资
221101	职工工资	660202	福利费
221102	职工福利费	660203	办公费
222101	应交增值税	660204	差旅费
22210101	进项税额	660205	折旧费
22210102	销项税额	660206	其他
222102	未交增值税		

提示:

(1) 增加会计科目时,必须是先增加上级科目,才能增加下级科目,从上到下,逐级增加。

(2) 增加会计科目的编码必须符合编码规则。

(3) 增加明细科目时,其"科目类型"及"科目性质(余额方向)"自动跟随上级科目,不可修改。

(4) 封存是指制单时不可使用该会计科目,相当于停止使用该科目。

(5) 修改会计科目时,也可直接选中需要修改的会计科目,双击后直接弹出"会计科目_修改"对话框,从中可进行修改。

注意:只启用总账系统设置应收账款等科目辅助核算项时,请将受控系统由应收受控更改为空白,即不受控状态。

2) 使用成批复制功能增加会计科目

操作步骤:

(1) 打开"基础设置"选项卡,选择"基础档案"→"财务"→"会计科目"命令。

(2) 在会计科目界面单击"编辑"按钮,在"成批复制"对话框中,将"科目编码"6601的所有下级科目复制为"科目编码"6602的下级,如图2-18所示。

(3) 选择"辅助核算"复选框,单击"确定"按钮,结果如图2-19所示。

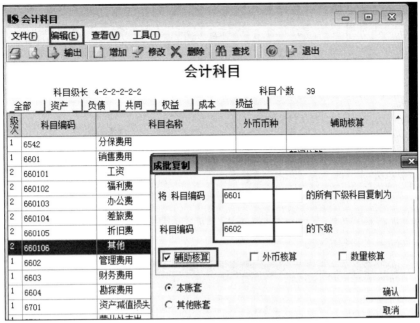

图2-18　会计科目成批复制设置

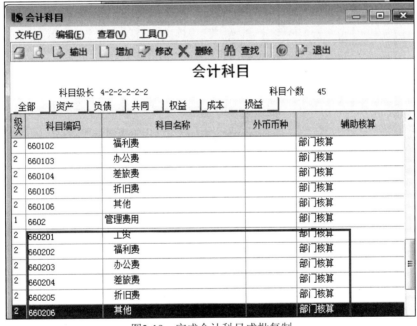

图2-19　完成会计科目成批复制

3) 指定会计科目

一般情况下，"库存现金""银行存款""其他货币资金"3个科目是与现金相关的科目，也是出纳的专管科目。

指定会计科目就是指定出纳的专管科目。只有指定科目后，才能执行出纳签字，从而实现对库存现金、银行存款管理的专属性，也才能查询现金日记账与银行存款日记账。

提示：
指定会计科目前，必须设置"库存现金"和"银行存款"会计科目为"日记账"形式。

(1) 库存现金总账、银行存款总账指定科目为一级科目"库存现金"和"银行存款"。

(2) 现金流量指定科目为库存现金和银行存款的末级科目以及其他货币资金。

(3) 现金流量指定科目是为了供UFO报表系统在编制现金流量表时取数函数使用，在输入凭证时，被指定为现金流量科目的会计科目，系统会要求指定当前输入分录的现金流量项目。

操作步骤：

(1) 打开"基础设置"选项卡，选择"基础设置"→"财务"→"会计科目"命令。

(2) 在会计科目界面单击"编辑"按钮，打开"指定科目"对话框。

(3) 选择"现金科目"，单击"待选科目"中的"1001库存现金"，单击"》"按钮，如图2-20所示。

(4) 指定"银行科目"为"1002银行存款"，如图2-21所示。

(5) 单击"确定"按钮完成。

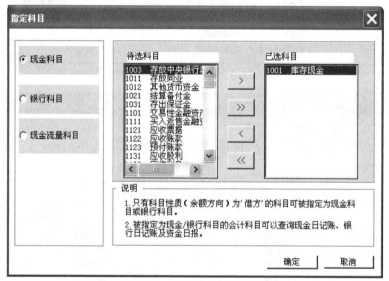

图2-20　指定库存现金科目

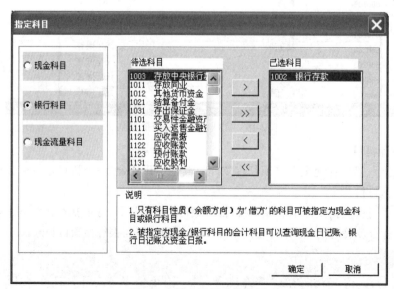

图2-21　指定银行存款科目

6. 项目目录设置

参照表2-8，其中，一期工程包括"自建办公楼"和"设备安装"两项工程。

项目核算与管理的首要步骤是设置项目目录，即建立项目档案。项目档案设置包括增加或修改项目大类，定义项目核算科目、项目分类、项目栏目结构，并进行项目目录的维护。

在定义项目档案时，还需要将那些已被设定为项目核算的会计科目与某一特定项目大类关联起来，以便填制凭证时能够正确选用。

在进行项目核算之前，先将具有相同特性的一类项目定义成一个项目大类；在项目大类下可以再进一步细分成小类，一个项目分类下可以核算多个项目；之后再定义真正的项目名称，从而生成项目目录。

1) 定义项目大类

操作步骤：

(1) 打开"基础设置"选项卡，选择"基础档案"→"财务"→"项目目录"命令，打开"项目档案"对话框。

(2) 单击"增加"按钮，打开"项目大类定义_增加"对话框。

(3) 输入新项目大类名称"自建办公楼"，单击"下一步"按钮，如图2-22所示。

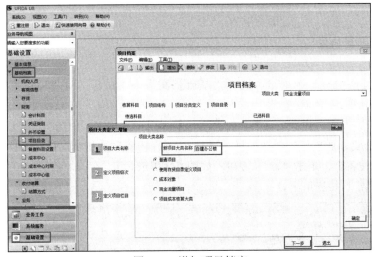

图2-22 增加项目档案

(4) 在图2-23所示"定义项目级次"对话框中，均采用系统默认值，单击"下一步"按钮。

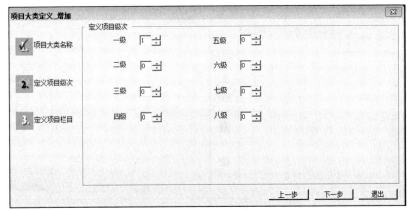

图2-23 定义项目级次

(5) 全部设置完成后，单击"完成"按钮，如图2-24所示，返回"项目档案"窗口。

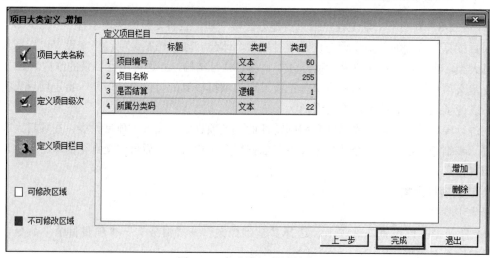

图2-24　完成增加项目档案

提示：
项目大类的名称是该类项目的总称，而不是会计科目名称。

2) 指定项目核算科目

操作步骤：

(1) 打开"基础设置"选项卡，选择"基础档案"→"财务"→"项目目录"命令，打开"项目档案"对话框。

(2) 选择项目大类"自建办公楼"，打开"核算科目"选项卡，如图2-25所示。

(3) 分别选择要参加核算的会计科目："1605 工程物资"及其明细科目"160501专用物资"和"160502专用设备"，单击"》"按钮，如图2-26所示。

(4) 单击"确定"按钮退出。

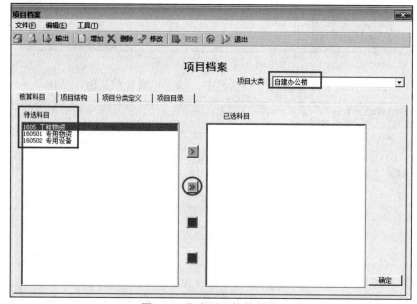

图2-25　指定项目核算科目

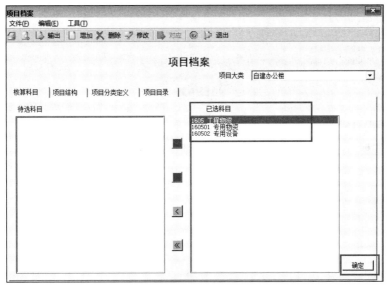

图2-26 完成项目核算科目

3) 定义项目分类

操作步骤：

(1) 打开"基础设置"选项卡，选择"基础档案"→"财务"→"项目目录"命令，打开"项目档案"对话框，选择"自建办公楼"项目大类。

(2) 打开"项目分类定义"选项卡，单击"增加"按钮，输入分类编码"1"；输入分类名称"一期工程"，然后单击"确定"按钮，如图2-27所示。

(3) 继续增加其他项目分类。

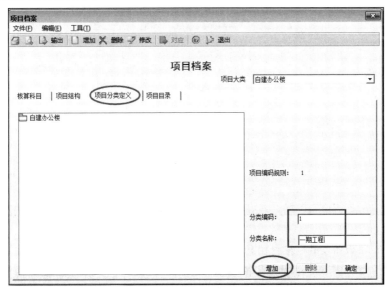

图2-27 定义项目分类

4) 定义项目目录

操作步骤：

(1) 打开"基础设置"选项卡，选择"基础档案"→"财务"→"项目目录"命令，打开"项目档案"对话框，选择"自建办公楼"项目大类，如图2-28所示。

(2) 打开"项目目录"选项卡,单击"维护"按钮,打开"项目目录维护"窗口。

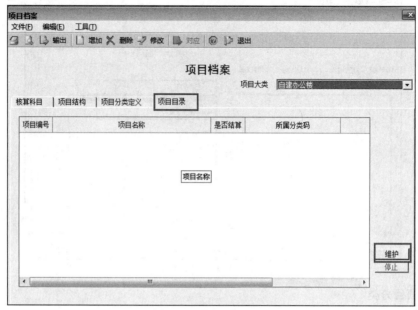

图2-28 定义项目目录

(3) 单击"增加"按钮,输入项目编号"1",项目名称"自建办公楼",选择所属分类码"1",如图2-29所示。

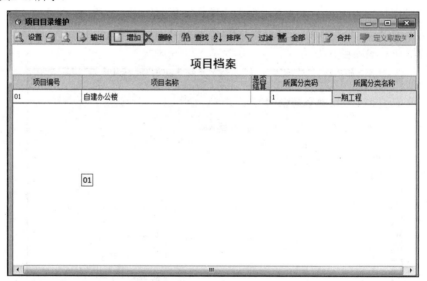

图2-29 增加项目目录

(4) 继续增加"2 设备安装"项目档案,选择所属分类码均为"1"。完成设置后如图2-30所示。

项目编号	项目名称	是否结算	所属分类码	所属分类名称	
				项目档案	
1	自建办公楼		1	一期工程	
2	设备安装		1	一期工程	

图2-30 完成项目目录维护

7. 凭证类别设置

操作步骤:

(1) 打开"基础设置"选项卡,选择"基础档案"→"财务"→"凭证类别"命令,在"凭证类别预置"对话框中,选择"收款凭证 付款凭证 转账凭证"单选按钮。

(2) 单击"确定"按钮,打开"凭证类别"对话框,如图2-31所示设置凭证类别。

(3) 单击"修改"按钮,双击"收款凭证"对应的"限制类型"栏,在下拉列表中选择"借方必有",在"收款凭证"对应的"限制科目"栏输入"1001,1002"。

(4) 参考表2-9,设置"付款凭证"和"转账凭证"的凭证类型。

(5) 全部设置完成后,如图2-32所示,单击"退出"按钮。

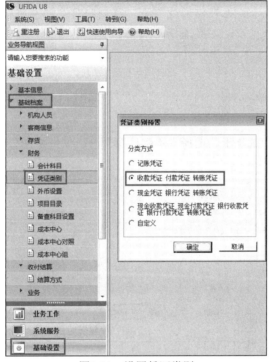

图2-31　设置凭证类别

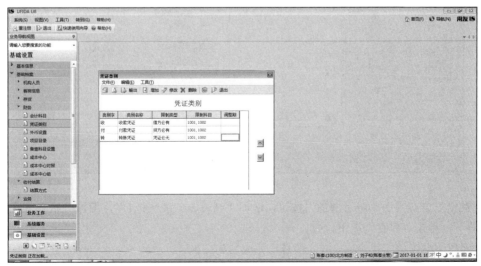

图2-32　完成凭证类别设置

提示:

凭证类别的设置依据企业规模等条件, 对于一个中小企业来说, 其财务人员少、分工不详细, 业务也比较简单, 所以没有必要使用"收付转"等复杂类型的凭证, 只需选用统一的记账凭证即可。

限制类型:

(1) 借方(贷方)必有: 制单时, 借方(贷方)科目中至少有一个限制科目。

(2) 借方(贷方)必无: 制单时, 借方(贷方)科目中必须无限制科目。

(3) 凭证必有: 制单时, 借方或贷方科目中至少有一个限制科目。

(4) 凭证必无: 制单时, 借方且贷方科目中必须无限制科目。

(5) 无限制: 制单时, 无任何限制使用所有合法科目。

"限制科目"栏的输入, 也可以通过单击"限制科目"的参照按钮, 分别选择"1001"和"1002"来实现。记账凭证, 一般选择无限制。

8. 结算方式设置

参照表2-10进行结算方式设置。

操作步骤:

(1) 打开"基础设置"选项卡, 选择"基础档案"→"收付结算"命令, 打开"结算方式"对话框, 如图2-33所示。

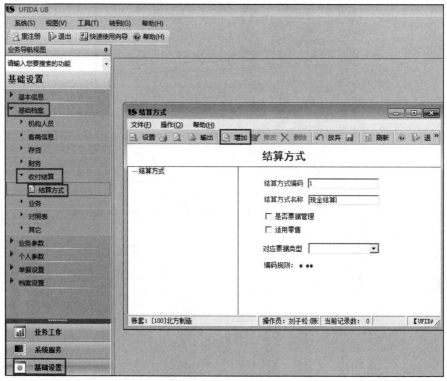

图2-33　结算方式设置

(2) 在结算方式界面单击"增加"按钮, 增加"结算方式编码: 1", 增加"结算方式名称: 现金结算", 单击"保存"按钮。

(3) 同理, 继续增加其他结算方式信息, 完成后如图2-34所示。

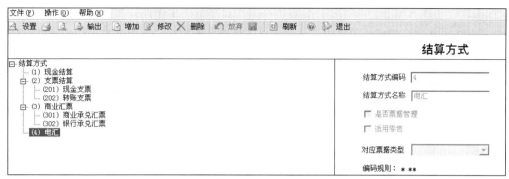

图2-34 完成结算方式设置

提示:

(1) 若需要对结算方式进行修改或删除,只需从左侧的列表中选中需要修改或删除的某一结算方式,单击工具栏中的"修改"或"删除"按钮进行修改或删除。

(2) 票据管理是为了便于出纳对银行结算票据的管理而设置的功能,类似于支票领用登记簿的管理方式。

9. 计量单位设置

参照表2-11,增加计量单位组及计量单位。

操作步骤:

(1) 选择"基础档案"→"存货"→"计量单位"命令,打开"计量单位"对话框,如图2-35所示。

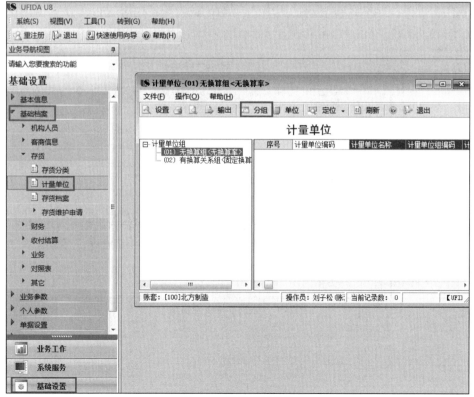

图2-35 设置计量单位

(2) 单击"分组"按钮，打开"计量单位分组"对话框。按实训内容在"计量单位组编码"处输入"01"，在"计量单位组名称"处输入"无换算关系组"，在"计量单位组类别"处输入"无换算率"，如图2-36所示。

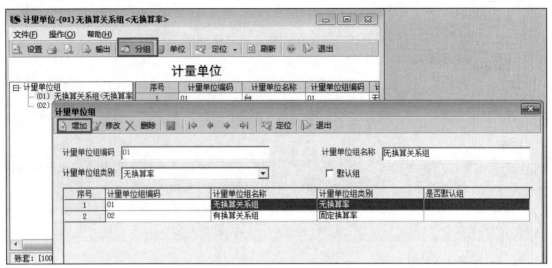

图2-36 计量单位分组

(3) 单击"保存"按钮，保存此项设置。退回到"计量单位"窗口。

(4) 选择"01无换算关系"，单击"单位"按钮，进入"计量单位设置"窗口，单击"增加"按钮，按表2-11输入"计量单位编码"为"01"，"计量单位名称"为"台"，如图2-37所示。同理输入其他资料，如图2-38所示。

图2-37 计量单位设置窗口

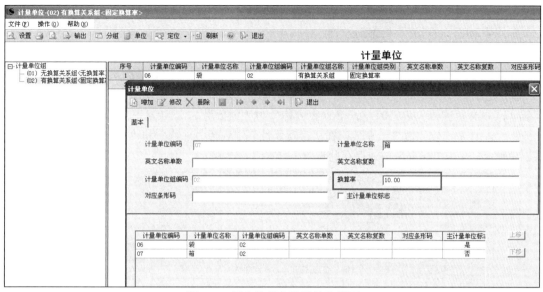

图2-38 固定换算率计量单位设置

10. 存货档案设置

1) 存货分类

参照表2-12，进行存货分类设置。

操作步骤：

(1) 选择"基础档案"→"存货"→"存货分类"命令，打开"存货分类"对话框。

(2) 单击"增加"按钮，按表2-12输入存货分类内容，结果如图2-39所示。

(3) 同理，增加其他存货分类档案信息。

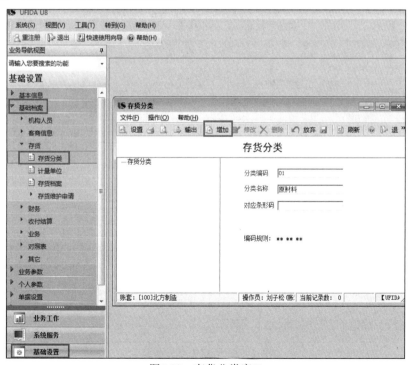

图2-39 存货分类窗口

2) 存货档案

参照表2-13，进行存货档案的设置。

操作步骤：

(1) 选择"基础档案"→"存货"→"存货档案"命令，进入"存货档案"对话框。

(2) 选择"01原材料"项目，单击"增加"按钮，进入"增加存货档案"对话框，按实训资料输入："存货编码"为"01"；"存货名称"为"钢板"；"计量单位组"为"有换算关系组"；"主计量单位"为"千克"；在"存货属性"中选择"外购"和"生产耗用"复选框，如图2-40所示。单击"保存"按钮保存此设置。

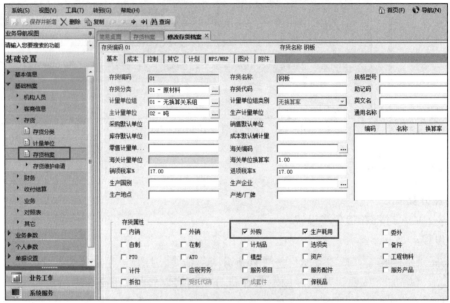

图2-40　增加存货档案窗口

(3) 同理，输入"圆钢""四辊冷轧机""运输费"的其他相关信息，如图2-41所示。

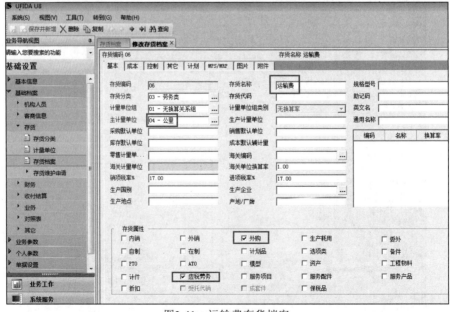

图2-41　运输费存货档案

11. 开户银行设置

参照案例开户银行资料进行开户银行设置。

操作步骤：

(1) 启用销售管理系统(或启用应收款管理系统，注意：只需要启用其中一个子系统即可)，如图2-42所示。

图2-42　启用销售管理系统

(2) 在图2-43所示"开户银行"窗口中，单击"增加"按钮。

(3) 输入数据。编码：01；名称：中国工商银行北京市分行昌平支行；账号：100101040029。

(4) 单击"保存"按钮保存此设置。

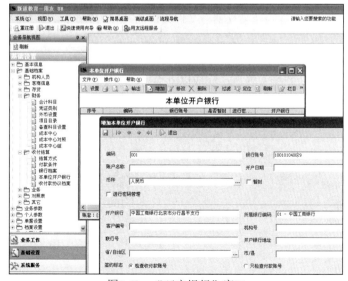

图2-43　"开户银行"窗口

(5) 再次进入系统启用界面，如图2-44所示。

图2-44　关闭销售管理系统

(6) 在提示信息对话框中，单击"是"按钮，关闭销售管理系统。

12. 账套备份

操作步骤：

(1) 在D盘"100账套备份"文件夹中新建"(2-1)基础档案设置"文件夹。

(2) 将账套输出至"(2-1)基础档案设置"文件夹中。

课后实训练习一

引入备份账套"练习一系统管理"，完成以下操作。

1) 设置部门档案

01	人事部
0101	财务科
0102	行政科
02	销售部
0201	销售一部
0202	销售二部
03	生产部
0301	锻造车间
0302	热处理车间

04　　　采购部

0401　采购一部

2) 设置"职员档案"

职员档案如表2-16所示。

表2-16　职员档案

编码	姓名	性别	部门编码
001	王新	男	0101
002	张兰	女	0101
003	李渊	男	0101
004	张丽艳	女	0201
005	杨光	男	0202
006	赵军	男	0301
007	李亮	男	0401

3) 设置"客户分类"

客户分类如表2-17所示。

表2-17　客户分类

分类编码	分类名称
1	国内
11	北京
12	天津
13	深圳
2	国外
21	美国
22	英国
23	新加坡

4) 设置"客户档案"

客户档案如表2-18所示。

表2-18　客户档案

客户编码	客户名称	客户简称	客户所属分类
001	北京诚意贸易公司	北京诚意	北京
002	天鑫国际贸易公司	天鑫国际	深圳
003	中美合作国际公司	中美合作	美国
004	新华国际公司	新华国际	新加坡

5) 增加"供应商档案"

供应商档案如表2-19所示。

表2-19　供应商档案

供应商编码	供应商名称	供应商简称
01	安伦科技有限公司	安伦科技
02	飞亚国际商贸公司	飞亚国际

6) 设置会计科目

(1) 设置指定科目，指定"库存现金总账科目1001""银行总账科目1002"。

(2) 应收账款设置为客户核算，受控系统为空。将应付账款设置为供应商核算，受控系统为空。

7) 定义外币及汇率

币符：USD，币名：美元，汇率小数位：2位，最大误差：0.01，折算方式：外币×汇率=本位币，固定汇率，1月份记账汇率为6.974 0。

8) 定义凭证类别：记账凭证

9) 定义结算方式

1 现金结算

2 支票结算

21 现金支票

22 转账支票

账套输出：请同学们将练习账套备份到D盘"练习一基础设置"文件夹。

课后实训练习二

引入备份账套"练习二系统管理"，根据以下资料，设置基础档案。

成都阳光信息技术有限公司分类档案资料如下。

1) 部门档案

部门档案如表2-20所示。

表2-20 部门档案

部门编码	部门名称	部门属性	部门编码	部门名称	部门属性
1	管理中心	管理部门	202	采购部	采购管理
101	总经理办公室	综合管理	3	制造中心	生产车间
102	财务部	财务管理	301	一车间	生产制造
2	供销中心	供销管理	302	二车间	生产制造
201	销售部	市场营销			

2) 人员类别

本企业在职人员分为4类：1001——企业管理人员；1002——经营人员；1003——车间管理人员；1004——车间人员。

3) 人员档案

人员档案如表2-21所示。

表2-21 人员档案

人员编码	人员姓名	性别	人员类别	行政部门	是否业务员	是否操作员	对应操作员编码
101	肖剑	男	企业管理人员	总经理办公室	是		
111	本人姓名	男	企业管理人员	财务部		是	账套号+01
112	王晶	女	企业管理人员	财务部		是	账套号+02
113	马方	女	企业管理人员	财务部		是	账套号+03
114	白雪	女	经营人员	采购部	是	是	账套号+04
115	王丽	男	经营人员	销售部	是	是	账套号+05
202	孙健	女	经营人员	销售部	是		
212	李平	男	经营人员	采购部	是		

4) 地区分类

该公司地区分类为：01—东北地区；02—华北地区；03—华东地区；04—华南地区；05—西北地区；06—西南地区。

5) 供应商分类

该公司供应商分类为：01—原料供应商；02—成品供应商。

6) 客户分类

该公司客户分类为：01—批发；02—零售；03—代销；04—专柜。

7) 客户档案

客户档案如表2-22所示。

表2-22 客户档案

客户编号	客户名称简称	所属分类码	所属地区	税号	开户银行（默认值）	银行账号	地址	邮编	扣率	分管部门	分管业务员
001	华宏公司	01	06	120009884732788	工行上地分行	73853654	成都市金牛区上地路1号	100077	5	销售部	王丽
002	昌新贸易公司	01	02	120008456732310	工行华苑分行	69325581	天津市南开区华苑路1号	300310		销售部	王丽
003	精益公司	04	03	310106548765432	工行徐汇分行	36542234	上海市徐汇区天平路8号	200032		销售部	孙健
004	利氏公司	03	01	108369856003251	中行平房分行	43810548	哈尔滨平房区和平路16号	150008	10	销售部	孙健

8) 供应商档案

供应商档案如表2-23所示。

表2-23 供应商档案

供应商编号	供应商名称	所属分类码	所属地区	税号	开户银行	银行账号	地址	邮编	分管部门	分管业务员
001	兴华公司	01	06	110567453698462	中行	48723367	成都市朝阳区十里堡8号	610045	采购部	白雪
002	建昌公司	01	06	110479865267583	中行	76473293	成都市金牛区开拓路108号	610036	采购部	白雪
003	泛美商行	02	03	320888465372657	工行	55561278	南京市湖北路100号	230187	采购部	李平
004	艾德公司	02	03	310103695431012	工行	85115076	上海市浦东新区东方路1号甲	200232	采购部	李平

账套输出：请同学们将练习账套备份到D盘"练习二基础设置"文件夹。

　　系统学习总账系统初始化、日常业务处理的主要内容和操作方法。要求掌握总账系统初始化中设置会计科目、录入期初余额及设置相关分类、档案资料的方法；掌握总账系统日常业务处理中凭证处理和记账的方法；熟悉出纳管理的内容和处理方法；熟悉期末业务处理的内容和方法。

　　总账系统是ERP财务管理系统中的基础内容，是在实际工作中运用最为广泛的系统，其功能较为全面，学习时要根据不同模块的组合，结合会计工作的实际，灵活地运用总账系统的功能，为不同单位的实际工作服务。总账业务流程如图3-1所示。

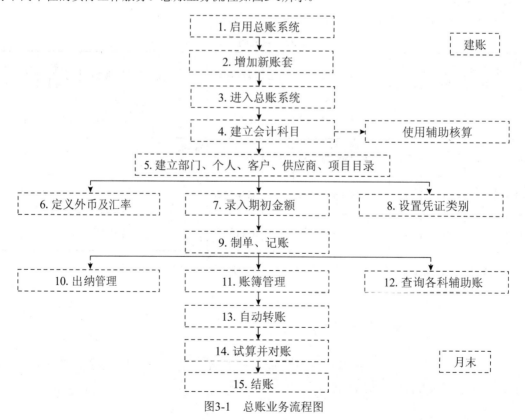

1. 启用总账系统

建账

2. 增加新账套

3. 进入总账系统

4. 建立会计科目 —→ 使用辅助核算

5. 建立部门、个人、客户、供应商、项目目录

6. 定义外币及汇率　　7. 录入期初金额　　8. 设置凭证类别

9. 制单、记账

10. 出纳管理　　11. 账簿管理　　12. 查询各科辅助账

13. 自动转账

14. 试算并对账　　月末

15. 结账

图3-1　总账业务流程图

总账系统的任务就是利用建立的会计科目体系，输入和处理各种记账凭证，完成记账、结账以及对账的工作，输出各种总分类账、日记账、明细账和有关辅助账。总账系统主要提供凭证处理、账簿处理、出纳管理和期末转账等基本核算功能，并提供个人、部门、客户、供应商、项目核算等辅助管理功能。在业务处理过程中，可以随时查询包含未记账凭证的所有账表，充分满足管理者对信息及时性的要求。

实训一　总账系统初始化设置

实训准备

将系统日期修改为"2017年1月1日"。引入"备份账套\100-2-1"，以"01账套主管刘子松"身份登录注册进入总账系统。

实训要求

(1) 登录企业门户
(2) 修改标签设置
(3) 输入期初余额数据
(4) 账套备份

实训资料

1. 设置100账套总账系统参数

100账套总账系统参数如下：
(1) 不允许修改、作废他人填制的凭证。
(2) 出纳凭证必须经由出纳签字。
(3) 明细账查询权限控制到科目。
(4) 自动填补凭证断号。
(5) 部门、个人、项目按编码方式排序。

2. 会计科目的期初余额录入

期初余额如表3-1所示。

表3-1　期初余额表

科目编码	科目名称	辅助核算	科目类型	方向	币别/计量	期初余额
1001	库存现金	日记账	资产	借		5000
1002	银行存款	银行账、日记账	资产	借		190 000
100201	工行存款	银行账、日记账	资产	借		125 000
100202	中行存款	银行账、日记账	资产	借		65 000
				借	美元	10 000

(续表)

科目编码	科目名称	辅助核算	科目类型	方向	币别/计量	期初余额
1122	应收账款	客户往来(不受控应收系统)	资产	借		31 590
1221	其他应收款	个人往来	资产	借		5000
1403	原材料					725 000
140301	钢板	数量核算	资产	借		480 000
					吨	240
140302	圆钢	数量核算	资产	借		225 000
					吨	150
140303	螺栓	数量核算	资产	借		20 000
					个	2500
1405	库存商品		资产	借		155 000
140501	四辊冷轧机	数量核算	资产	借		90 000
					台	20
140502	热轧机	数量核算	资产	借		65 000
					台	50
1601	固定资产		资产	借		228 000
1602	累计折旧			贷		45 000
1605	工程物资	项目核算	资产			
160501	专用材料	项目核算	资产			
160502	专用设备	项目核算	资产			
2001	短期借款			贷		31 940
2202	应付账款	供应商往来(不受控应付系统)	负债	贷		52 650
2203	预收账款	客户往来(不受控应收系统)		贷		20 000
221101	职工工资			贷		70 000
221102	职工福利费			贷		
222101	应交增值税			贷		
22210101	进项税额			贷		
22210102	销项税额			贷		
222102	未交增值税			贷		
4001	实收资本			贷		1 000 000
410401	未分配利润			贷		120 000
5001	生产成本			借		
500101	直接材料			借		
500102	直接人工			借		
500103	制造费用			借		
6001	主营业务收入					
600101	四辊冷轧机	数量核算			台	
600102	热轧机	数量核算			台	
6401	主营业务成本					
640101	四辊冷轧机	数量核算			台	
640102	热轧机	数量核算			台	
660201	工资	部门核算	支出	借		

（续表）

科目编码	科目名称	辅助核算	科目类型	方向	币别/计量	期初余额
660202	办公费	部门核算	支出	借		
660203	差旅费	部门核算	支出	借		
660204	其他	部门核算	支出	借		

辅助账期初余额如表3-2～表3-5所示。

表3-2 应收款期初余额表

日 期	客户	摘要	方向	金额	业务员
2016-11-28	华峰股份有限公司	销售商品四辊冷轧机	借	31 590	张薇

表3-3 其他应收款期初余额表

日 期	部门	个人	摘要	方向	期初余额
2016-10-14	销售部	张薇	出差借款	借	5000

表3-4 应付款期初余额表

日 期	供应商	摘要	方向	金额	业务员
2016-11-18	思博钢材	购买圆钢	贷	52 650	刘琳

表3-5 预收款期初余额表

日 期	供应商	摘要	方向	金额	业务员
2016-12-8	新世纪公司	预收货款	贷	20 000	张薇

实训指导

1. 登录企业门户

以"01账套主管刘子松"的身份注册登录企业门户，启用日期为2017-01-01。

操作步骤：

(1) 打开"业务工作"选项卡，选择"财务会计"→"总账"命令，打开"总账系统"。

(2) 在总账系统中，选择"设置"→"选项"命令，打开如图3-2所示对话框。

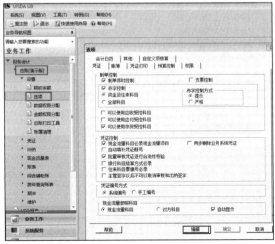

图3-2 编辑设置选项

(3) 在图3-2中,单击选项窗口右下方的"编辑"按钮,依次修改"凭证""权限""账簿""会计日历""其他"等标签设置。

2. 修改标签设置

1) 设置"凭证"标签

在图3-2中,单击"凭证"标签,选中"制单序时控制""赤字控制"复选框和"资金及往来科目"单选按钮,如图3-3所示。其余设置均采用系统默认选项。

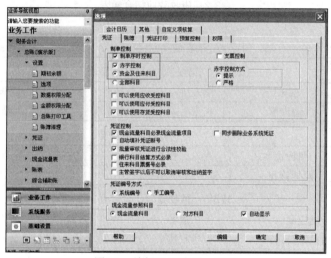

图3-3 编辑设置选项—凭证

2) 设置"权限"标签

在图3-2中,单击"权限"标签,分别在"出纳凭证必须经由出纳签字""允许修改、作废他人填制的凭证"和"明细账查询权限控制到科目"前面打勾,如图3-4所示。其余设置均采用系统默认选项。

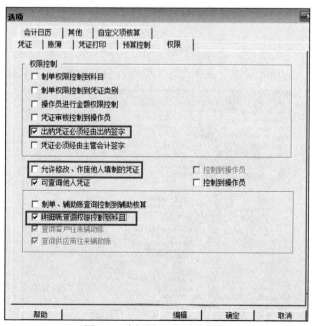

图3-4 编辑设置选项—权限

3) 设置"账簿"标签

在图3-2中，单击"账簿"标签，"打印位数宽度(包括小数点及小数位，老打印控件适用)"采用默认设置、"明细账(日记账、多栏账)打印方式"选择"按年排页"，如图3-5所示。

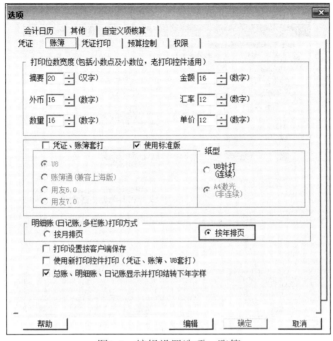

图3-5 编辑设置选项—账簿

4) 设置"会计日历"标签

在图3-2中，单击"会计日历"标签，"开始日期"选择"2017.01.01"，其他选项均采用系统默认设置，如图3-6所示。

图3-6 编辑设置选项—会计日历

5) 设置"其他"标签

在图3-2中，单击"其他"标签，"部门排序方式"选择"按编码排序"，"个人排序方式"选择"按编码排序"，"项目排序方式"选择"按编码排序"，"日记账、序时账排序方式"选择"日期+凭证类别字+凭证号"。设置完成后如图3-7所示，单击"确定"按钮退出选项窗口。

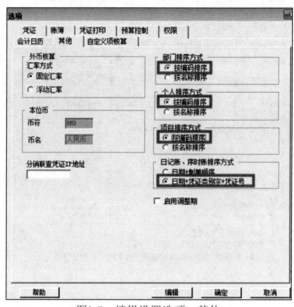

图3-7　编辑设置选项—其他

> 提示:
> (1) 选项设置完成后需重新注册进入，方可生效。
> (2) 总账系统的参数。设置将决定总账系统的输入控制、处理方式、数据流向、输出格式等，设定后一般不能随意改变。

3. 输入期初余额数据

操作步骤:

(1) 打开"业务工作"选项卡，选择"财务会计"→"总账"→"设置"命令，双击"期初余额"，如图3-8所示。

(2) 在图3-8中，输入库存现金期初余额5000，银行存款科目工行存款明细科目期初余额125 000，银行存款科目中行存款明细科目期初余额65 000。

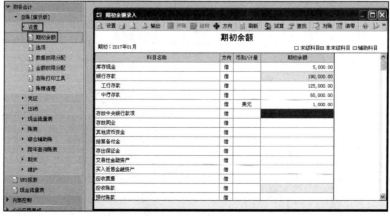

图3-8　录入期初余额

提示：

① 对于有明细科目的会计科目，不能直接输入其余额，需要依次录入其下级科目的余额，系统将会自动合计出该科目的余额。

② 明细科目的余额方向必须和其所属会计科目的余额方向一致(应交增值税除外)。

③ 期初余额录入后不允许修改。

(3) 在图3-8中，双击应收账款期初余额栏，弹出如图3-9所示"辅助期初余额"窗口，单击"往来明细"按钮，打开"期初往来明细"窗口。

(4) 在图3-9中，单击"增行"按钮，修改日期为"2016-11-28"，输入客户编号"02"，输入业务员编号"005"，输入摘要"销售商品"，方向为"借"，输入金额31 590。

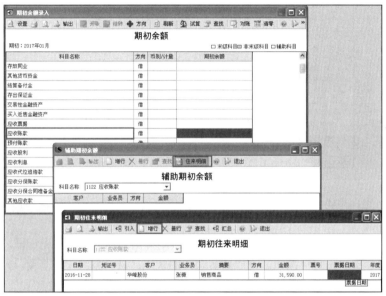

图3-9　录入期初往来明细

(5) 在图3-9中，录入数据后，单击"汇总"按钮，弹出如图3-10所示提示框，单击提示框中的"确定"按钮，返回到"辅助期初余额"窗口，得到图3-11所示数据。

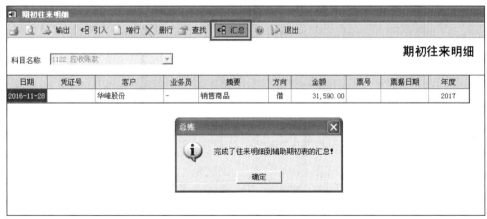

图3-10　汇总期初往来明细

图3-11　辅助期初余额

(6) 在图3-11中，单击"退出"按钮，返回"期初余额"窗口，继续输入其他会计科目的期初余额。

(7) 在"期初余额"窗口中，单击"试算"按钮，弹出如图3-12所示提示框，显示"试算结果平衡"，然后单击"确定"按钮，完成期初余额的录入；若试算结果不平衡，则单击"确定"按钮，并修改期初余额，直到试算结果平衡。

图3-12　期初余额试算平衡

4. 账套备份

操作步骤：

(1) 在D盘"100账套备份"文件夹中新建"(3-1)总账系统初始化设置"文件夹。

(2) 将账套输出至"(3-1)总账系统初始化设置"文件夹中。

实训二　总账系统日常业务处理

实训准备

引入已完成实训一"(3-1)总账系统初始化设置"的账套备份数据，将系统日期修改为"2017年1月31日"，以"01账套主管刘子松"身份注册进入总账系统。

实训要求

(1) 设置常用摘要

(2) 录入业务记账凭证

(3) 审核记账凭证

(4) 出纳签字

(5) 修改凭证

(6) 凭证删除

(7) 凭证查询

(8) 记账与取消记账

(9) 出纳管理

(10) 账套备份

实训资料

1. 设置常用摘要

以"01账套主管刘子松"的身份进行操作，设置内容如下：

(1) 从银行提取现金。

(2) 购买原材料。

(3) 销售商品。

2. 日常业务处理

以"02王青军"的身份进行操作。

【业务一】 2017年1月5日，销售部张薇报销差旅费，收到差旅费报销单(见图3-13)。

差旅费报销单

2017 年1月5日

单位名称：北京市北方机械制造股份有限公司   单位：元

项目	火车票	飞机票	船票	长途汽车票	市内交通费	住宿费	公出补助			其他	合计金额
							天数	标准	金额		
数量		2				5					
金额		4000			500	1000					5500

合计人民币(大写)伍仟伍佰元整：

出差人姓名	张薇	出差事由	开会	所属部门	销售部
出差地点	南京	出差起止日期		原借款额	5000
实报金额	5500	长退或短补	500	出差人签字	张薇
部门负责人签字		财务负责人签字	刘子松	单位领导签字	杨鲁林

附件 张

图3-13   差旅费报销单

【业务二】2017年1月8日，以现金支付总经办办公费500元。

【业务三】2017年1月10日，开出现金支票提取现金1000元备用，票号66325，如图3-14所示。

```
          中国工商银行
       现金支票存根(京)
Ⅵ Ⅱ 001122××
科    目   银行存款
对方科目
出票日期2017年1月10日
┌─────────────────┐
│ 收款人           │
├─────────────────┤
│ 金  额 1000.00   │
├─────────────────┤
│ 用  途 备用金    │
├─────────────────┤
│ 备  注           │
└─────────────────┘
单位主管：杨鲁林
会   计：王青军
```

图3-14   现金支票存根

【业务四】2017年1月11日，发放上月工资。转账支票存根如图3-15所示。

```
          中国工商银行
       转账支票存根(京)
Ⅵ Ⅱ 0011859
科    目   银行存款
对方科目
出票日期2017年1月11日
┌─────────────────┐
│ 收款人  北京市北方机械│
│ 制造股份有限公司 │
├─────────────────┤
│ 金  额 ￥70000.00 │
├─────────────────┤
│ 用  途 发放工资  │
├─────────────────┤
│ 备  注           │
└─────────────────┘
单位主管：(略)
会   计：(略)
```

图3-15   转账支票存根

【业务五】 2017年1月13日，销售部张薇销售产品，货已发出，收到产品出库单如图3-16所示，开出增值税专用发票如图3-17所示，款未收。

凭证3-1

产品出库单
2017年1月13日

单位名称：北方机械制造股份有限公司　　　　　　　　　　　　　　　　金额单位：元

产品名称	计量单位	发出数量	单位成本	总成本
四辊冷轧机	台	10	2800	28000
合　计		—		28000

记账：王青军　　　　检验员：张启　　　　仓管员：严明　　　　制单：王颖

图3-16　产品出库单

凭证3-2

23600338891　**广东省增值税专用发票**　NO 2000094
开票日期：2017年1月13日

<table>
<tr><td rowspan="5">购货单位</td><td>名　　　称：东风机车厂</td><td rowspan="5">密码区</td><td rowspan="5">>56936*-536//3286
84636<*56932+-
<8564686<69>56409
-8-85><56></td><td rowspan="5">加密版本：
01340003326000049</td></tr>
<tr><td>纳税人识别号：123456789012311</td></tr>
<tr><td>地址电话：</td></tr>
<tr><td>开户行及账号：中国银行佛山市洪山分行</td></tr>
<tr><td>6602467398741231</td></tr>
</table>

货物或应税劳务名称	规格型号	单位	数量	单价	金额	税率	税额
四辊冷轧机		套	10	3 500.00	35 000.00	17%	5 950.00
合　计					￥35 000.00		￥5 950.00

价税合计(大写)		零佰零拾肆万零仟玖佰伍拾元整　(小写)￥40 950.00

<table>
<tr><td rowspan="4">销货单位</td><td>名　　　称：北方机械制造股份有限公司</td><td rowspan="4">备注</td><td rowspan="4">（发票专用章）
11022577
33810510
发票专用章</td></tr>
<tr><td>纳税人识别号：11022577338105100</td></tr>
<tr><td>地址电话：北京市八达岭科教园区祥元东路10号</td></tr>
<tr><td>开户行及账号：中国工商银行北京市分行昌平支行</td></tr>
</table>

收款人：王颖　　　复核：王青军　　　开票人：李文清　　　销货单位：（章）

图3-17　增值税专用发票

第三联：发票联 销售方记账凭证

【业务六】 2017年1月18日，公司以现金支付本月生产车间机器设备的修理费2000元。

【业务七】 2017年1月2日，采购部刘琳领用支票一张，号码为123456，预计额2000元，用于购买材料。

3. 修改凭证

将第0004号付款凭证金额由原来的70 000元修改为80 000元。

4. 删除凭证

删除第0003号付款凭证。

实训指导

1. 设置常用摘要

以"01账套主管刘子松"的身份进行操作，设置内容如下：

(1) 从银行提取现金。

(2) 购买原材料。

(3) 销售商品。

在日常账处理过程中，每个企业各个月份的许多日常业务都是重复性的，如从银行提取现金、购买原材料、销售商品等。设置常用摘要，可以简化凭证录入。

操作步骤：

(1) 打开"基础设置"选项卡，选择"基础档案"→"其他"命令，然后选择"常用摘要"，打开如图3-18所示界面，单击"增加"按钮，输入编码"1"，摘要内容"从银行提取现金"，继续输入其他信息，如图3-18所示。

(2) 单击"退出"按钮完成设置。

图3-18　设置常用摘要

2. 日常业务处理

以"02王青军"身份进行操作。

1) 业务一

操作步骤：

(1) 打开"业务工作"选项卡，选择"财务会计"→"总账"→"凭证"命令，然后双击"填制凭证"，打开如图3-19所示界面。

(2) 在图3-19中，单击 按钮开始填制记账凭证，单击凭证类别选择"付　付款凭证"，修改制单日期为"2017-01-05"。

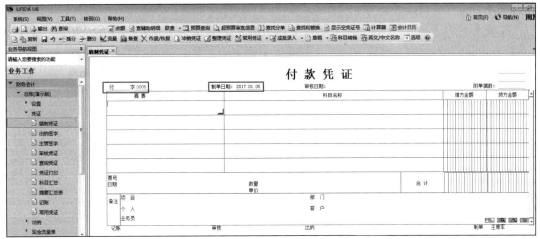

图3-19 付款凭证

(3) 在图3-18中，输入摘要"报销差旅费"、科目名称"销售费用/差旅费"，弹出如图3-20所示窗口，根据差旅费报销单内容选择辅助项部门、个人以及发生日期，单击"确定"按钮退出辅助项。

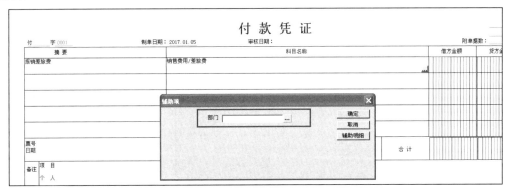

图3-20 设置辅助项

(4) 在图3-20中，继续输入借方金额5500，然后按Enter键，输入会计科目"其他应收款"、贷方金额5000；再按Enter键，输入会计科目"库存现金"、贷方金额500。完成后如图3-21所示。

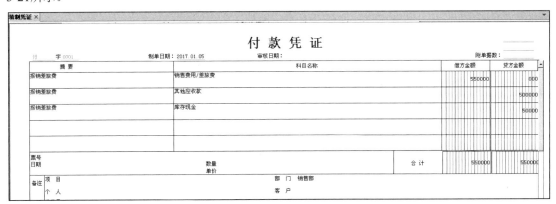

图3-21 完成付款凭证

(5) 单击"保存"按钮保存。

> **提示:**
>
> (1) 在会计科目设置中，已将"销售费用/差旅费"设置为"部门核算"，因此，在涉及相关业务时，需要填写"辅助项"窗口，蓝色项目为必填项，黑色项目为选填项。
>
> (2) 记账凭证的日期有两种输入方式：①在日期处双击鼠标，原日期被全部选中，直接输入新日期"2017.01.05"，注意年月日之间用英文圆点"."隔开；②单击日期右侧日历按钮，在日历窗口中选择日期后，单击"确定"按钮。
>
> (3) 会计科目有三种输入方式：①输入名称：直接输入"销售费用/差旅费"；②输入编码：直接输入编码"660203"，若是可以正确记忆会计科目编码，则大大加快会计凭证的录入速度；③参照选择：单击科目名称栏右侧的参照按钮…，在"科目参照"窗口中，选择所需会计科目后，单击"确定"按钮。

2) 业务二

操作步骤：

(1) 在图3-21中，单击![]按钮继续填制记账凭证，单击凭证类别选择"付 付款凭证"，修改制单日期为"2017-01-08"。

(2) 在图3-21中，输入摘要 "支付总经办办公费用"、输入会计科目"660203"，按Enter键，弹出如图3-22所示窗口，在窗口中选择部门"总经办"。

图3-22 付款凭证—辅助项

(3) 在图3-22中，单击"确定"按钮退回如图3-23所示付款凭证界面，输入借方金额500，按Enter键；输入会计科目"库存现金"、贷方金额500。单击"保存"按钮保存。

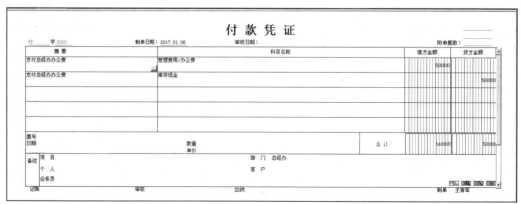

图3-23 付款凭证

3) 业务三

操作步骤：

(1) 在图3-23中，单击![]按钮继续填制记账凭证，单击凭证类别选择"付 付款凭证"，修改制单日期为"2017-01-10"。

(2) 单击摘要栏参照按钮,打开如图3-24所示窗口,单击 "1 从银行提取现金",然后单击
"退出"按钮返回付款凭证。

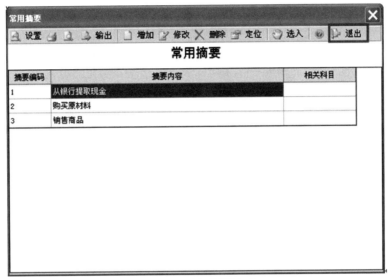

图3-24 选择常用摘要

(3) 在付款凭证中继续输入借方会计科目"库存现金",借方金额1000。

(4) 输入贷方会计科目"100201 工行存款",按Enter键,弹出如图3-25所示窗口,选择结算
方式"201 现金支票",单击"确定"按钮,继续输入付款凭证中的贷方金额1000,完成后如图
3-26所示。单击"保存"按钮保存付款凭证。

图3-25 填制付款凭证

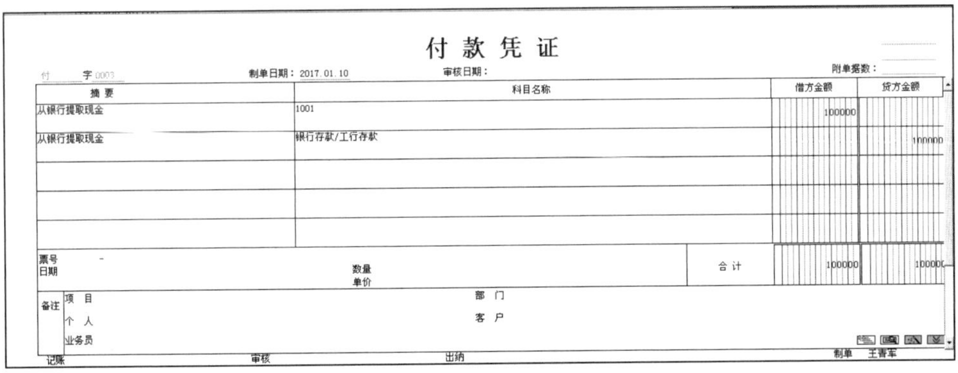

图3-26 完成的付款凭证

4) 业务四

参照业务三填制凭证的方法,录入第四笔业务的付款凭证内容。完成后如图3-27所示。

图3-27 付款凭证

5) 业务五

操作步骤:

(1) 在图3-27中,单击"➕"按钮继续填制记账凭证,单击凭证类别选择"转 转账凭证",修改制单日期为"2017-01-13",选择常用摘要"3 销售商品"。

(2) 按Enter键,输入会计科目"1122 应收账款",在弹出的"辅助项"窗口中选择客户"01-东风机车厂",然后单击"确定"按钮返回"记账凭证"窗口,输入借方金额40 950。

(3) 再按Enter键,输入会计科目"600101 主营业务收入—四辊冷轧机"、贷方金额35 000。

(4) 再按Enter键,继续输入会计科目"22210102 应交税费—应交增值税(销项税额)"、贷方金额35 000,然后单击"保存"按钮保存转账凭证,如图3-28所示。

图3-28 完成的转账凭证

(5) 在图3-28中,单击➕按钮继续填制记账凭证,选择凭证类别 "转 转账凭证",修改制单日期为"2017-01-13",输入摘要"结转销售成本"、会计科目"6401 主营业务成本"、借方金额28 000。

(6) 按Enter键,输入会计科目"140501 库存商品",再按Enter键,弹出如图3-29所示窗口,输入数量10,单价2800,单击"确定"按钮返回转账凭证,单击"保存"按钮保存转账凭证。

6) 业务六

操作步骤:

(1) 在图3-29中,单击➕按钮继续填制记账凭证,选择凭证类别"付 付款凭证",修改制单日期为2017-01-18。

图3-29 转账凭证—辅助项

(2) 输入摘要"支付车间修理费"、会计科目"660206管理费用/其他",在"辅助项"窗口中选择部门"生产车间",单击"确定"按钮返回付款凭证,输入借方金额2000。

(3) 按Enter键,输入会计科目"1001 库存现金"、贷方金额2000,完成后单击 🖫 按钮保存付款凭证,如图3-30所示。

图3-30 完成的付款凭证

3. 凭证审核

操作步骤:

(1) 以操作员"01账套主管刘子松"的身份,选择"凭证"→"审核凭证"命令,弹出如图3-31所示窗口。

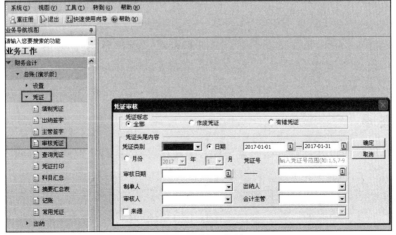

图3-31 凭证审核

(2) 在图3-31中，单击"确定"按钮，打开图3-32所示窗口。

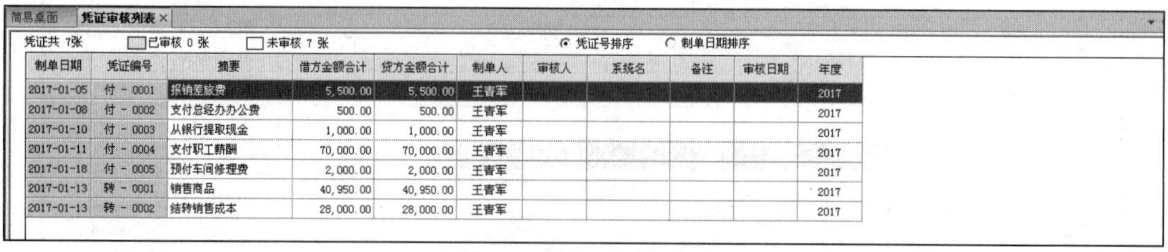

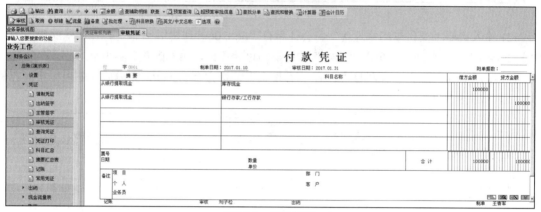

图3-32 凭证审核列表

(3) 在图3-32中，双击"付字0001号"凭证，弹出如图3-33所示付款凭证。

图3-33 付款凭证

(4) 审核图3-33所示凭证，并单击"审核"按钮，窗口转入下一张记账凭证，继续审核直到所有凭证全部审核完毕，返回凭证审核列表，如图3-34所示。

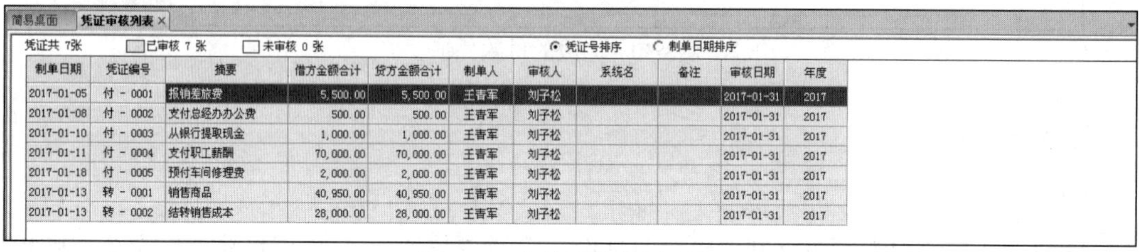

图3-34 审核后的凭证列表

(5) 单击"退出"按钮完成审核。

提示:

(1) 在审核凭证或取消审核时，也可以选择批处理——成批审核凭证/成批取消审核。

(2) 已审核的凭证不允许修改、删除。在审核后如果发现凭证有误，则需要先取消审核，再进行修改。

4. 出纳签字

出纳签字功能早在设置总账参数时就已经设置了(详情请查看实训一总账系统初始化设置)，这项设置的作用在于指定与库存现金和银行存款有关的凭证必须经由出纳签字后才能记账。

与审核凭证不同，对于某个账套来说，出纳签字并不是必需的程序，如果没有事先设置一定要经出纳签字，则可以不签字。签字人一定要有出纳签字的权限，但不是必须由出纳人员签字，账套主管、有权限的审核人员等都可以拥有出纳签字的权限。另外，执行出纳签字的人员可以与制单人或审核人是同一人。

操作步骤：

(1) 在"企业应用平台"中，单击"重注册"按钮，更换操作员为"03出纳王颖"，选择"凭证"→"出纳签字"命令，弹出如图3-35所示窗口。

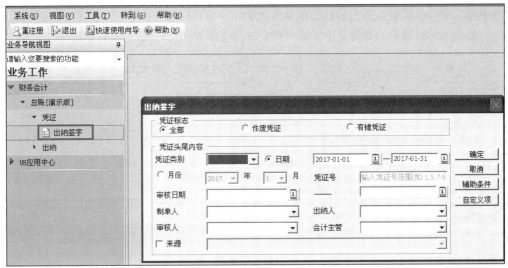

图3-35　出纳签字

(2) 在图3-35中，单击"确定"按钮，打开如图3-36所示窗口。

制单日期	凭证编号	摘要	借方金额合计	贷方金额合计	制单人	签字人	系统名	备注	审核日期	年度
2017-01-10	付 - 0001	从银行提取现金	1,000.00	1,000.00	王青军				2017-01-31	2017
2017-01-11	付 - 0002	支付职工薪酬	70,000.00	70,000.00	王青军				2017-01-31	2017
2017-01-18	付 - 0003	预付车间修理费	2,000.00	2,000.00	王青军				2017-01-31	2017
2017-01-05	付 - 0004	支付职工薪酬	5,500.00	5,500.00	王青军				2017-01-31	2017
2017-01-08	付 - 0005	支付总经办公费	500.00	500.00	王青军				2017-01-31	2017

凭证共 5张　　已签字 0张　　未签字 5张　　　　　　　　　　　　⊙凭证号排序　○制单日期排序

图3-36　出纳签字列表

(3) 在图3-36中，打开"付字0001号"凭证，审核无误后，单击"签字"按钮，如图3-37所示。

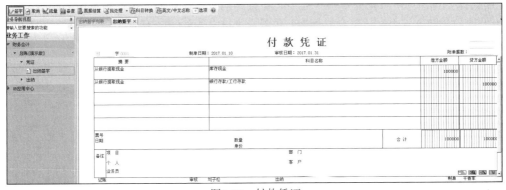

图3-37　付款凭证

(4) 在图3-37中完成签字后，窗口转到下一张记账凭证，继续签字直到所有收付款凭证全部签字完毕，单击"退出"按钮完成签字。

提示：

(1) 出纳签字的凭证不允许修改、删除。在出纳签字后如果发现凭证有误，则需要先取消出纳签字，再进行修改。

(2) 在审核凭证或取消审核时，也可以选择批处理—成批审核凭证/成批取消审核。

5. 修改凭证

在审核之前修改凭证，只需要找出需要修改的凭证加以修改保存即可。但是，如果凭证已经过审核，甚至出纳已签字，则需要更多的步骤完成修改业务。具体流程如图3-38所示。

图3-38　修改凭证操作流程图

操作步骤：

(1) 选择"凭证"→"出纳签字"命令，打开图3-35所示"出纳签字"窗口，单击"确定"按钮，在"出纳签字列表"中双击"付字 0004号"凭证，打开如图3-39所示窗口，单击"取消签字"按钮，然后退出。

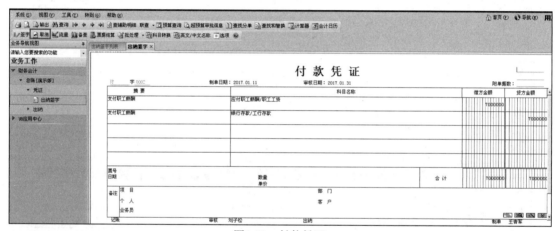

图3-39　付款凭证

(2) 在"企业应用平台"中，单击"重注册"按钮，更换操作员为"01账套主管刘子松"。

(3) 选择"凭证"→"凭证审核"命令，在打开的"审核凭证"窗口中单击"确定"按钮，然后打开"审核凭证列表"，再打开如图3-40所示"付字 0004号"凭证，单击"取消"按钮取消审核。

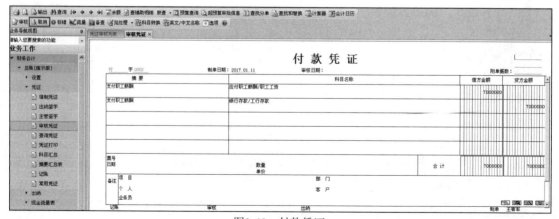

图3-40　付款凭证

(4) 在"企业应用平台"中，单击"重注册"按钮，更换操作员"02 会计王青军"。

(5) 选择"凭证"→"填制凭证"命令，打开"填制凭证"窗口，通过◀▶按钮，查找"付字0004号"凭证。

(6) 找到如图3-41所示"付字0004号"凭证后，将借贷方金额修改为80 000元，单击🖫按钮保存完成修改。

图3-41 修改付款凭证

(7) 在"企业应用平台"中，单击"重注册"按钮，更换操作员为"01账套主管刘子松"，重新审核"付字0004号"凭证。

(8) 在"企业应用平台"中，单击"重注册"按钮，更换操作员为"03出纳王颖"，修改"付字0004号"凭证签字，如图3-42所示。

图3-42 付款凭证

提示：

查找要修改的凭证，还可以用另一种方法：单击工具栏中的"查询凭证"按钮，在弹出的"凭证查询"窗口中，选中"月份"，在"月份"下拉列表中选择2017.01，单击"确定"按钮，在凭证列表中列出指定的凭证。

6. 删除凭证

当所记录的凭证不再需要时，可以对其进行删除。删除凭证与修改凭证一样，只有在没有记账、没有审核、没有出纳签字的情况下才可以进行。凭证删除流程如图3-43所示。

图3-43　凭证删除流程

操作步骤:

(1) 以操作员"03出纳王颖"的身份,选择"凭证"→"出纳签字"命令,打开图3-44所示窗口。

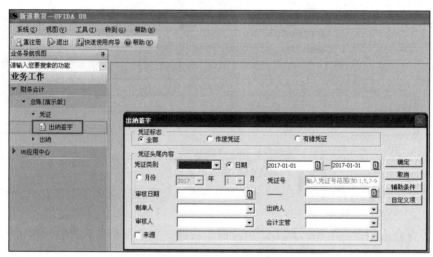

图3-44　出纳签字

(2) 在图3-44中,单击"确定"按钮,然后打开"付字 0003号"凭证,单击"取消签字"按钮后退出。

(3) 在"企业应用平台"中,单击"重注册"按钮,更换操作员为"01账套主管刘子松"。

(4) 选择"凭证"→"凭证审核"命令,打开"审核凭证"窗口,再单击"确定"按钮,打开"审核凭证列表",再打开"付字0003号"凭证,单击"取消"按钮后退出。

(5) 在"企业应用平台"中,单击"重注册"按钮,更换操作员为"02 会计王青军"。

(6) 选择"凭证"→"填制凭证"命令,打开"填制凭证"窗口,通过◀ ▶按钮,找到"付字0003号"凭证,单击"作废/恢复"按钮,作废"付字0003号"凭证。

(7) 单击"整理凭证"按钮,打开如图3-45所示窗口,选择凭证期间"2017.01",单击"确定"按钮。

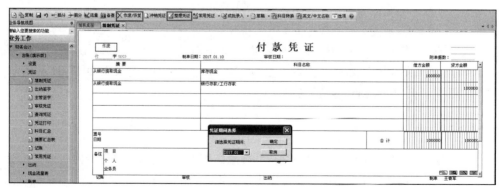

图3-45　付款凭证

(8) 在弹出的如图3-46所示窗口中,双击"删除?"栏或单击"全选"按钮,显示"Y",再单击"确定"按钮退出窗口。

图3-46 付款凭证—作废凭证表

(9) 在弹出的如图3-47所示提示框中，单击"是"按钮，即可删除"付字0003号"凭证。

图3-47 确定删除付款凭证

7. 查询凭证

在修改凭证与删除凭证的学习中，已经接触过凭证的查询方法。在这里，介绍另一种凭证查询的方法，这种查询凭证的方法由于没有条件限制更常被使用。

操作步骤：

(1) 在"企业应用平台"中，单击"重注册"按钮，更换操作员为"01账套主管刘子松"，选择"凭证"→"查询凭证"命令，打开如图3-48所示窗口。

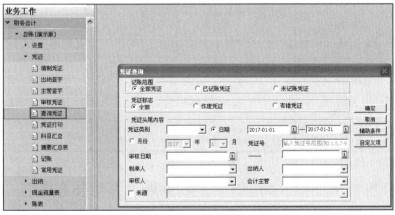

图3-48 查询凭证

(2) 选择记账范围"全部凭证",然后单击"确定"按钮,打开图3-49所示。

(3) 在图3-49中,单击"确定"按钮可以分凭证查询。

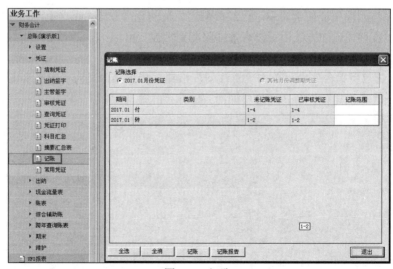

制单日期	凭证编号	摘要	借方金额合计	贷方金额合计	制单人	审核人	系统名	备注	审核日期	年度
2017-01-05	付 - 0001	报销差旅费	5,500.00	5,500.00	王青军	刘子松			2017-01-31	2017
2017-01-08	付 - 0002	支付总经办公费	500.00	500.00	王青军	刘子松			2017-01-31	2017
2017-01-11	付 - 0003	支付职工薪酬	80,000.00	80,000.00	王青军	刘子松			2017-01-31	2017
2017-01-18	付 - 0004	预付车间支付总经办公费	2,000.00	2,000.00	王青军	刘子松			2017-01-31	2017
2017-01-13	转 - 0001	销售商品	40,950.00	40,950.00	王青军	刘子松			2017-01-31	2017
2017-01-13	转 - 0002	结转销售成本	28,000.00	28,000.00	王青军	刘子松			2017-01-31	2017
		合计	156,950.00	156,950.00						

图3-49 查询凭证列表

8. 记账与取消记账

记账,是登记账簿的过程,也称为"登账"或"过账"。当完成了以下工作,系统会自动准确地完成记账工作:

(1) 录入所有记账凭证。

(2) 审核所有记账凭证。

(3) 设置出纳签字时,所有与出纳相关的凭证均已签字。

(4) 新账套的期初余额试算平衡。

(5) 上一期的财务数据已结账。

凡是有记账权限的操作员均可以记账。也就是说,只要设置了权限,制单人、审核人与出纳签字可以是同一人。账套主管拥有所有权限,因此也可以记账。

1) 记账

操作步骤:

(1) 以操作员"01账套主管刘子松"的身份,选择"凭证"→"记账"命令,打开如图3-50所示窗口。

图3-50 记账

(2) 在如图3-50所示窗口的左下方,单击"全选"按钮,再单击"记账"按钮,弹出如图3-51所示提示框。

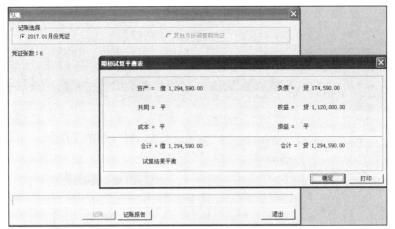

图3-51 期初试算平衡

(3) 单击"确定"按钮，系统登记总账、明细账、辅助账，并弹出如图3-52所示提示框，显示记账完毕，单击"确定"按钮退出。

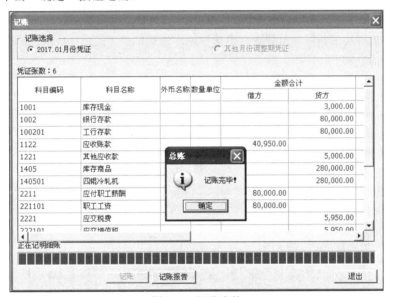

图3-52 记账完毕

提示:

在实际账务处理过程中，一个月可能进行不止一次记账操作。例如，记账后又增加了新的凭证，或是在记账后因结转期末损益而生成的损益结转凭证。这种情况下，需要再次记账。

2) 取消记账

取消记账，又称为"反记账"。当记账后发现凭证填制有误需要修改时，必须先取消记账，再取消审核和取消出纳签字，才能对凭证进行修改。

操作步骤:

(1) 以操作员"01账套主管刘子松"的身份，选择"总账"→"期末"命令，双击"对账"按钮，打开如图3-53所示窗口。

(2) 按Ctrl+H键，如图3-53所示提示"恢复记账前状态功能已被激活"，单击"确定"按钮退出。

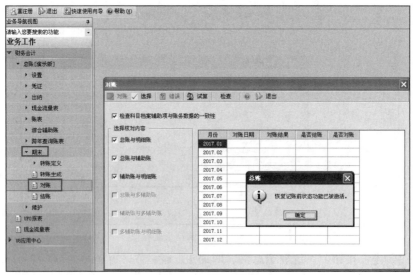

图3-53 对账—总账

(3) 选择"凭证"→"恢复记账前状态"命令，打开如图3-54所示窗口，选中"最近一次记账前状态"和"选择凭证范围恢复记账"单选按钮，然后单击"确定"按钮，再选择需要恢复记账的凭证即可取消记账。

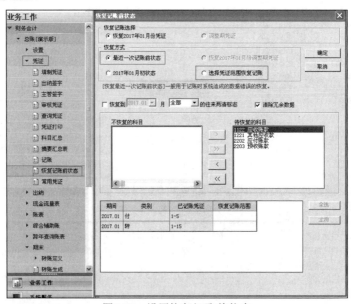

图3-54 设置恢复记账前状态

9. 出纳管理

货币资金，特别是库存现金和银行存款两个科目，通常需要进行独立的出纳管理，财务制度更是要求日清月结。因此，设置库存现金日记账和银行存款日记账，并在期末查询库存现金日记账与银行存款日记账。

1) 查询库存现金日记账

操作步骤：

(1) 在"企业应用平台"中，单击"重注册"按钮，更换操作员为"03出纳王颖"，选择

"出纳"→"现金日记账"命令，弹出如图3-55所示窗口。

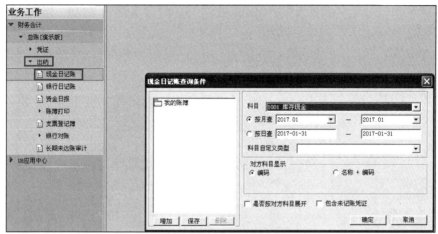

图3-55 现金日记账查询条件

(2) 输入相应的查询条件并单击"确定"按钮，打开如图3-56所示窗口，在科目下拉列表中选择"1001库存现金"进行查询。

图3-56 现金日记账

(3) 单击"凭证"按钮(或双击某行记录)可以联查当前行所对应的记账凭证；单击"总账"按钮可以联查三栏式库存现金总账，如图3-57所示。

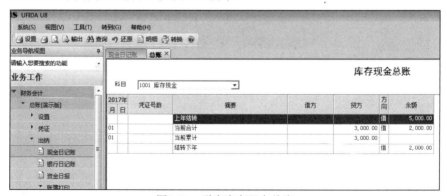

图3-57 联查库存现金总账

提示：

(1) 在查询现金日记账或银行存款日记账时，若提示该用户无查询权限时，需要对该用户进行授权。操作方法：进入"系统服务"→"权限"→"数据权限分配"→"授权"进行操作，如图3-58所示，单击"保存"按钮后，需重新注册方才生效。

(2) "按月查"将可以查询某个月或某几个月内的现金发生的明细；"按日查"则可以查看某一日或某几日内的现金发生的明细。

(3) 如果未经审核，凭证未记账，则可以选择"包含未记账凭证"复选框，来查询所有现金收支情况。

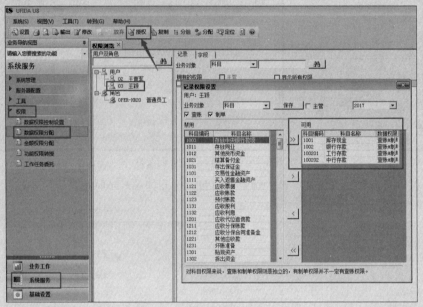

图3-58　记录权限设置

2) 查询银行存款日记账

操作步骤：

(1) 以"03出纳王颖"的身份，选择"出纳"→"银行日记账"命令，弹出如图3-59所示窗口。

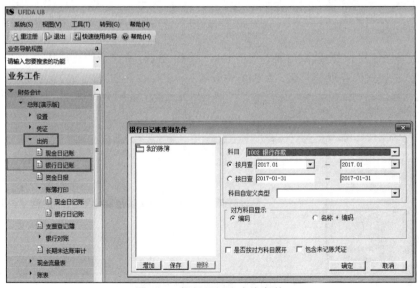

图3-59　银行日记账查询条件

(2) 输入相应的查询条件，单击"确定"按钮，打开如图3-60所示窗口进行查询。

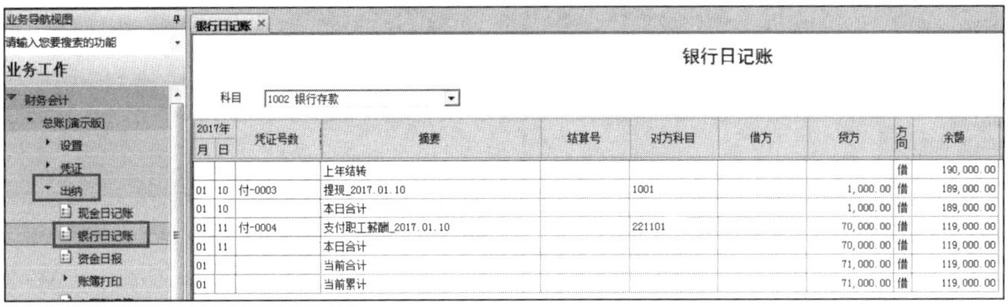

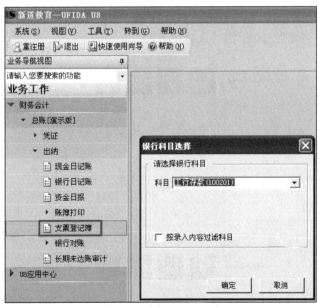

图3-60 查询银行日记账

(3) 单击"凭证"按钮(或双击某行记录)可以联查当前行所对应的记账凭证；单击"总账"按钮则可以联查三栏式银行存款总账。

3) 资金日报

资金日报是反映企业现金、银行存款每日发生额及余额情况的报表。该功能可以为企业负责人对指定日的资金走势提供有效的数据，以便做出相应的应对策略。

操作步骤：

(1) 以"03出纳王颖"的身份，选择"出纳"→"资金日报"命令，弹出"资金日报表查询条件"窗口，输入相应的查询条件。

(2) 单击"确定"按钮，打开"资金日报表"进行查询。

(3) 单击"关闭"按钮关闭资金日报表。

4) 支票登记簿

手工记账时，银行出纳通常建立支票领用登记簿，用来登记支票领用情况。总账系统也为出纳员提供了"支票登记簿"选项，可以详细登记支票领用人、领用日期、支票用途和是否报销等情况。当应收款管理系统、应付款管理系统有支票领用时，系统会自动填写。

针对业务七的操作步骤：

(1) 以"03出纳王颖"的身份，选择"出纳"→"支票登记簿"命令，打开如图3-61所示窗口。

图3-61 银行科目选择

(2) 在科目下拉列表中选择"工行存款(100201)"，然后单击"确定"按钮，进入如图3-62所示窗口。

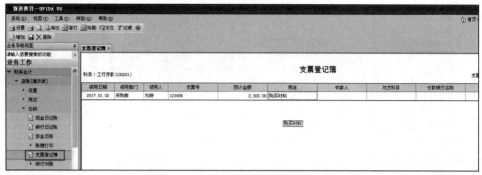

图3-62　支票登记簿

(3) 单击"增加"按钮，输入领用日期"2017.01.02"、领用部门"采购部"、领用人"刘琳"、支票号"123456"、预计金额"2000"和用途"购买材料"。完成设置后单击"保存"按钮退出。

10. 账套备份

操作步骤：

(1) 在D盘"100账套备份"文件夹中新建"(3-2)总账系统日常业务处理"文件夹。

(2) 将账套输出至"(3-2)总账系统日常业务处理"文件夹中。

实训三　总账系统期末业务处理

实训准备

引入"(3-2)总账系统日常业务处理"的账套备份数据，将系统日期修改为"2017年1月31日"，以"02 会计王青军"身份注册进入总账系统。

实训要求

(1) 自定义转账

(2) 对应结转

(3) 期间损益结转

(4) 转账生成

(5) 期末对账与结账

(6) 账套备份

实训指导

1. 自定义转账

按短期借款期末余额的0.2%计提短期借款利息。

操作步骤：

(1) 选择"期末"→"转账定义"→"自定义转账"命令，进入"自定义转账设置"窗口，单击"增加"按钮，弹出如图3-63所示窗口，输入转账序号0001和转账说明"计提短期借款利息"，并选择凭证类别"转 转账凭证"，然后单击"确定"按钮。

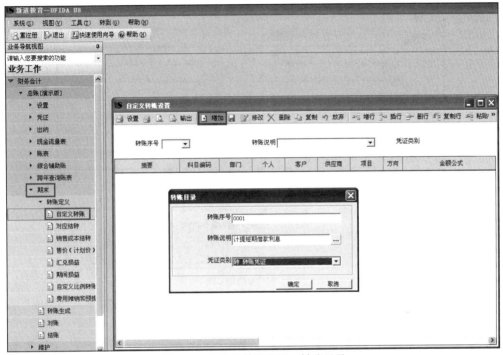

图3-63　自定义转账设置—转账目录

(2) 在图3-63所示窗口中，单击"增行"按钮，输入科目编码"6603"，选择方向"借"，双击"金额公式"栏，打开如图3-64所示窗口。

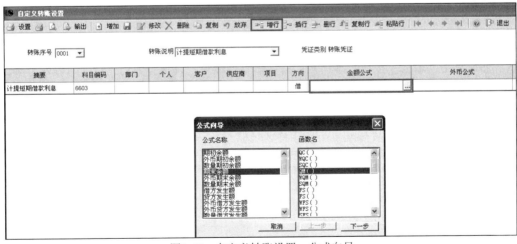

图3-64　自定义转账设置—公式向导

(3) 在图3-64所示窗口中，选择公式名称"期末余额"，选择函数名"QM()"，然后单击"下一步"按钮，打开如图3-65所示窗口。

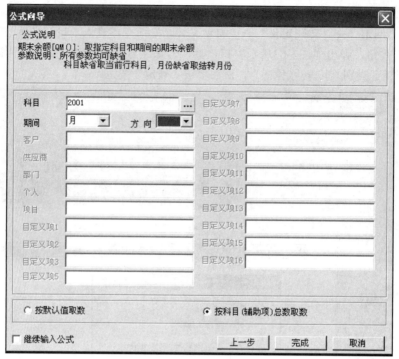

图3-65 公式向导

(4) 在图3-65所示窗口中，输入科目"2001"，选择期间"月"，然后单击"完成"按钮返回"自定义转账设置"窗口，如图3-66所示。

摘要	科目编码	部门	个人	客户	供应商	项目	方向	金额公式	外币公式	数量公式	自定义项1
计提短期借款利息	6603						借	QM (2001，月)*0.002			
计提短期借款利息	2231						贷	JG ()			

图3-66 自定义转账设置

(5) 在图3-66所示窗口中，在金额公式"QM(2001，月)"后面输入"*0.002"，按Enter键确认。然后单击"增行"按钮，继续输入科目编码"2231"，选择方向"贷"，输入金额公式"JG()"，然后单击"保存"按钮完成。

提示：
自定义转账凭证每月只能生成一次，多次生成将会重复结转。同时，自定义转账凭证仍需要审核、记账等程序，否则无法结账。

2. 对应结转

操作步骤：

(1) 选择"总账"→"期末"→"转账定义"→"对应结转"命令，打开如图3-67所示窗口，输入编号"0002"，选择凭证类别"转账凭证"，输入摘要"结转销项税额"，选择转出科目"22210102"。

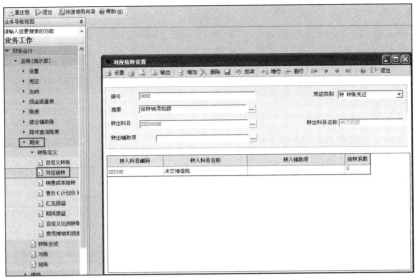

图3-67　对应结转设置

(2) 在图3-67所示窗口中，单击"增行"按钮，输入转入科目编码"222102"、名称"未交增值税"和结转系数"1"(注意：新增会计科目222102未交增值税)，设置完成后单击"保存"按钮退出。

3. 期间损益结转

进行期间损益结转，首先需要定义期末损益，即将指定损益类科目余额全部结转到"本年利润"科目中。这项工作需要有权限的操作员完成。

操作步骤：

(1) 选择"总账"→"期末"→"转账定义"→"期间损益"命令，打开如图3-68所示窗口。

(2) 在图3-68所示窗口中，选择凭证类别为"转　转账凭证"，输入本年利润科目编码"4103"，单击"确定"按钮完成设置。

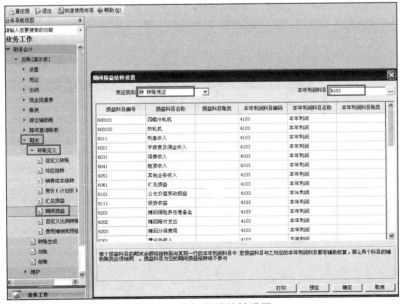

图3-68　期间损益结转设置

提示：

定义期末损益，只需要在新建账套后的首次损益结转时定义一次，以后期间不需要定义即可直接进行损益结转。但是，如果以后期间有新增损益类科目，则必须重新定义期末损益，否则新增科目无法自动结转生成会计凭证，影响账簿与报表的准确性。

4. 转账生成

期末损益的自动转账生成需要在完成各项日程业务凭证的录入、各项自定义转账凭证的生成，以及所有凭证均经过审核并进行记账之后才可顺利完成。同时，只有完成期末损益结转并生成转账凭证，才能查询账簿并生成财务报表。

操作步骤：

(1) 选择"总账"→"期末"→"转账生成"命令，打开如图3-69所示窗口。

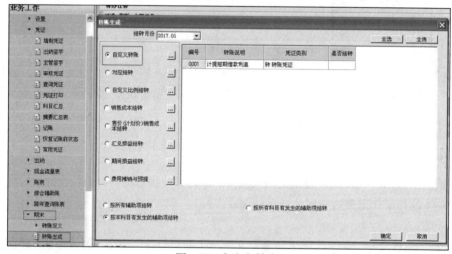

图3-69　自定义转账

(2) 在图3-69所示窗口中，选中"自定义转账"单选按钮，在"是否结转"栏选择"Y"，然后单击"确定"按钮后生成转账凭证，如图3-70所示。

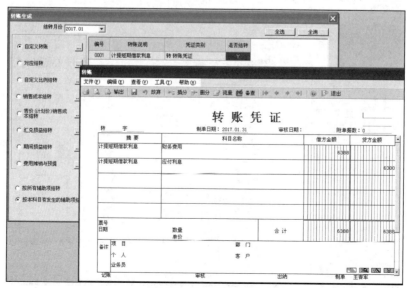

图3-70　生成转账凭证

(3) 在图3-70所示窗口中,单击"退出"按钮返回"转账生成"窗口,再选中"对应结转"单选按钮,在"是否结转"栏选择"Y",然后单击"确定"按钮弹出生成的转账凭证,再单击"保存"按钮保存生成的转账凭证,如图3-71所示。

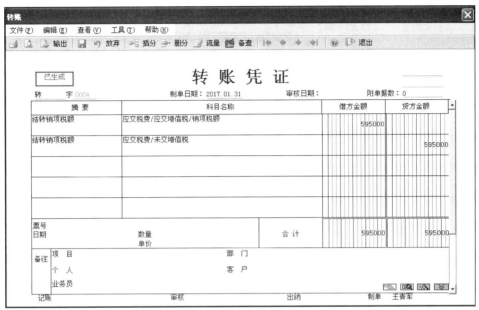

图3-71 转账凭证

(4) 在图3-71所示窗口中,单击"退出"按钮返回"转账生成"窗口,然后选中"期间损益结转"单选按钮,单击"全选"按钮,再单击"确定"按钮,如图3-72所示。

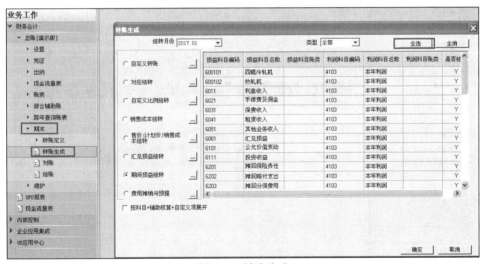

图3-72 转账生成

(5) 生成转账凭证如图3-73所示,然后在"企业应用平台"中,单击"重注册"按钮,更换操作员为"01账套主管刘子松",审核转账凭证并记账。

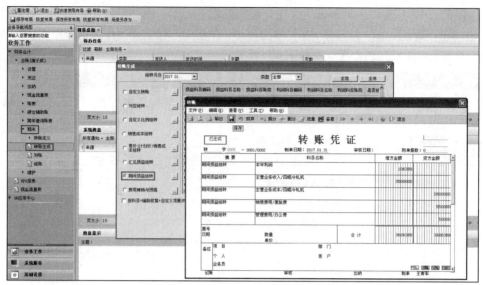

图3-73　转账生成—转账凭证

5. 期末对账与结账

1) 期末对账

操作步骤:

(1) 以"01账套主管刘子松"身份,选择"财务会计"→"总账"→"期末"→"对账"命令,进入如图3-74所示窗口。

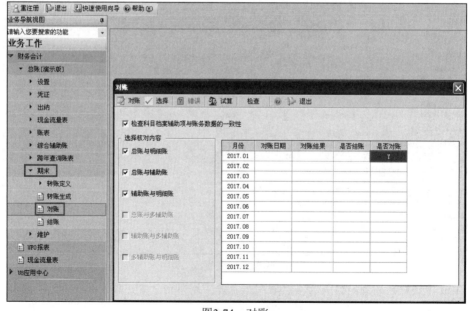

图3-74　对账

(2) 在图3-74所示窗口中,选中要进行对账的月份,然后单击"对账"按钮,系统开始对账,并显示对账结果,如图3-75所示。

(3) 在图3-75所示窗口中,单击"试算"按钮,可检查所选月份的各科目借贷方余额情况,检查借贷方合计额是否相等,如图3-76所示。

图3-75 对账结果

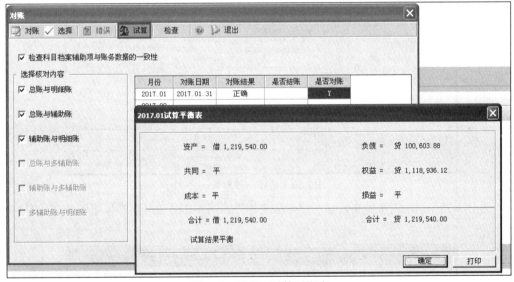

图3-76 对账—试算平衡表

(4) 检查结果无误后,单击"退出"按钮结束对账。

提示:

损益类科目一般无期末余额。

2) 期末结账

期末结账是会计期间的最后一项工作。结账操作每月只能进行一次,已结账月份不能再填制凭证。

操作步骤:

(1) 选择"财务会计"→"总账"→"期末"→"结账"命令,进入如图3-77所示窗口。

图3-77　结账—开始结账

(2) 在图3-77所示窗口中，选中要结账的月份，然后单击"下一步"按钮打开如图3-78所示窗口，系统对要结账的月份进行账账核对。

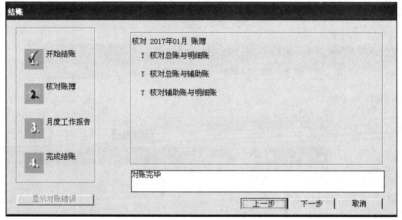

图3-78　结账—核对账簿

(3) 在图3-78窗口中对账结束，显示"对账完毕"，再单击"下一步"按钮，打开如图3-79所示窗口。

图3-79　结账—月度工作报告

(4) 在图3-79所示窗口中，查看"2017年01月工作报告"，检查无误后单击"下一步"按钮，在如图3-80所示窗口中，单击"结账"按钮完成期末结账业务。

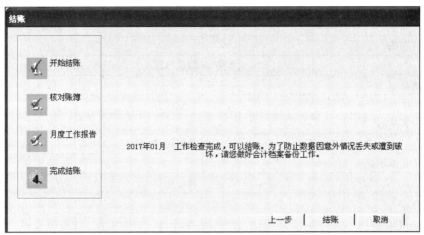

图3-80　结账—完成结账

提示：

(1) 如果期末未结账，则在下一个会计期间只能填制凭证而不能记账。

(2) 结账后除查询外，不能再对本月业务进行任何操作。

(3) 如果因某种原因需要取消本月结账，则需要由账套主管在"期末"→"结账"界面同时按Ctrl+Shift+F6键，激活"取消结账"功能，输入账套主管密码后，方可取消结账。

6. 账套备份

操作步骤：

(1) 在D盘"100账套备份"文件夹中新建"(3-3)总账系统期末业务处理"文件夹。

(2) 将账套输出至"(3-3)总账系统期末业务处理"文件夹中。

课后实训练习一

引入备份账套"练习一基础设置"，完成以下操作。

1. 总账期初余额录入

根据表3-6设置会计科目并录入期初余额试算平衡。

表3-6　期初余额表

科目编码	科目名称	外币币种	计量单位	辅助账类型	余额方向	期初余额
1001	库存现金			日记账	借	42 300
1002	银行存款			日记账、银行账	借	2 172 700
100201	工商银行			日记账、银行账	借	1 475 300
100202	中国银行			日记账、银行账	借	697 400
		美元		外币核算	借	100 000
1122	应收账款			客户往来(不受控应收系统)	借	205 040
1221	其他应收款			个人往来	借	20 700
1405	库存商品				借	594 400

(续表)

科目编码	科目名称	外币币种	计量单位	辅助账类型	余额方向	期初余额
140501	内存条				借	31 400
			条	数量核算		100
140502	硬盘				借	98 000
			个	数量核算		200
140503	台式电脑				借	265 000
			台	数量核算		50
140504	笔记本电脑				借	200 000
			台	数量核算		20
1601	固定资产				借	103 760
160101	机器设备				借	13 760
160102	办公设备				借	90 000
1602	累计折旧				贷	19 500
2202	应付账款			供应商往来(不受控应付系统)	贷	219 400
4001	实收资本(或股本)				贷	2 900 000
410401	未分配利润					
6602	管理费用				借	
660201	办公费			部门核算	借	
660202	差旅费			部门核算	借	
660203	招待费			部门核算	借	
660204	邮电费			部门核算	借	
660205	折旧费			部门核算	借	
6603	财务费用				借	
660301	利息收入				借	
660302	利息支出				借	
660303	手续费				借	
660304	汇兑损益				借	

辅助科目明细余额如表3-7～表3-9所示。

表3-7　应收账款

客户	方向	金额	摘要	日期
北京诚意	借	68 900	销售电脑	2016-10-31
天鑫国际	借	108 340	销售电脑	2016-9-18
新华国际	借	27 800	销售电脑	2016-12-8
合计	借	205 040		

表3-8　应付账款

供应商	方向	金额	摘要	日期
安伦科技	贷	140 500	采购材料	2016-8-31
飞亚国际	贷	78 900	采购材料	2016-9-25
合计	贷	219 400		

表3-9　其他应收款

部门	个人	方向	金额	摘要	日期
销售一部	张丽艳	借	8000	借差旅费	2016-10-20
销售二部	杨光	借	4000	借差旅费	2016-12-12

2. 填制凭证

请以"李渊"操作员身份填制下列凭证。

2017年1月份发生如下业务：

(1) 1月8日，开出现金支票，提取现金10 800元。

借：库存现金　　　　　　　　　　　10 800.00

　　贷：银行存款——工商银行　　　　　10 800.00

(2) 1月7日，向北京诚意贸易公司售出台式电脑25台，单价6650元，货税款尚未收到(适用税率13%)。

借：应收账款——北京诚意贸易公司　166 250.00

　　贷：主营业务收入　　　　　　　　144 637.50

　　　　应交税费——应交增值税——销项税　21 612.50

(3) 1月8日，销售电脑收入10 000美元。

借：银行存款——中国银行　　　　　75 000.00(USD 10 000)

　　贷：主营业务收入　　　　　　　　75 000.00

(4) 1月11日，销售部张丽艳报销差旅费5000元。

借：管理费用——差旅费——销售一部　5000

　　贷：其他应收款——张丽艳　　　　　5000

(5) 1月13日，从安伦科技有限公司购入硬盘100个，单价225元，货税款暂欠，商品已验收库(适用税率13%)。

借：库存商品——硬盘　　　　　　　19 575.00

　　应交税费——应交增值税——进项税　2925.00

　　贷：应付账款(安伦科技)　　　　　22 500.00

(6) 1月16日，购入小汽车一辆，价值110 000元。

借：固定资产——办公设备　　　　　　　　　　　110 000.00

　　贷：银行存款——工商银行(日期1月15日，支票号08329)　110 000.00

(7) 接到银行通知，收到某投资者投入的资本。

借：银行存款——招商银行　　　　　300 000.00

　　贷：实收资本(或股本)　　　　　　300 000.00

(8) 1月20日，公司非生产部门报销费用，统一报销凭证中都为管理费用——办公费，但明细分属不同部门，以辅助项快速录入方式填制该凭证。财务科：2234元，人事部：1139元，销售一部：2897元，销售二部：2783元。贷方为库存现金。

借：管理费用——办公费——财务科　　2234

　　管理费用——办公费——行政科　　1139

　　管理费用——办公费——销售一部　2897

　　管理费用——办公费——销售二部　2783

　　贷：库存现金　　　　　　　　　　9053

(9) 1月26日，计提折旧。

借：制造费用——折旧费——锻造车间　　　1105
　　制造费用——折旧费——热处理车间　　1105
　　管理费用——折旧费——行政科　　　　759
　　管理费用——折旧费——财务科　　　　834
　　管理费用——折旧费——销售一部　　　660
　　管理费用——折旧费——销售二部　　　605
　　　贷：累计折旧　　　　　　　　　　　　　5068

(10) 1月26日，各个部门报销费用。

借：管理费用——邮电费——财务科　　　785.00
　　管理费用——招待费——销售二部　　1007.00
　　管理费用——差旅费——销售一部　　2224.00
　　管理费用——邮电费——财务科　　　800.00
　　　贷：库存现金　　　　　　　　　　　　4816.00

(11) 1月29日收到银行账单，银行存款利息收入8835元入账。

借：财务费用——利息收入　　　　　　-8835.00
　　　贷：银行存款——工商银行　　　　　-8835.00

(12) 1月29日结转销售成本，本月共销售电脑(P3)25台，成本为4000元/台。

借：主营业务成本　　　　　　　　　100 000.00
　　　贷：库存商品——台式电脑　　　　100 000.00

修改第6号凭证，将金额改为101 100元，将支票号码改为08339。

修改第10号凭证，将管理费用——邮电费——财务科785元的部门改为行政科。

审核凭证：以操作员"张兰"的身份对所有凭证进行审核签字。

记账：以操作员"李渊"的身份对所有凭证进行记账。

针对第4号凭证生成一张红字冲销凭证。

重新填制正确的凭证如下：

借：管理费用——差旅费(销售一部)　　5200.00
　　　贷：其他应收款(张丽艳)　　　　　5200.00

将这两张凭证也进行审核和记账。

3. 定义下列月末转账凭证

(1) 定义汇兑损益结转凭证。汇兑损益的入账科目为"财务费用——汇兑损益"。

(2) 定义期间损益结转利润的凭证。

4. 生成汇兑损益结转凭证

生成汇兑损益结转凭证(美元的月末调整汇率为7.074)，并进行审核、记账。

5. 生成当月各项收入结转至本年利润并进行审核、记账

生成期间损益结转凭证。

借：主营业务收入
　　贷：本年利润

6. 生成当月各项成本、费用、支出结转至本年利润并进行审核、记账

1) 填制月末结转凭证

借：主营业务成本

　　贷：制造费用——折旧费——锻造车间

　　　　制造费用——折旧费——热处理车间

2) 期间损益结转

借：本年利润

　　贷：主营业务成本

　　　　管理费用——办公费

　　　　管理费用——差旅费

　　　　管理费用——招待费

　　　　管理费用——邮电费

　　　　管理费用——折旧费

　　　　财务费用——利息收入

　　　　财务费用——汇兑损益

7. 结账

将总账系统对账并结账。

账套输出：请同学们将练习账套备份到D盘"练习一总账"文件夹。

课后实训练习二

引入备份账套"练习二基础设置"，完成以下操作。

1. 总账管理系统

1) 总账控制参数

总账控制参数如表3-10所示。

表3-10　总账控制参数

选项卡	参数设置
凭证	R制单序时控制 R支票控制　赤字控制：资金往来科目　赤字控制方式：提示 可以使用应收款、应付款、存货受控科目 取消"现金流量科目必需录入现金流量项目"选项 凭证编号方式采用系统编号
账簿	账簿打印位数按软件的标准设定，明细账打印按年排页
凭证打印	打印凭证页脚姓名
预算控制	超出预算允许保存
权限	出纳凭证必须经由出纳签字，允许修改、作废他人填制的凭证 可查询他人凭证，明细账查询权限控制到科目
会计日历	会计日历为1月1日～12月31日，数量小数单位和单价小数单位设置为2位
其他	外币核算采用固定汇率，部门、个人、项目按编码方式排序

2) 基础数据

(1) 币符：USD；币名：美元；固定汇率1：6.275(此汇率只供演示账套使用)。

(2) 2017年4月份会计科目及期初余额如表3-11所示。

表3-11　2017年4月份会计科目及期初余额

科目名称	辅助核算	方向	币别计量	累计借方发生额	累计贷方发生额	期初余额
库存现金1001	日记	借		18 889.65	18 860.65	6875.70
银行存款1002	日记银行	借		469 251.88	370 000.35	511 057.16
工行存款100201	日记银行	借		469 251.88	370 000.35	511 057.16
中行存款100202	日记银行	借	美元			
应收账款1122	客户往来	借		60 000.00	20 000.00	157 600.00
预付账款1123	供应商往来	借				
其他应收款1221		借		4200.00	5410.27	3800.00
应收单位款122101	客户往来	借				
应收个人款122102	个人往来	借		4200.00	5410.27	3800.00
坏账准备1231		贷		3000.00	6000.00	10 000.00
材料采购1401		借			80 000.00	−80 000.00
原材料1403		借		293 180.00		1 004 000.00
生产用原材料140301	数量核算	借	吨	293 180.00		1 004 000.00
材料成本差异1404		借		2410.27		1642.00
库存商品1405		借		140 142.54	90 000.00	2 554 000.00
委托加工物资1408		借				
周转材料1411		借				
固定资产1601		借				260 860.00
累计折旧1602		贷			39 511.89	47 120.91
在建工程1604		借				
人工费160401	项目核算	借				
材料费160402	项目核算	借				
其他160403	项目核算	借				
无形资产1701		借			58 500.00	58 500.00
待处理财产损溢1901						
待处理流动资产损益190101						
待处理固定资产损益190102						
短期借款2001		贷			200 000.00	200 000.00
应付账款2202	供应商往来	贷		150 557.26	60 000.00	276 850.00
预收账款2203	客户往来	贷				
应付职工薪酬2211		贷			3400.00	8200.00
应缴税费2221		贷		36 781.37	15 581.73	−16 800.00
应交增值税222101		贷		36 781.37	15 581.73	−16 800.00
进项税额22210101		贷		36 781.37		−33 800.00
销项税额22210105		贷			15 581.73	17 000.00
应付利息2231		贷				
借款利息223101		贷				
其他应付款2241		贷			2100.00	2100.00

(续表)

科目名称	辅助核算	方向	币别计量	累计借方发生额	累计贷方发生额	期初余额
实收资本4001		贷				2 609 052.00
本年利润4103		贷				1 478 000.00
利润分配4104		贷		13 172.74	9330.55	−119 022.31
未分配利润410415		贷		13 172.74	9330.55	−119 022.31
生产成本5001	项目核算	借		8711.37	10 122.38	17 165.74
直接材料500101	项目核算	借		4800.00	5971.00	10 000.00
直接人工500102	项目核算	借		861.00	900.74	4000.74
制造费用500103	项目核算	借		2850.00	3050.00	2000.00
折旧费500104	项目核算	借		200.37	200.64	1165.00
其他500105	项目核算	借				
制造费用5101		借				
工资510101		借				
折旧费510102		借				
主营业务收入6001		贷		350 000.00	350 000.00	
其他业务收入6051		贷		250 000.00	250 000.00	
主营业务成本6401		借		300 000.00	300 000.00	
其他业务成本6402		借		180 096.55	180 096.55	
税金及附加6403		借		8561.28	8561.28	
销售费用6601		借		5000.00	5000.00	
管理费用6602		借		23 221.33	23 221.33	
薪资660201	部门核算	借		8542.96	8542.96	
福利费660202	部门核算	借		1196.01	1196.01	
办公费660203	部门核算	借		568.30	568.30	
差旅费660204	部门核算	借		5600.23	5600.23	
招待费660205	部门核算	借		4621.56	4621.56	
折旧费660206	部门核算	借		2636.27	2636.27	
其他660207	部门核算	借		56.00	56.00	
财务费用6603		借		8000.00	8000.00	
利息支出660301		借		8000.00	8000.00	

说明：①将"库存现金1001"科目指定为现金总账科目；将"银行存款1002"科目指定为银行总账科目；将"库存现金1001、工行存款100201、中行存款100202"科目指定为现金流量科目。②部门核算期初数据均假设为总经理办公室。

(3) 凭证类别如表3-12所示。

表3-12　凭证类别

凭证类别	限制类型	限制科目
收款凭证	借方必有	1001,100201,100202
付款凭证	贷方必有	1001,100201,100202
转账凭证	凭证必无	1001,100201,100202

(4) 结算方式如表3-13所示。

表3-14 结算方式

结算方式编码	结算方式名称	是否票据管理
1	现金结算	否
2	支票结算	否
201	现金支票	是
202	转账支票	是
3	其他	否

(5) 项目目录如下：

项目大类：生产成本5001。

核算科目：生产成本及其下级所有明细科目。

项目分类：1—自行开发项目，2—委托开发项目。

项目名称：1—101普通打印纸-A4，1—102凭证套打纸-8X，所属分类码均为1。

(6) 数据权限分配如下：

操作员白雪只具有应收账款、预付账款、应付账款、预收账款、其他应收款5个科目的明细账查询权限，具有所有部门的查询和录入权限。

3) 期初数据

(1) 总账期初余额表：2017年4月份会计科目及期初余额表，如表3-11所示。

(2) 辅助账期初余额表：在"期初往来明细"窗口录入，如表3-14~表3-17所示。

表3-14 会计科目：1122 应收账款 期初余额：借 157 600元

日期	凭证号	客户	业务员	摘要	方向	期初余额	票号	票据日期
2017-02-25	转-118	华宏公司	孙健	销售商品	借	99 600.00	P111	2017-02-25
2017-03-10	转-15	昌新贸易公司	孙健	销售商品	借	58 000.00	Z111	2017-03-10

表3-15 会计科目：122102 其他应收款—应收个人款 期初余额：借3800元

日期	凭证号	部门	个人	摘要	方向	期初余额
2017-03-26	付-118	总经理办公室	肖剑	出差借款	借	2 000.00
2017-03-27	付-156	销售部	孙健	出差借款	借	1 800.00

表3-16 会计科目：2202 应付账款 期初余额：贷 276 850元

日期	凭证号	供应商	业务员	摘要	方向	期初余额	票号	票据日期
2017-01-20	转-45	兴华公司	李平	购买原材料	贷	276 850.00	C123	2017-01-20

表3-17 会计科目：5001 生产成本 期初余额：借 17 165.74元

科目名称	普通打印纸-A4	凭证套打纸-8X	合计
直接材料500101	4000.00	6000.00	10 000.00
直接人工500102	1500.00	2500.74	4000.74
制造费用500103	800.00	1200.00	2000.00
折旧费500104	500.00	665.00	1165.00
合计	6800.00	10 365.74	17 165.74

(3) 辅助账累计借方、累计贷方发生额：在"辅助期初余额"窗口直接录入，如表3-18~表3-21所示。

表3-18 会计科目：1122 应收账款

日期	凭证号	客户	业务员	摘要	方向	余额	票号	票据日期
2017-02-25	转-118	华宏公司	孙健	销售商品	借	60 000.00	P111	2017-02-25
2017-03-10	转-15	昌新贸易公司	孙健	销售商品	贷	20 000.00	Z111	2017-03-10

表3-19 会计科目：122102 其他应收款—应收个人款

日期	凭证号	部门	个人	摘要	方向	余额
2017-03-26	付-118	总经理办公室	肖剑	出差借款	借	4200.00
2017-03-27	付-156	销售部	孙健	出差借款	贷	5410.27

表3-20 会计科目：2202 应付账款

日期	凭证号	供应商	业务员	累计借方	累计贷方	票号	票据日期
2017-02-20	转-45	兴华公司	李平	150 557.26	60 000.00	C123	2017-02-20

表3-21 会计科目：5001 生产成本 明细项目：普通打印纸-A4

科目名称	累计借方	累计贷方
直接材料500101	4800.00	5971.00
直接人工500102	861.00	900.74
制造费用500103	2850.00	3050.00
折旧费500104	200.370	200.64

2. 日常业务处理

2017年4月份企业发生的经济业务如下。

(1) 4月2日，采购部王丽购买了200元的办公用品，以现金支付，附单据一张。

借：销售费用(6601)　　　　　　　　200

　　贷：库存现金(1001)　　　　　　　　200

(2) 4月3日，财务部王晶从工行提取现金10 000元，作为备用金，现金支票号 XJ001。

借：库存现金(1001)　　　　　　　　10 000

　　贷：银行存款——工行存款(100201)　　　　10 000

(3) 4月5日，收到兴华集团投资资金10 000美元，汇率1：8.275，转账支票号ZZW001。

借：银行存款——中行存款(100202)　　　　82 750

　　贷：实收资本(4001)　　　　　　　　82 750

(4) 4月8日，采购部白雪采购原纸10吨，每吨5000元，材料直接入库，货款以银行存款支付，转账支票号ZZR001。

借：原材料——生产用原材料(140301)　　　　50 000

　　贷：银行存款——工行存款(100201)　　　　50 000

(5) 4月12日，销售部王丽收到华宏公司转来一张转账支票，金额99 600元，用以偿还前欠货款，转账支票号ZZR002。

借：银行存款——工行存款(100201)　　　　99 600

　　贷：应收账款(1122)　　　　　　　　99 600

(6) 4月14日，采购部白雪从兴华公司购入"管理革命"光盘100张，单价80元，货税款暂欠，商品已验收入库，适用税率17%。

借：库存商品(1405)　　　　　　　　　　　　　　　　8000

　　应交税费——应交增值税——进项税额(22210101)　　　　1360

    贷：应付账款(2202)   9360

(7) 4月16日，总经理办公室支付业务招待费1200元，转账支票号ZZR003。

    借：管理费用——招待费(660205)   1200

        贷：银行存款——工行存款(100201)   1200

(8) 4月18日，总经理办公室肖剑出差归来，报销差旅费2000元，交回现金200元。

    借：管理费用——差旅费(660204)   1800

        库存现金(1001)   200

        贷：其他应收款(122102)   2000

(9) 4月20日，一车间领用原纸5吨，单价5000元，用于生产普通打印纸—A4。

    借：生产成本——直接材料(500101)   25 000

        贷：原材料——生产用原材料(140301)   25 000

3. 期末处理

1) 银行对账

(1) 银行对账期初：阳光公司银行账的启用日期为2017-04-01，工行人民币户企业日记账调整前余额为511 057.16元，银行对账单调整前余额为533 829.16元，未达账项一笔，系银行已收企业未收款22 772元(2017年3月31日，结算方式202，借方)。

(2) 4月份银行对账单如表3-22所示。

表3-22   4月份银行对账单

日期	结算方式	票号	借方金额	贷方金额
2017-04-03	201	XJ001		10 000
2017-04-06				60 000
2017-04-08	202	ZZR001		50 000
2017-04-12	202	ZZR002	99 600	

2) 自动转账定义及生成

(1) 按短期借款期末余额的0.2%计提短期借款利息。

    借：财务费用——利息支出(660301)   QM(2001,月)×0.002

        贷：应付利息(223101)   JG()

(2) 期间损益结转。

账套输出：请同学们将练习账套备份到D盘"练习二总账"文件夹。

项目四 UFO报表管理

UFO报表管理是从其他系统提取编制报表所需要的数据，包括总账、薪资管理系统、固定资产、应收款管理、应付款管理、采购管理、销售管理、库存管理、存货核算均可向UFO报表管理子系统传递数据，最终生成财务部门所需要的各种会计报表。另外还提供了多个行业的财务报表模板和自定义模板的新功能，可根据实际需要定制模板以及拥有数据采集、汇总及独有的数据透视功能，可将几百张报表数据按条件取到同一页面显示，以方便数据对比分析。

实训目的与要求

系统学习UFO报表管理，要求掌握套用报表模板自动生成资产负债表和利润表，掌握自定义报表格式设计、公式设置的方法、报表数据的计算方法以及了解与查询有关的图表功能，并掌握财务比率分析。

教学建议

用友U8软件的UFO报表内置多个行业的常用会计报表模块，报表的格式定义、公式定义和报表数据处理、表页管理以及报表输出和图表功能等都是UFO报表管理的主要操作处理内容。

实训一 套用报表模板生成报表

实训要求

引入"(3-3)总账系统期末业务处理"账套数据。

实训指导

1. 套用报表模板生成资产负债表

首先以账套主管刘子松(编号：01；密码：空)的身份于2017年1月31日的操作日期使用100账套登录到"企业应用平台"，然后打开"业务工作"选项卡。按"财务会计"→"UFO报表"的顺序分别双击各菜单进入到如图4-1所示"UFO报表"窗口并单击"新建"按钮以新建空白报表。

(1) 在图4-2所示"UFO报表"窗口单击"格式"菜单，选择"报表模板"命令。

(2) 在弹出的"报表模板"窗口中分别单击"您所在的行业"和"财务报表"下拉菜单，选择"2007年新会计制度科目"和"资产负债表"，如图4-3所示，然后单击"确认"按钮。

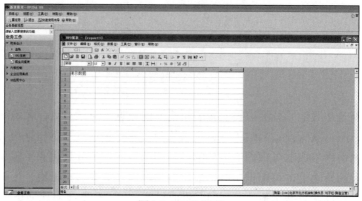

图4-1　UFO报表

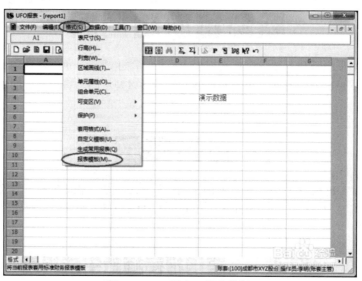

图4-2　UFO报表—报表模板

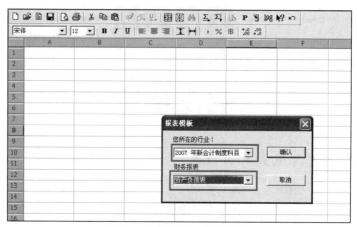

图4-3　UFO报表—报表模板

(3) 在图4-4所示"用友软件"窗口中，单击"确定"按钮。

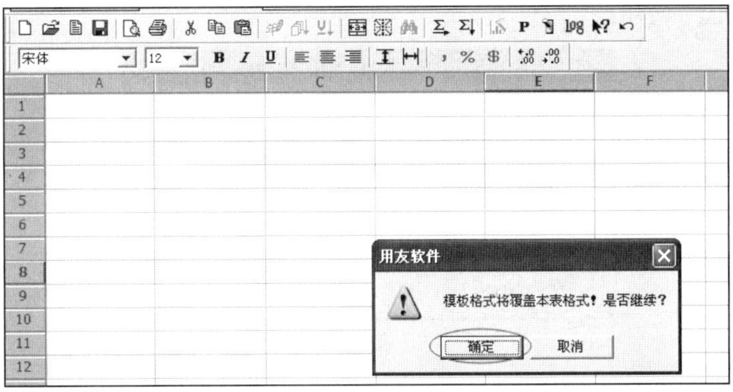

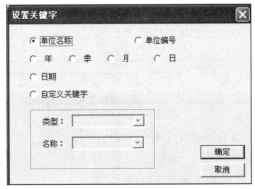

图4-4 UFO报表—用友软件

(4) 在图4-5所示"UFO报表"窗口中，单击"数据"菜单。

图4-5 UFO报表

(5) 在弹出的如图4-6所示"设置关键字"窗口中，选择要录入的信息，单击"确定"按钮。

图4-6 设置关键字

(6) 在弹出的如图4-7所示"录入关键字"窗口中，分别录入"单位名称""年""月""日"等资料，单击"确认"按钮。

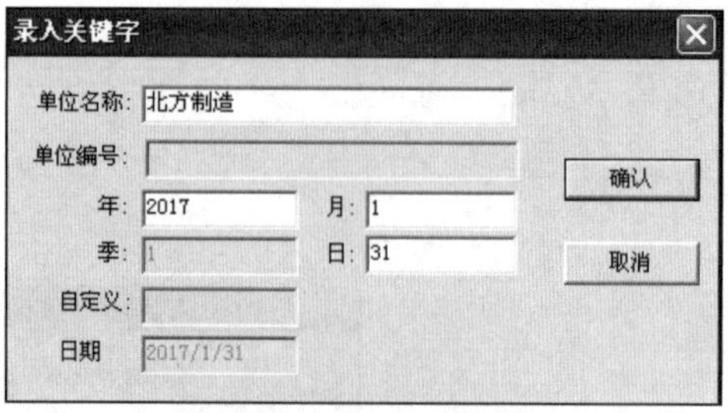

图4-7　录入关键字

(7) 在弹出的如图4-8所示"用友软件"窗口中，单击"是"按钮。

图4-8　用友软件

(8) 这个过程大约需要十余秒，暂时不要操作计算机。待状态栏提示"计算完毕"后可以看到资产负债表内出现了重算后的数据。此时，在弹出的资产负债表格式状态下，需要修改未分配利润的公式，否则报表数据不平衡，如图4-9所示。

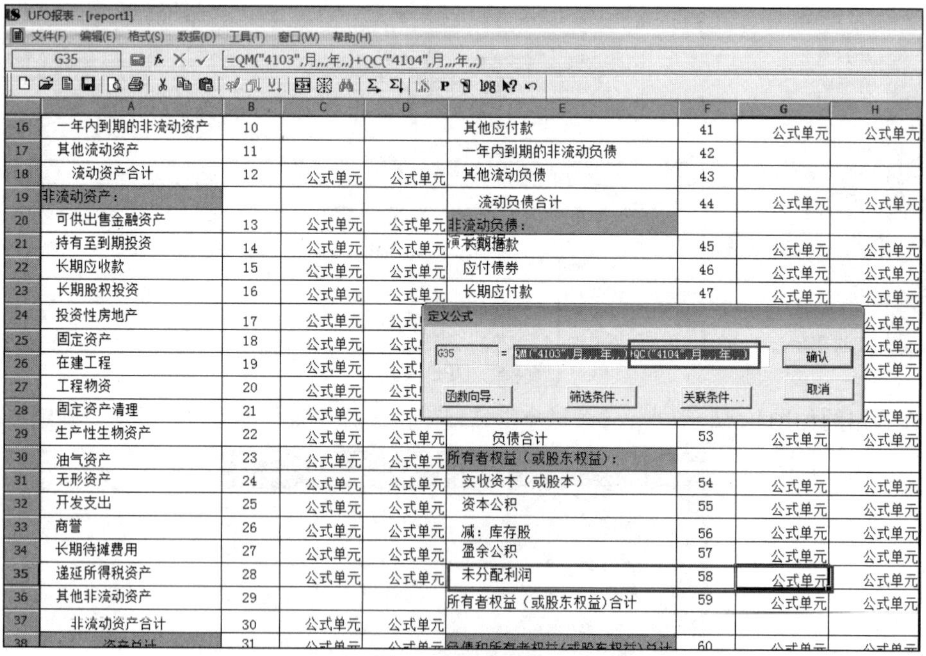

图4-9　UFO报表

(9) 将期末未分配利润公式修改为G35=QM（"4103"，月,,,年,,)+QM（"4104",月,,,年,,)，如图4-10所示。

一年内到期的非流动资产	10			其他应付款	41	公式单元	公式单元
其他流动资产	11			一年内到期的非流动负债	42		
流动资产合计	12	公式单元	公式单元	其他流动负债	43		
非流动资产：				流动负债合计	44	公式单元	公式单元
可供出售金融资产	13	公式单元	公式单元	非流动负债：			
持有至到期投资	14	公式单元	公式单元	长期借款	45	公式单元	公式单元
长期应收款	15	公式单元	公式单元	应付债券	46	公式单元	公式单元
长期股权投资	16	公式单元	公式单元	长期应付款	47	公式单元	公式单元
投资性房地产	17	公式单元	公式单元				
固定资产	18	公式单元					
在建工程	19	公式单元					
工程物资	20	公式单元					
固定资产清理	21	公式单元		负债合计	53	公式单元	公式单元
生产性生物资产	22	公式单元	公式单元	所有者权益（或股东权益）：			
油气资产	23	公式单元	公式单元	实收资本（或股本）	54	公式单元	
无形资产	24	公式单元	公式单元	资本公积	55	公式单元	
开发支出	25	公式单元	公式单元	减：库存股	56	公式单元	
商誉	26	公式单元	公式单元	盈余公积	57	公式单元	
长期待摊费用	27	公式单元	公式单元	未分配利润	58	公式单元	
递延所得税资产	28	公式单元	公式单元	所有者权益（或股东权益）合计	59		
其他非流动资产	29	公式单元	公式单元				
非流动资产合计	30	公式单元	公式单元				
资产总计	31	公式单元	负债和所有者权益（或股东权益）总计	60			

定义公式

G35　＝ QM("4103",月,,,年,,)+QM("4104",月,,,年,,)　确认　取消

函数向导…　筛选条件…　关联条件…

图4-10　定义公式

（10）修改完未分配利润公式后，将界面左下方"格式"切换到数据状态，或选择"编辑"→"格式/数据状态(Z)"命令，系统弹出如图4-11所示"用友软件"窗口。

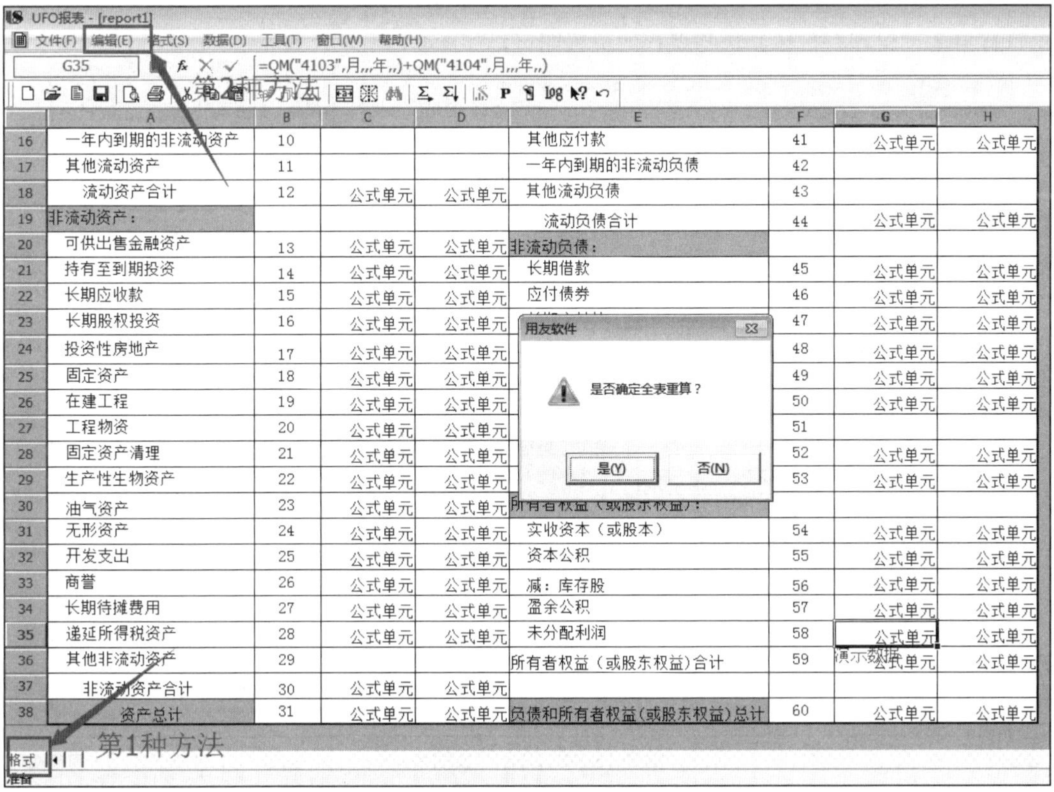

UFO报表 - [report1]
文件(F)　编辑(E)　格式(S)　数据(D)　工具(T)　窗口(W)　帮助(H)

G35　=QM("4103",月,,,年,,)+QM("4104",月,,,年,,)

第2种方法

	A	B	C	D	E	F	G	H
16	一年内到期的非流动资产	10			其他应付款	41	公式单元	公式单元
17	其他流动资产	11			一年内到期的非流动负债	42		
18	流动资产合计	12	公式单元	公式单元	其他流动负债	43		
19	非流动资产：				流动负债合计	44	公式单元	公式单元
20	可供出售金融资产	13	公式单元	公式单元	非流动负债：			
21	持有至到期投资	14	公式单元	公式单元	长期借款	45	公式单元	公式单元
22	长期应收款	15	公式单元	公式单元	应付债券	46	公式单元	公式单元
23	长期股权投资	16	公式单元	公式单元		47		
24	投资性房地产	17	公式单元	公式单元		48		
25	固定资产	18	公式单元	公式单元		49	公式单元	
26	在建工程	19	公式单元	公式单元		50	公式单元	
27	工程物资	20	公式单元	公式单元		51		
28	固定资产清理	21	公式单元	公式单元		52	公式单元	
29	生产性生物资产	22	公式单元	公式单元		53	公式单元	
30	油气资产	23	公式单元	公式单元	所有者权益（或股东权益）：			
31	无形资产	24	公式单元	公式单元	实收资本（或股本）	54		
32	开发支出	25	公式单元	公式单元	资本公积	55		
33	商誉	26	公式单元	公式单元	减：库存股	56		
34	长期待摊费用	27	公式单元	公式单元	盈余公积	57		
35	递延所得税资产	28	公式单元	公式单元	未分配利润	58	公式单元	
36	其他非流动资产	29	公式单元	公式单元	所有者权益（或股东权益）合计	59		
37	非流动资产合计	30	公式单元	公式单元				
38	资产总计	31	公式单元	公式单元	负债和所有者权益（或股东权益）总计	60	公式单元	公式单元

用友软件

是否确定全表重算？

是(Y)　否(N)

格式　第1种方法

图4-11　用友软件

（11）在"用友软件"窗口中，单击"是"按钮，即可显示出资产负债表数据，如图4-12所示。

	A	B	C	D	E	F	G	H
10	应收账款	4	72,540.00	31,590.00	应付账款	35	52,650.00	52,650.00
11	预付款项	5			预收款项	36	20,000.00	20,000.00
12	应收利息	6			应付职工薪酬	37	-10,000.00	70,000.00
13	应收股利	7			应交税费	38	5,950.00	
14	其他应收款	8		5,000.00	应付利息	39	63.88	
15	存货	9	852,000.00	880,000.00	应付股利	40		
16	一年内到期的非流动资产	10			其他应付款	41		
17	其他流动资产	11			一年内到期的非流动负债	42		
18	流动资产合计	12	1,036,540.00	1,111,590.00	其他流动负债	43		
19	非流动资产:				流动负债合计	44	100,603.88	174,590.00
20	可供出售金融资产	13			非流动负债:			
21	持有至到期投资	14			长期借款	45		
22	长期应收款	15			应付债券	46		
23	长期股权投资	16			长期应付款	47		
24	投资性房地产	17			专项应付款	48		
25	固定资产	18	183,000.00	183,000.00	预计负债	49		
26	在建工程	19			递延所得税负债	50		
27	工程物资	20			其他非流动负债	51		
28	固定资产清理	21			非流动负债合计	52		
29	生产性生物资产	22			负债合计	53	100603.88	174590.00
30	油气资产	23			所有者权益(或股东权益):			
31	无形资产	24			实收资本(或股本)	54	1,000,000.00	1,000,000.00
32	开发支出	25			资本公积	55		
33	商誉	26			减:库存股	56		
34	长期待摊费用	27			盈余公积	57		
35	递延所得税资产	28			未分配利润	58	118,936.12	120,000.00
36	其他非流动资产	29			所有者权益(或股东权益)合计	59	1,118,936.12	1,120,000.00
37	非流动资产合计	30	183000.00	183000.00				
38	资产总计	31	1219540.00	1294590.00	负债和所有者权益(或股东权益)总计	60	1,219,540.00	1,294,590.00

图4-12 资产负债表数据

(12) 单击"保存"按钮并选择保存的位置即可,如图4-13所示。

图4-13 保存资产负债表

2. 套用报表模板生成利润表

生成利润表的方法和生成资产负债表方法相同。

(1) 待状态栏提示“计算完毕”后，可以看到利润表内出现了重算后的数据，如图4-14所示。

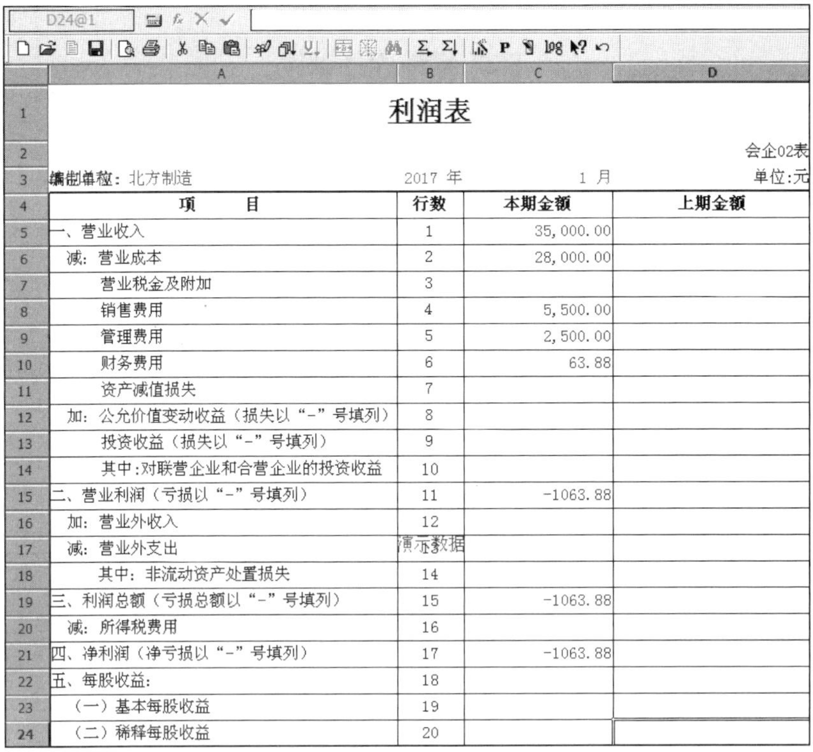

利润表

项 目	行数	本期金额	上期金额
一、营业收入	1	35,000.00	
减：营业成本	2	28,000.00	
营业税金及附加	3		
销售费用	4	5,500.00	
管理费用	5	2,500.00	
财务费用	6	63.88	
资产减值损失	7		
加：公允价值变动收益（损失以“-”号填列）	8		
投资收益（损失以“-”号填列）	9		
其中:对联营企业和合营企业的投资收益	10		
二、营业利润（亏损以“-”号填列）	11	-1063.88	
加：营业外收入	12		
减：营业外支出	演示数据		
其中：非流动资产处置损失	14		
三、利润总额（亏损总额以“-”号填列）	15	-1063.88	
减：所得税费用	16		
四、净利润（净亏损以“-”号填列）	17	-1063.88	
五、每股收益:	18		
（一）基本每股收益	19		
（二）稀释每股收益	20		

会企02表
编制单位：北方制造 2017 年 1 月 单位:元

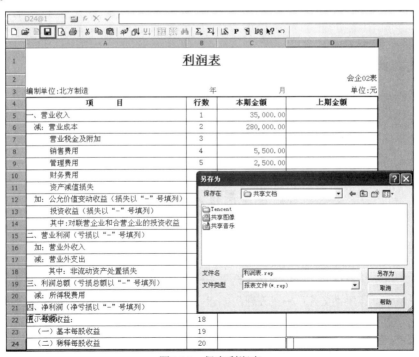

图4-14 利润表

(2) 然后可以对生成的利润表进行保存。单击“保存”按钮并选择保存的位置即可，如图4-15所示。

图4-15 保存利润表

实训二　自定义报表

——— 实训要求 ———

设置系统日期为2017-01-31，以账套主管身份登录系统进行UFO报表管理工作。

——— 实训资料 ———

1. 报表格式

设计的货币资金表如表4-1所示。

表4-1　货币资金表

货币资金表

单位名称：　　　　　　　　　　　年　月　日　　　　　　　　　　　单位：元

项目	行次	期初数	期末数
库存现金	1		
银行存款	2		
合计	3		

说明：　　　　　　　　　　　　　　　　　　　制表人：

① 表头：标题"货币资金表"设置为黑体、18号，居中；行高9mm；单位名称、年、月、日设置为关键字。

② 表体：标题中文字设置为宋体、14号，居中。

③ 表尾："制表人："设置为宋体、12号，右对齐第4栏。

2. 报表公式

库存现金期初数：C4=QC("1001",月)。

银行存款期初数：C5=QC("1002",月)。

库存现金期末数：D4=QM("1001",月)。

银行存款期末数：D5=QM("1002",月)。

——— 实训指导 ———

1. 启用UFO报表系统

以账套主管身份注册进入"企业应用平台"→"业务工作"→"财务会计"→"UFO报表"，启动报表管理系统，打开"文件"→"新建"，建立一张名为"货币资金表"的空白报表文件。

2. 自定义一张货币资金表

1) 报表格式定义

查看空白报表底部左下角的"格式/数据"按钮，使当前状态为格式状态。

(1) 设置报表格式：选择"格式"→"表尺寸"命令，系统弹出"表尺寸"窗口，分别输入行数7和列数4，单击"确认"按钮，如图4-16所示。

(2) 定义组合单元：选择A1:D1(同理定义A2:D2)→格式→组合单元，打开"组合单元"窗口，选择组合方式并确定，如图4-17所示。

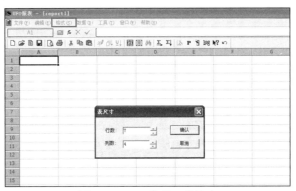

图4-16 UFO报表—表尺寸

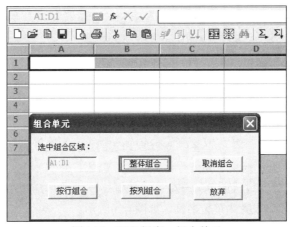

图4-17 UFO报表—组合单元

(3) 画表格线：选中要画线的区域A3:D6→格式→区域画线，打开"格式"→"区域画线"窗口，选择画线类型并确认，如图4-18所示。

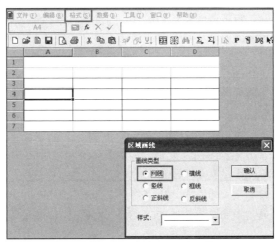

图4-18 UFO报表—区域画线

(4) 输入报表项目(指报表表头、表体、表尾文字内容)：选中要输入内容的单元并输入相关文字。表头：标题"货币资金表"设置为黑体、18号，居中；行高9mm；单位名称、年、月、日设置为关键字。

(5) 定义行高和列宽：选择要调整的单元→格式→行高(或列宽)→输入数字并确定，请设置行高9mm。

(6) 选择单元风格：选择要设置的单元→格式→单元属性，打开"单元格属性"窗口，选择"字体图案"选项卡并进行相应设置后确定，如图4-19所示。

图4-19　单元格属性

(7) 定义单元属性(表样、字符、数字)：选择要设置的单元→格式→单元属性，打开"单元属性"窗口，选择"单元类型"选项卡并进行相应设置后确认。

(8) 设置关键字：选择要设置的单元→数据→关键字→设置，打开"关键字设置"窗口并进行相应设置后确认。请将A1设置为单位名称，如图4-20所示。

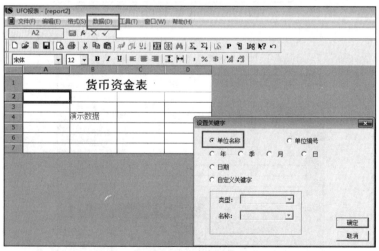

图4-20　设置关键字

注意： A1中显示红色的"单位名称：XXXXXXXXX"，即设置的关键字的意思。

同理，在A2单元格设置关键字"年"，在A3单元格设置关键字"月"和"日"，在A4单元格录入单位"元"，如图4-21所示。

图4-21 UFO报表—货币资金表

(9) 设置表体：标题中文字设置为宋体、14号，居中。

(10) 设置表尾："制表人："设置为宋体、12号，右对齐第4栏，如图4-22所示。

图4-22 UFO报表—货币资金表

(11) 调整关键字位置：选择"数据"→"关键字"→"偏移"，打开"定义关键字偏移"窗口，在需要调整位置的关键字后面输入偏移量(正值右移，负值左移)后确定。选中单元格C2，选择"数据"→"关键字"→"偏移"，请在关键字"月"后面输入偏移量-40，如图4-23所示。

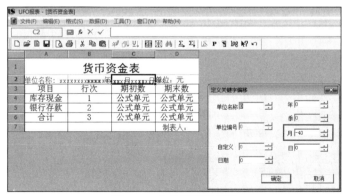

图4-23 定义关键字偏移

(12) 单击报表界面最左下方"格式"，切换到"数据"状态，得到货币资金表数据，如图4-24所示。

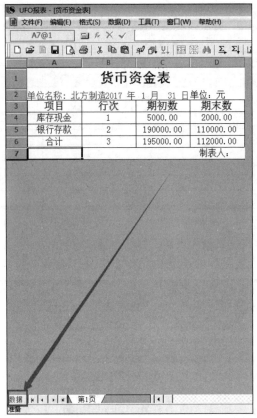

图4-24 货币资金表—数据

2) 报表公式定义

(1) 定义单元公式：选择要定义公式的单元后选择"数据"→"编辑公式"→"单元公式"，打开"定义公式"窗口，直接输入或引导输入相应公式后确认，如图4-25～图4-27所示。

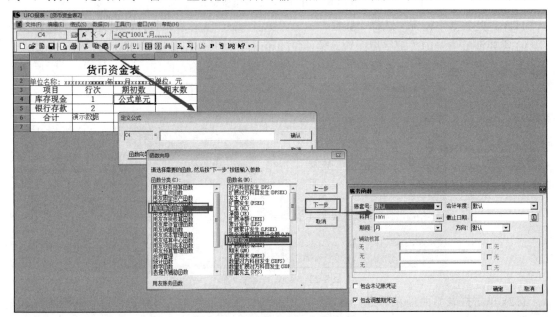

图4-25 货币资金表—定义公式(1)

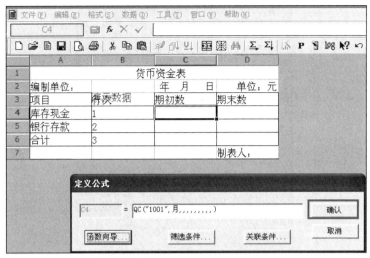

图4-26 货币资金表—定义公式(2)

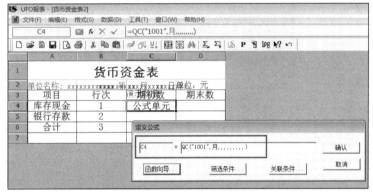

图4-27 货币资金表—定义公式(3)

(2) 单击"确认"按钮后，同理依次设置其他科目公式。C6单元格公式设置如图4-28所示。

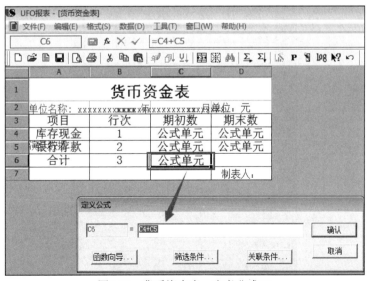

图4-28 货币资金表—定义公式(4)

(3) 单击报表界面左下角"格式"后，选择"数据"→"关键字"→"录入"命令，设置单位名称与年、月、日，如图4-29所示。

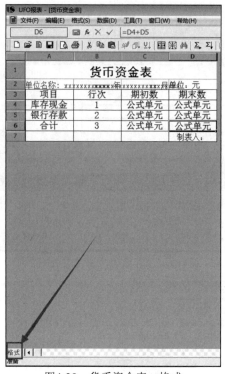

图4-29　货币资金表—格式

(4) 录入关键字：选择"数据"→"录入"命令，打开"录入关键字"窗口，在"单位名称"中录入"北方制造"及日期2017年1月31日，如图4-30所示。

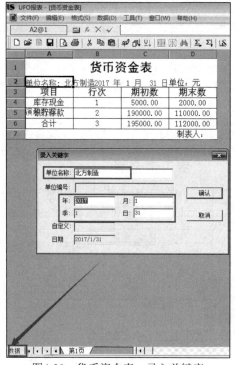

图4-30　货币资金表—录入关键字

(5) 单击"确认"按钮后可以查看货币资金表完整数据，如图4-31所示。

图4-31 货币资金表

(6) 保存报表格式：选择"文件"→"保存"命令，并输入文件名"货币资金表"，选择"文件类型"为"报表文件(*.rep)"并保存到"我的文档"，如图4-32所示。

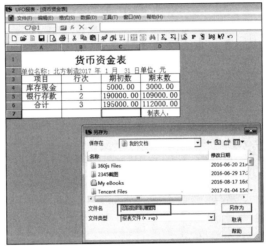

图4-32 保存货币资金表

3) 报表数据处理

(1) 打开报表：打开所建立的报表，如图4-33所示。报表底部左下角的"格式/数据"按钮为数据状态，如图4-34所示。

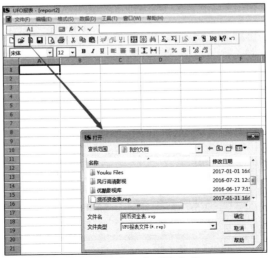

图4-33 打开货币资金表

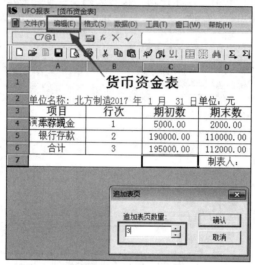

图4-34　货币资金表—数据

(2) 增加表页：选择"编辑"→"追加"→"表页"，打开"追加表页"窗口，输入要追加的页数后确定，输入要追加的表页数为3，如图4-35所示。

图4-35　追加表页

(3) 输入关键字：选择"数据"→"关键字"→"录入"，打开"录入关键字"窗口，录入单位名称"北方制造"和日期2017年2月28日，单击"确认"按钮保存，如图4-36、图4-37所示。

图4-36　录入关键字

图4-37　货币资金表

(4) 生成报表：选择"数据"→"表页重算"，弹出"是否重算第1页？"窗口，选择后确认。

4) 表页管理及报表输出

(1) 表页排序：选择"数据"→"排序"→"表页"，打开"表页排序"窗口，选择排序关键字、排序方向后确认。

(2) 表页查找：选择"数据"→"查找"，打开"查找"窗口，选择查找内容和查找条件后确定查找。

5) 图表功能

(1) 追加图标显示区域：在"格式"状态下选择"编辑"→"追加"→"行"，打开"追加行"窗口，输入要追加的行数后确认。

(2) 插入图表对象：在"数据"状态下，选择"数据区域"→"工具"→"插入图表对象"，打开"区域作图"窗口，选择或输入数据组、数据范围、图表名称、图表标题、X轴标题、Y轴标题、图表格式等信息后确认，并将图表放置到合适位置。

6) 编辑图表对象

(1) 编辑图表主标题：选中"图表"→"编辑"→"主标题"，打开"编辑标题"窗口，输入新标题后确认。

(2) 编辑图表主标题字样：选中"图表主标题"→"编辑"→"标题字体"，打开"标题字体"窗口，输入新的标题字样后确认。

3. 调用报表模板生成资产负债表及利润表

在"格式"状态下选择"格式"→"报表模板"，打开"报表模板"窗口，选择行业和"资产负债表"或"利润表"后连续确认。

实训三　财务比率分析

实训资料

财务比率分析模型如表4-2所示。

表4-2 财务比率分析模型

变现能力比率		负债比率	
流动比率		资产负债率	
速动比率		产权比率	
资产管理比率		盈利能力比率	
存货周转率		销售净利率	

— 实 训 指 导 —

(1) 设置流动比率计算公式(注意：在要表间取数的报表中设置关键字"月")，如图4-38和图4-39所示。

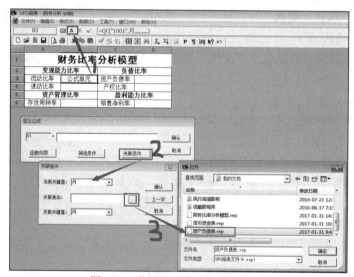

图4-38 设置流动比率计算公式(1)

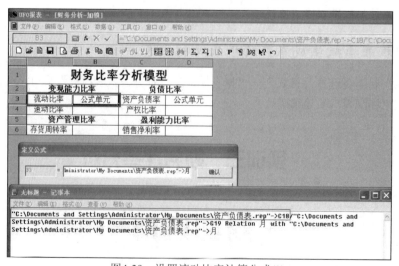

图4-39 设置流动比率计算公式(2)

(2) 设置资产负债率计算公式，如图4-40所示。

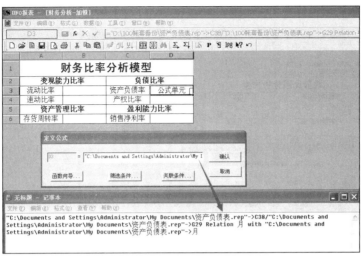

图4-40 设置资产负债率计算公式

(3) 设置速动比率计算公式，如图4-41所示。

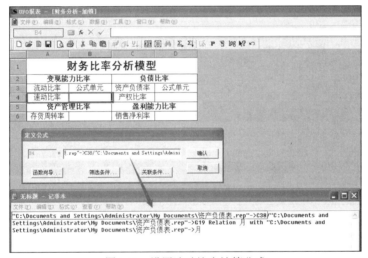

图4-41 设置速动比率计算公式

(4) 设置产权比率计算公式，如图4-42所示。

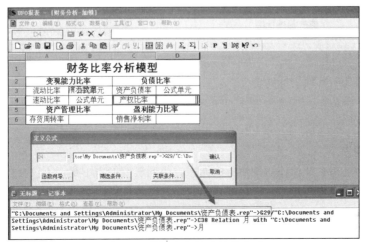

图4-42 设置产权比率计算公式

(5) 设置存货周转率计算公式，如图4-43所示。

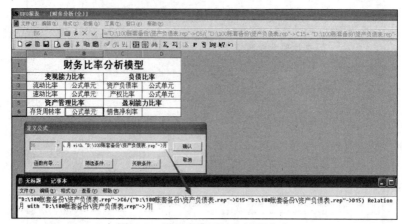

图4-43　设置存货周转率计算公式

(6) 设置销售净利率计算公式，如图4-44所示。

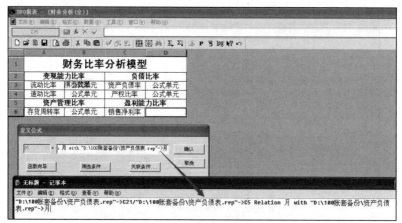

图4-44　设置销售净利率计算公式

财务比率计算结果如图4-45所示。

A	B	C	D
财务比率分析模型			
变现能力比率		负债比率	
流动比率	10.30	资产负债率	12.12
速动比率	演示数据1.83	产权比率	0.09
资产管理比率		盈利能力比率	
存货周转率	0.03	销售净利率	0.03

图4-45　财务比率计算结果

下面详细介绍其中各项指标的含义。

1. 偿债能力

1) 短期偿债能力

短期偿债能力是指企业偿还短期债务的能力。短期偿债能力不足，不仅会影响企业的资信，增加今后筹集资金的成本与难度，还可能使企业陷入财务危机，甚至破产。一般来说，企业应该以流动资产偿还流动负债，而不应靠变卖长期资产，所以用流动资产与流动负债的数量关系来衡量短期偿债能力。

$$流动比率 = 流动资产 / 流动负债$$
$$速动比率 = (流动资产 — 存货) / 流动负债$$

流动资产既可以用于偿还流动负债，也可以用于支付日常经营所需要的资金。所以，流动比率高一般表明企业短期偿债能力较强，但如果过高，则会影响企业资金的使用效率和获利能力。究竟多少合适没有定律，因为不同行业的企业具有不同的经营特点，这使得其流动性也各不相同；另外，这还与流动资产中现金、应收账款和存货等项目各自所占的比例有关，因为它们的变现能力不同。为此，可以用速动比率(剔除了存货和待摊费用)和现金比率(剔除了存货、应收款、预付账款和待摊费用)辅助进行分析。一般认为流动比率为2、速动比率为1比较安全，过高有效率低之嫌，过低则有管理不善的可能。但是由于企业所处行业和经营特点的不同，应结合实际情况具体分析。

2) 长期偿债能力

长期偿债能力是指企业偿还长期利息与本金的能力。一般来说，企业借长期负债主要是用于长期投资，因而最好是用投资产生的收益偿还利息与本金。通常以负债比率和利息收入倍数两项指标衡量企业的长期偿债能力。

$$资产负债率 = 负债总额 / 资产总额$$

资产负债率又称财务杠杆，由于所有者权益不需偿还，所以财务杠杆越高，债权人所受的保障就越低。但这并不是说财务杠杆越低越好，因为一定的负债表明企业的管理者能够有效地运用股东的资金，帮助股东用较少的资金进行较大规模的经营，所以财务杠杆过低说明企业没有很好地利用其资金。

2. 财务比率分析营运能力

营运能力是以企业各项资产的周转速度来衡量企业资产利用的效率。周转速度越快，表明企业的各项资产进入生产、销售等经营环节的速度越快，那么其形成收入和利润的周期就越短，经营效率自然就越高。

$$存货周转率 = 销售成本 / 存货平均余额$$

存货周转率指标的分子、分母分别来自资产负债表和损益表，而资产负债表数据是某一时点的静态数据，损益表数据则是整个报告期的动态数据，所以为了使分子、分母在时间上具有一致性，就必须将取自资产负债表上的数据折算成整个报告期的平均额。通常来讲，上述指标越高，说明企业的经营效率越高。但数量只是一个方面的问题，在进行分析时，还应注意各资产项目的组成结构，如各种类型存货的相互搭配、存货的质量、适用性等。

3. 财务比率分析盈利能力

盈利能力是各方面关心的核心，也是企业成败的关键，只有长期盈利，企业才能真正做到持续经营。因此无论是投资者还是债权人，都对反映企业盈利能力的比率非常重视。一般用下面几个指标衡量企业的盈利能力：

$$销售净利率 = 净利润 / 销售收入$$

上述指标中，销售净利率说明企业生产(或销售)过程、经营活动和企业整体的盈利能力越高则获利能力越强；资产报酬率反映股东和债权人共同投入资金的盈利能力。

课后实训练习一

引入备份账套"练习二总账",完成以下操作。

(1) 利用系统自带的报表模板生成报表。

(2) 在UFO报表中生成2017年1月的资产负债表及损益表(可套用系统自带的模板)。

(3) 在UFO报表中按照表4-3所示的报表格式编制并生成该报表。

表4-3 管理费用明细表

单位名称: 　　　　　　　　　　2017年1月　　　　　　　　　　单位:元

部门 ＼ 金额 ＼ 项目	办公费	差旅费	招待费	邮电费	合计
销售中心					
行政中心					
生产中心					
合计					

制表人:

课后实训练习二

引入备份账套"练习二总账",完成以下操作。

(1) 套用系统自带的报表模板生成报表。

(2) 在UFO报表中生成2017年4月的资产负债表及损益表(可套用系统自带的模板)。

课后实训练习三

1. 系统管理

1) 建立新账套

操作步骤:首先打开系统管理,以系统管理员admin的身份注册(密码默认为空)。

(1) 账套信息

账套号:666;账套名称:广州华远科技有限公司;采用默认账套路径;启用会计期:2017年12月;会计期间设置:默认。

(2) 单位信息

单位名称:广州华远科技有限公司;单位简称:广州华远;单位地址:广州市天河区天园街868号;法人代表:李强;邮政编码:100028;联系电话及传真:62495499;税号:110117329878622。

(3) 核算类型

该企业的记账本位币:人民币(RMB);企业类型:工业企业;行业性质:2007年新会计制度科目;账套主管:赵斌;选中"按行业性质预置科目"复选框。

(4) 基础信息

该企业有外币核算,存货、客户有分类;供应商无分类。

(5) 分类编码方案

科目编码级次:4222。

其余采用系统默认。

(6) 数据精度

该企业对存货数量、单价小数位定为2。

(7) 系统启用

启用总账，启用时间为2017-12-01。

2) 企业内部分工

(1) 201 赵斌(口令：1)

岗位：账套主管

(2) 202 王华(口令：2)

岗位：总账

(3) 203 张娜(口令：3)

具有出纳签字和出纳全部操作权限。

2. 基础档案信息

1) 部门信息表

部门信息如表4-4所示。

表4-4　部门信息

部门编码	部门名称
1	管理部
2	财务部
3	采购部
4	销售部

2) 职员信息表

职员信息如表4-5所示。

表4-5　职员信息

编号	姓名	所属部门	编号	姓名	所属部门
101	李同(男、业务员)	管理部	203	张娜(女)	财务部
201	赵斌(男)	财务部	301	赵海(男、业务员)	采购部
202	王华(男)	财务部	401	刘刚(男、业务员)	销售部

3) 客户档案

增加客户分类：01北方；02南方。

客户档案如表4-6所示。

表4-6　客户档案

客户编号	客户名称	客户简称	地址	邮编
001	北京育新小学	育新小学	北京市海淀区开拓路15号	100011
002	天津宏达公司	宏达公司	天津市和平区胜利路2号	200022

4) 供应商档案

供应商档案如表4-7所示。

表4-7　供应商档案

供应商编号	供应商名称	供应商简称	地址	邮编
001	北京迅达有限公司	北京迅达	北京市海淀区小营路5号	100022
002	深圳华光软件公司	深圳华光	深圳市新华区南京路4号	500055

5) 外币设置

本企业采用固定汇率核算外币，外币涉及美元和英镑两种，美元币符假定为USD，2017年12月初记账汇率为8.5。英镑币符为GBP，2017年12月初记账汇率为10.0。

2017年12月31日美元调整汇率为8.10。

6) 结算方式

结算方式如表4-8所示。

表4-8　结算方式

结算方式编码	结算方式名称
1	现金
2	支票
201	现金支票
202	转账支票
3	信汇
4	电汇
5	其他

7) 会计科目及期初余额

总账期初明细如表4-9所示。

表4-9　总账期初明细

科目编码	科目名称	辅助核算	方向	币别/计量	期初余额
1001	库存现金	日记账	借		5000
1002	银行存款	日记、银行账	借		125 000
100201	工行存款	日记、银行账	借		80 000
100202	中行存款	日记、银行账	借	美元	45 000
1121	应收票据	客户往来	借		
1122	应收账款	客户往来	借		30 000
1123	预付账款	供应商行来	借		
1221	其他应收款	个人往来	借		2000
1403	原材料		借		
1405	库存商品	数量核算	借		155 000
140501	硬件	数量核算	借	台	90 000
140502	软件		借	套	65 000
1601	固定资产		借		228 000
1602	累计折旧		贷		45 000
2001	短期借款		贷		55 000
2201	应付票据	供应商往来	贷		
2202	应付账款	供应商往来	贷		25 000
2203	预收账款	客户往来	贷		
2211	应付职工薪酬		贷		
221101	工资		贷		
221102	福利费		贷		
2221	应交税费		贷		
222101	应交增值税		贷		
22210101	进项税额		贷		
22210102	销项税额		贷		

(续表)

科目编码	科目名称	辅助核算	方向	币别/计量	期初余额
222105	应交所得税		贷		
4001	实收资本		贷		300 000
4103	本年利润		贷		
4104	利润分配		贷		
410401	未分配利润		贷		120 000
5001	生产成本		借		
500101	直接材料		借		
500102	直接人工		借		
500103	制造费用		借		
500104	其他		借		
5101	制造费用		借		
510101	工资		借		
510102	折旧费		借		
510103	其他		借		
6001	主营业务收入		贷		
6051	其他业务收入		贷		
6401	主营业务成本		借		
6403	税金及附加		借		
6601	销售费用	部门核算	借		
660101	工资	部门核算	借		
660102	办公费	部门核算	借		
660103	差旅费	部门核算	借		
660104	招待费	部门核算	借		
660105	折旧费	部门核算	借		
6602	管理费用	部门核算	借		
660201	工资	部门核算	借		
660202	办公费	部门核算	借		
660203	差旅费	部门核算	借		
660204	招待费	部门核算	借		
660205	折旧费	部门核算	借		
660206	其他		借		
6603	财务费用		借		
660301	利息支出		借		
660302	手续费		借		

利用增加、修改、成批复制等功能完成对会计科目的编辑，最后指定科目。

指定科目：现金总账科目——库存现金；银行总账科目——银行存款。

8) 凭证类别

凭证类别如表4-10所示。

表4-10　凭证类别

凭证分类	限制类型	限制科目
收款凭证	借方必有	1001,100201,100202
付款凭证	贷方必有	1001,100201,100202
转账凭证	凭证必无	1001,100201,100202

9) 辅助账期初明细

辅助账期初明细具体如下。

会计科目：1122 应收账款　　余额：借 30 000元

日期	凭证号	客户	摘要	方向	金额
2017-5-31	转-118	育新小学	销售商品	借	30 000

会计科目：122102 其他应收款　　余额：借2000元

日期	凭证号	部门	个人	摘要	方向	期初余额
2017-10-25	付-118	管理部	李同	出差借款	借	2000

会计科目：2202 应付账款　　余额：贷 25 000元

日期	供应商	摘要	方向	金额
2017-11-20	北京迅达	购买商品	贷	25 000

注意： 输入完期初余额，单击"试算平衡"按钮，查看是否试算平衡。

3. 日常业务处理和期末业务处理

注意： 以总账会计身份登录，编制记账凭证。将系统日期改为2017年12月31日。

(1) 12月3日，销售部购买了500元的办公用品，以现金支付，附单据一张，摘要为购办公用品。

借：销售费用——办公费　　　　　　　　500

　　贷：库存现金　　　　　　　　　　　　500

(2) 12月5日，财务部从银行提取现金9000元，作为备用金，支票号111。

借：库存现金　　　　　　　　　　　　9000

　　贷：银行存款——工行存款　　　　　9000

(3) 12月7日，采购部采购电脑10台，每台不含税价4 000元，货款以银行存款支付，支票号114。

借：库存商品——硬件　　　　　　　　40 000

　　应交税费——应交增值税(进项税额)　6800

　　贷：银行存款——工行存款　　　　　　46 800

(4) 12月11日，销售部收到北京育新小学转来的转账支票，支票号113，金额30 000元，用以偿还前欠货款。

借：银行存款——工行存款　　　　　　30 000

　　贷：应收账款　　　　　　　　　　　30 000

(5) 12月11日，收到大洋集团投资资金20 000美元，汇率1：8.5。

借：银行存款——中行存款　　　　　　170 000

　　贷：实收资本　　　　　　　　　　　170 000

(6) 12月12日，采购部从深圳华光盛软件购入"轻松英语"光盘500套，不含税单价10元，货税款暂欠，商品已经验收入库，适用税率17%。

借：库存商品　　　　　　　　　　　　5000

　　应交税费——应交增值税(进项税额)　850

　　贷：应付账款　　　　　　　　　　　5850

(7) 12月16日，管理部李同出差归来，报销差旅费2000元。

借：管理费用——差旅费　　　　　　　2000

　　贷：其他应收款　　　　　　　　　　2000

(8) 12月23日，销售部售给天津宏达公司A软件100套，每套不含税价200元，货款未收，适用税率17%。

借：应收账款　　　　　　　　　　　23 400

　　贷：主营业务收入　　　　　　　　　　20 000

　　　　应交税费——应交增值税(销项税额)　3400

(9) 12月31日，结转A软件产品销售成本，数量：100套，单价：80元。

借：主营业务成本　　　　　　　　　　8000

　　贷：库存商品　　　　　　　　　　　　8000

(10) 12月31日，结转收入和费用。

借：主营业务收入　　　　　　　　　20 000

　　贷：本年利润　　　　　　　　　　　20 000

借：本年利润　　　　　　　　　　　10 500

　　贷：主营业务成本　　　　　　　　　　8000

　　　　管理费用——差旅费　　　　　　　2000

　　　　销售费用——办公费　　　　　　　 500

(11) 12月31日，结转利润。

借：本年利润　　　　　　　　　　　9500

　　贷：利润分配——未分配利润　　　　　9500

要求编制完上述业务凭证后，以账套主管身份登录并完成以下任务：

(1) 审核凭证。

(2) 记账。

(3) 对账。

(4) 结账。

(5) 查询含有"库存商品"科目的转账凭证并显示。

(6) 套用报表模式生成资产负债表和利润表。

项目五 薪资管理系统

薪资管理系统的任务是以职工个人的薪资原始数据为基础，计算应发工资、扣款小计和实发工资等，编制工资结算单；按部门和人员类别进行汇总，进行个人所得税计算；提供多种方式的查询、打印薪发放表、各种汇总表及个人工资条；进行工资费用分配与计提，并实现自动转账处理。薪资管理的工作流程如图5-1所示。

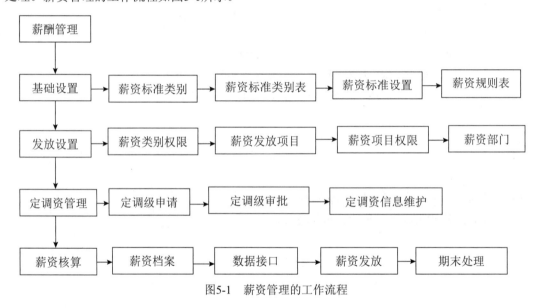

图5-1　薪资管理的工作流程

实训目的与要求

系统学习薪资系统初始化、日常业务处理的主要内容和操作方法。要求掌握建立工资账套、建立工资类别、建立人员类别、设置工资项目和计算公式的方法。了解工资账套与企业账套的区别；掌握工资数据计算、个人所得税计算的方法；掌握工资分摊和生成转账凭证的方法。熟悉查询有关账表资料并进行统计分析的方法。

教学建议

薪资管理是人力资源管理的一个子系统。学习时要了解薪资管理系统在人力资源管理系统中的地位，并且要理解薪资管理系统与总账系统的数据关系。

实训一 薪资管理系统初始化设置

实训准备

将系统日期修改为"2017年1月1日"。引入"备份账套 \ 100-4-1"(注意：请先取消结账，反结账：Ctrl+Shift+F6)，以"01账套主管刘子松"身份登录企业应用平台。

实训要求

(1) 建立工资套
(2) 设置工资系统的业务控制参数
(3) 账套备份

实训资料

设置工资套参数如下：
(1) 参数设置：建立多个工资类别，如在职人员、退休人员；币别：人民币。
(2) 扣零设置：扣零至元。
(3) 扣税设置：选项"是否从工资中代扣个人所得税"选择"是"。

实训指导

1. 启用薪资管理系统

操作步骤：

(1) 选择"人力资源"→"薪资管理"命令，打开如图5-2所示的窗口，设置系统时间为2017年1月1日。

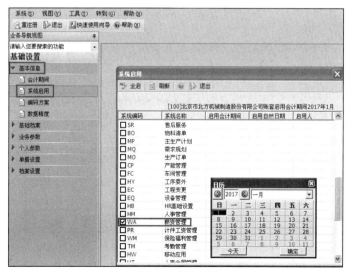

图5-2 系统启用

(2) 在图5-2所示窗口的日历中单击"确定"按钮，打开如图5-3所示的窗口。

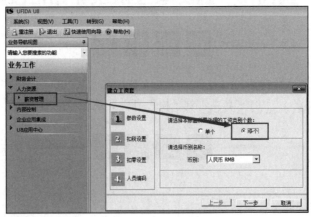

图5-3　建立工资套

2. 设置工资套参数

(1) 参数设置。在图5-3所示窗口中，选择"请选择本账套所需处理的工资类别个数"为"多个"，选择核算币别为"人民币 RMB"，然后单击"下一步"按钮，打开如图5-4所示窗口。

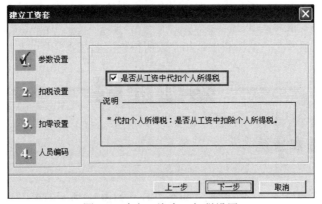

图5-4　建立工资套—扣税设置

(2) 扣税设置。在图5-4中，在"是否从工资中代扣个人所得税"前面打"√"，单击"下一步"按钮，进入如图5-5所示窗口。

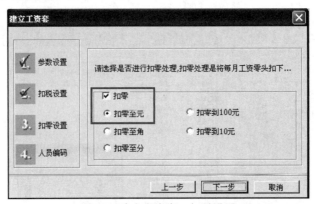

图5-5　建立工资套—扣零设置

(3) 扣零设置。按照图5-5的设置，选择"扣零"及"扣零至元"，然后单击"下一步"按钮，打开图5-6所示的窗口。

(4) 在图5-6中单击"完成"按钮，进入薪资管理系统。

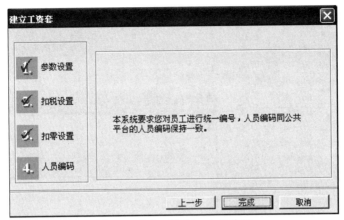

图5-6　建立工资套—人员编码

提示：

如果有需要，可以设置多个工资类别。例如，某企业将分设正式职工和临时职工两个工资类别，则两个类别应同时对应一套账务。

实训二　人员附加信息设置

——— 实训要求 ———

(1) 建立工资类别

(2) 人员附加信息设置

(3) 账套备份

——— 实训资料 ———

人员附加信息设置：设置"性别"与"婚姻"两项人员附加信息。

薪资管理的人员档案基本信息包括人员编号、人员姓名、人员类别来源于公共平台的人员档案信息，在填写人员档案时这三项可以自动带入薪资管理的人员信息中，其他附加信息则需要在薪资管理中单独设置。

——— 实训指导 ———

1. 建立工资类别：在职人员和退休人员

操作步骤：

(1) 打开"薪资管理"系统，选择"工资类别"→"新建工资类别"命令，打开如图5-7所示窗口，输入工资类别名称"在职人员"。

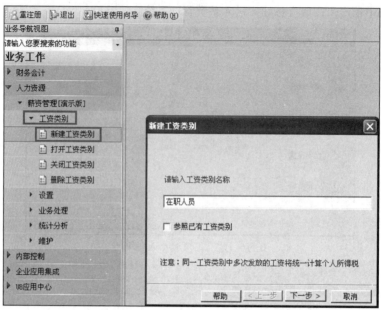

图5-7 新建工资类别—输入工资类别名称

(2) 在图5-7所示窗口中，单击"下一步"按钮，在打开的如图5-8所示窗口中单击"选定全部部门"按钮。

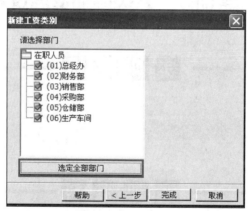

图5-8 新建工资类别—选定全部部门

(3) 单击"完成"按钮，在打开的如图5-9所示"薪资管理"提示框中单击"是"按钮，在"新建工资类别"窗口中单击"完成"按钮退出。

图5-9 完成在职人员工作类别的设置

2. 设置人员附加信息

这一步需要添加人员附加信息，设置性别与婚姻。其中，性别：男、女；婚姻：已婚、未婚。

操作步骤：

(1) 打开"业务工作"选项卡，然后选择"人力资源"→"薪资管理"→"设置"→"人员附加信息设置"命令，打开图5-10所示窗口。

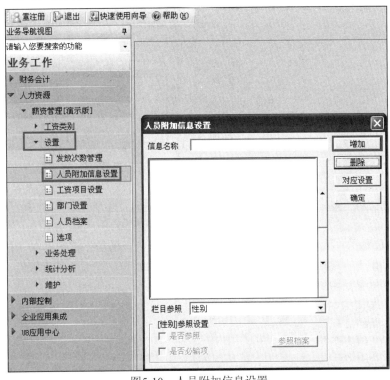

图5-10　人员附加信息设置

(2) 在图5-10所示"人员附加信息设置"窗口中，单击"增加"按钮，输入信息名称"性别"，在"栏目参照"下拉列表中选择"性别"，并且在"是否参照"前面打勾，如图5-11所示。

图5-11　人员附加信息设置—增加信息名称

(3) 在图5-11所示窗口中，单击"参照档案"按钮，打开图5-12所示右侧的窗口。在"参照档案"文本框里输入"男"，然后单击"增加"按钮。以类似的方法再添加性别"女"的设置，然后单击"确认"按钮返回"人员附加信息设置"窗口。

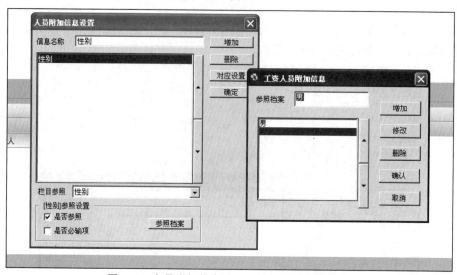

图5-12　人员附加信息设置—增加参照档案名称

(4) 在图5-12所示"人员附加信息设置"窗口中，单击"增加"按钮，在"栏目参照"下拉列表中选择"婚姻"；参照上述方法输入"已婚"和"未婚"。完成全部设置后，单击"确定"按钮退出。最终结果如图5-13所示。

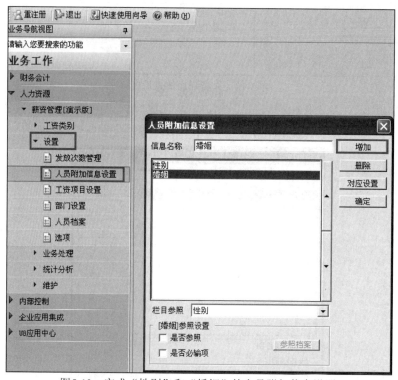

图5-13　完成"性别"和"婚姻"的人员附加信息设置

提示:

增加人员附加信息设置,还可以在"信息名称"文本框中直接填入相关的信息设置来实现。

实训三 工资项目设置

实训要求

(1) 设置工资项目
(2) 账套备份

实训资料

工资项目的资料如表5-1所示。

表5-1 工资项目一览表

项目名称	类型	长度	小数位数	工资增减项
基本工资	数字	10	2	增项
岗位工资	数字	10	2	增项
岗位津贴	数字	10	2	增项
奖金	数字	10	2	增项
交通补贴	数字	10	2	增项
应发合计	数字	10	2	增项
事假天数	数字	8	2	其他
事假扣款	数字	8	2	减项
病假天数	数字	8	2	其他
病假扣款	数字	8	2	减项
代扣税	数字	10	2	减项
扣款合计	数字	10	2	其他
实发合计	数字	10	2	增项

实训指导

1. 设置工资项目

操作步骤:

(1) 打开"人力资源"系统,选择"薪资管理"→"设置"→"工资项目设置"命令,打开如图5-14所示的"工资项目设置"窗口。

(2) 在"工资项目设置"窗口,单击"增加"按钮,在"工资项目"文本框中输入"基本工资",或在右侧"名称参照"下拉列表中选择"基本工资",并修改"长度"为10。

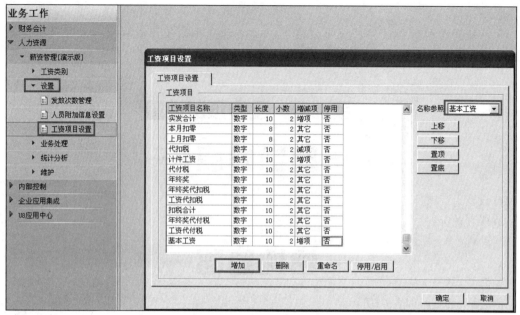

图5-14　工资项目设置

(3) 连续单击"上移"按钮，将"基本工资"移动至首行，如图5-15所示。

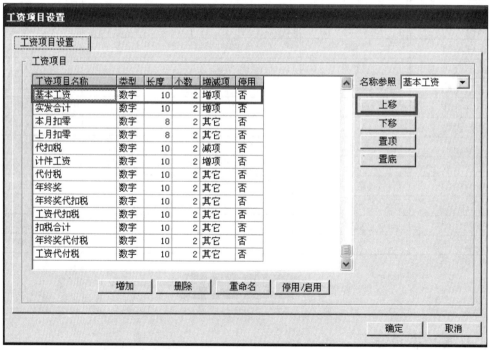

图5-15　将"基本工资"移至行首

(4) 用同样的方式增加或修改表5-1中的其他工资项目，全部设置完成后如图5-16所示。

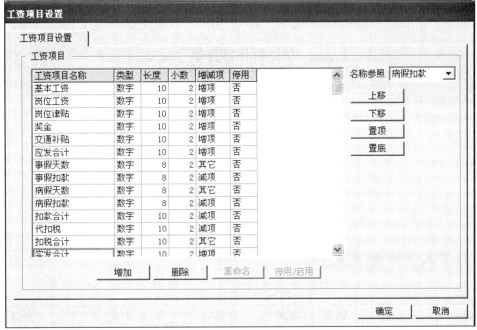

图5-16 完成所有工资项目设置

(5) 单击"确定"按钮，弹出"薪资管理"提示，如图5-17所示。

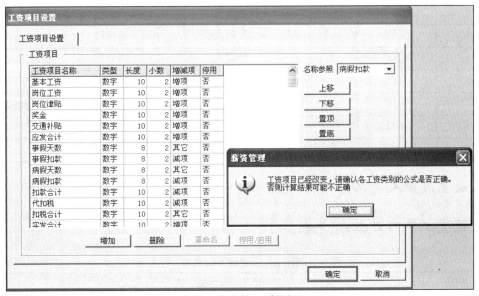

图5-17 薪资管理系统提示

(6) 检查所有工资项目设置无误后，单击"确定"按钮退出。

提示：

(1) 在设置工资项目之前，必须建立工资套。

(2) 工资项目列表中默认显示的工资项目不能修改也不能删除，但是，操作员增加的项目名称则可以自由修改、删除。

(3) 工资项的"增减项"必须正确设置，否则会影响个人所得税金额的计算，从而导致实发工资的计算结果不准确。

实训四　建立人员档案与工资项目公式

—— 实 训 要 求 ——

1. 设置人员档案
2. 设置在职人员工资项目
3. 设置工资项目公式
4. 账套备份

—— 实 训 资 料 ——

1. 设置人员档案(见表5-2)

表5-2　人员档案表

人员编号	人员姓名	性别	婚姻	人员类别	开户行	账号
001	王林	男	是	管理人员	中国工商银行	10255090001
002	刘子松	男	是	管理人员	中国工商银行	10255090002
003	王青军	男	否	管理人员	中国工商银行	10255090003
004	王颖	女	是	管理人员	中国工商银行	10255090004
005	张薇	女	是	经营人员	中国工商银行	10255090005
006	刘琳	女	否	经营人员	中国工商银行	10255090006
007	钱娟	女	是	管理人员	中国工商银行	10255090007
008	郑强	男	否	管理人员	中国工商银行	10255090008
009	李刚	男	是	生产人员	中国工商银行	10255090009

2. 设置在职人员工资项目(见表5-1)

3. 设置工资项目公式(见表5-3)

表5-3　工资计算公式表

工资项目	定义公式
岗位工资	销售部员工岗位工资为2500元，其他部门员工岗位工资为1000元
岗位津贴	生产人员岗位津贴100元，其他人员岗位津贴300元
奖金	本月度所有员工奖金为岗位工资的80%
交通补贴	销售部门和采购部门交通补贴1000元，其他部门交通补贴200元
应发合计	基本工资+岗位工资+岗位津贴+奖金+交通补贴
事假扣款	基本工资/22×事假天数
病假扣款	病假天数×15
扣款合计	事假扣款+病假扣款+代扣税
实发合计	应发合计-扣款合计

<h1>实训指导</h1>

<h2>1.设置人员档案</h2>

操作步骤：

(1) 打开"薪资管理"系统，然后选择"设置"→"人员档案"命令，再单击"批增"按钮打开图5-18所示的窗口进行人员档案设置。

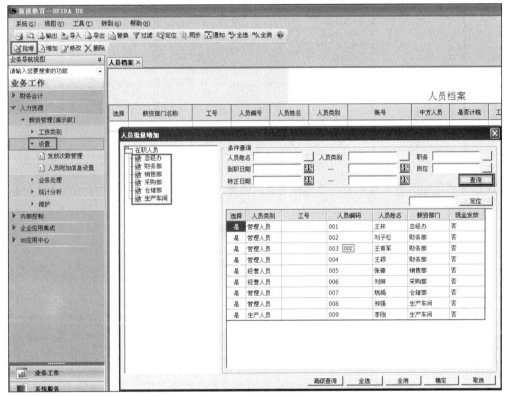

图5-18 人员批量增加

(2) 在图5-18中，分别在"总经办""财务部""销售部""采购部""仓储部""生产车间"前面打勾，然后单击"查询"按钮，完成人员的添加，如图5-19所示。

(3) 在图5-19中，双击每个职员的"账号"，在弹出的窗口中输入其银行名称及银行账号，如图5-20所示。

选择	薪资部门名称	工号	人员编号	人员姓名	人员类别	账号	中方人员	是否计税	工资停发	核算计件工资	现金发放
	总经办		001	王林	管理人员		是	是	否	否	否
	财务部		002	刘子松	管理人员		是	是	否	否	否
	财务部		003	王青军	管理人员		是	是	否	否	否
	财务部		004	王颖	管理人员		是	是	否	否	否
	销售部		005	张薇	经营人员		是	是	否	否	否
	采购部		006	刘琳	经营人员		是	是	否	否	否
	仓储部		007	钱娟	管理人员		是	是	否	否	否
	生产车间		008	郑强	生产人员		是	是	否	否	否
	生产车间		009	李刚	生产人员		是	是	否	否	否

图5-19 完成后的人员档案

图5-20　增加人员账户信息

(4) 打开"附加信息"选项卡,以王林为例,设置"性别"为"男"、"婚姻"为"已婚",如图5-21所示。

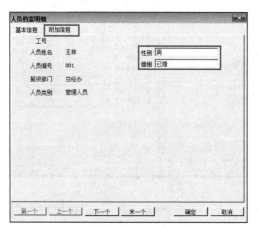

图5-21　设置人员附加信息

(5) 在图5-21中,单击"确定"按钮完成王林的附加信息设置。

(6) 用同样的方法录入其余工作人员的信息。录入全部信息后,关闭"人员档案明细"返回"人员档案"列表,如图5-22所示。

选择	薪资部门名称	工号	人员编号	人员姓名	人员类别	账号	中方人员	是否计税	工资停发	核算计件工资	现金发放
	总经办		001	王林	管理人员	10255090001	是	是	否	否	否
	财务部		002	刘子松	管理人员	10255090002	是	是	否	否	否
	财务部		003	王春军	管理人员	10255090003	是	是	否	否	否
	财务部		004	王颖	管理人员	10255090004	是	是	否	否	否
	销售部		005	张薇	经营人员	10255090005	是	是	否	否	否
	采购部		006	刘珊	经营人员	10255090006	是	是	否	否	否
	仓储部		007	钱娟	管理人员	10255090007	是	是	否	否	否
	生产车间		008	郑强	管理人员	10255090008	是	是	否	否	否
	生产车间		009	李刚	生产人员	10255090009	是	是	否	否	否

图5-22　添加所有人员的信息

2. 设置在职人员工资项目

操作步骤:

(1) 打开"薪资管理"系统,然后选择"设置"→"工资项目设置"命令,打开如图5-23所示窗口进行工资项目设置。

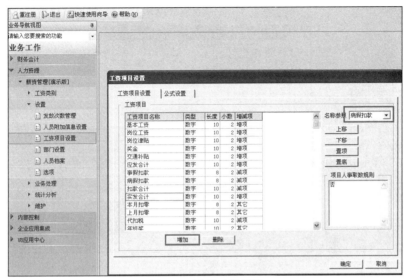

图5-23 设置工资项目

(2) 在图5-23中,单击"增加"按钮添加工资项目,方法参照实训三。

(3) 设置完成后,单击"确定"按钮退出。

3. 设置工资项目公式

系统为预先设置的"应发合计""扣款合计"和"实发合计"等3个工资项目设置了计算公式。凡是指定为"增项"的工资项目都将自动加到"应发合计",凡是指定为"减项"的工资项目都会自动加到"扣款合计"。如果不希望某个项目出现在这两项的公式组成中,可将其"增减项"性质改为"其他"。

操作步骤:

(1) 打开"薪资管理"系统,选择"工资类别"→"打开工资类别"命令,在如图5-24右侧的窗口中选中"在职人员"工资类别,然后单击"确定"按钮。

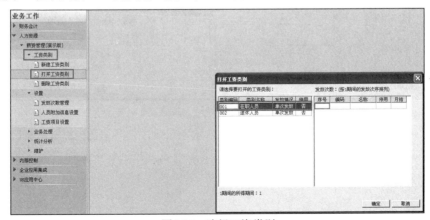

图5-24 选择工资类别

(2) 工资项目公式设置。选择"设置"→"工资项目设置"→"公式设置"命令，打开如图5-25所示窗口。

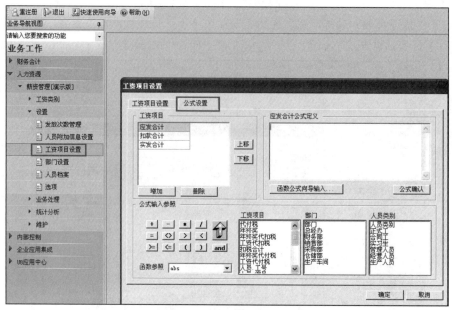

图5-25　工资项目公式设置

(3) 设置岗位工资，其中销售部员工岗位工资为2500元，其他部门员工岗位工资为1000元。

① 在"工资项目"栏中单击"增加"按钮，然后从下拉列表中选择"岗位工资"，再单击"函数公式向导输入"按钮，打开如图5-26所示窗口。

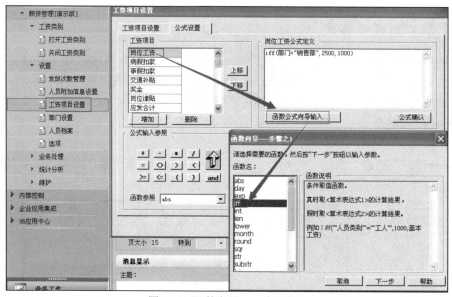

图5-26　函数向导——步骤之1

② 在图5-26中，选择"iff"，然后单击"下一步"按钮，打开如图5-27所示窗口，单击"逻辑表达式"的参照按钮，打开"参照"窗口，在参照列表下拉列表中选择"部门名称"，单击"销售部"，然后单击"确定"按钮。

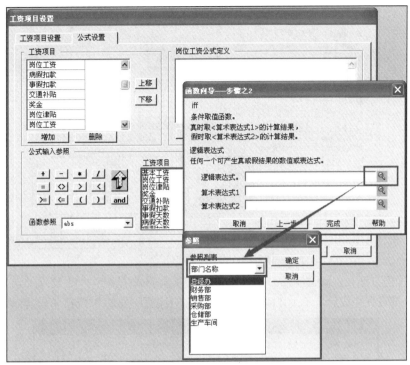

图5-27　函数向导——步骤之2

③ 在图5-27函数向导——步骤之2窗口中，填写"算术表达式1"2500和"算术表达式2"1000，完成后如图5-28所示，单击"完成"按钮退出，单击"公式确认"按钮保存。

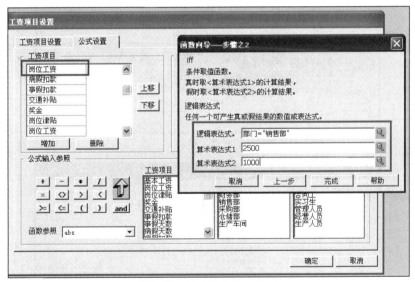

图5-28　完成后的函数向导

(4) 设置事假扣款，如"基本工资/22*事假天数"。

在图5-29中，增加"事假扣款"的工资项目，然后在"事假扣款公式定义"中添加"基本工资/22*事假天数"，再单击"公式确认"按钮保存公式。

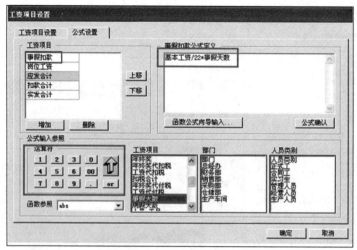

图5-29　设置事假扣款公式

(5) 用相同的方法设置岗位津贴公式(见图5-30)、奖金公式(见图5-31)、交通补贴公式(见图5-32和图5-33)，全部设置完成后，单击"确定"按钮退出。(注意：公式中"or"的前后都需要空格)

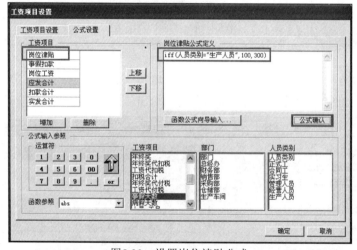

图5-30　设置岗位津贴公式

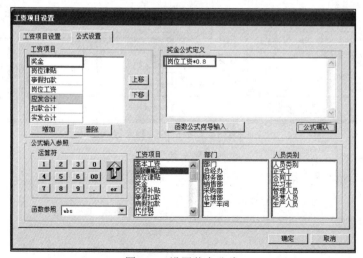

图5-31　设置奖金公式

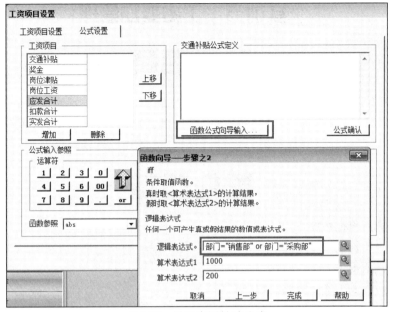

图5-32 设置交通补贴公式

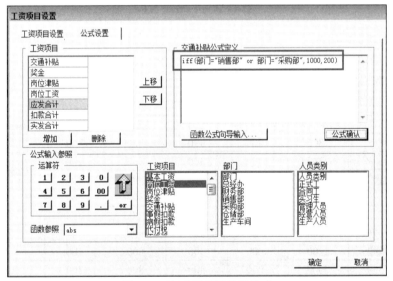

图5-33 完成后交通补贴公式

4. 账套备份

操作步骤：

(1) 在D盘"100账套备份"文件夹中新建"(5-1)薪资管理初始设置"文件夹。

(2) 将账套输出至"(5-1)薪资管理初始设置"文件夹中。

> **提示：**
>
> (1) 默认的工资项目的公式定义也是默认的，不需要设置。
>
> (2) 没有设置的工资项目，不能出现在公式设置中。
>
> (3) 定义公式需要注意先后顺序。

实训五 工资变动管理

—— 实 训 准 备 ——

引入已完成实训四"(5-1)薪资管理初始设置"的账套备份数据，或引入光盘中的"备份账套\5-1"。 将系统日期修改为"2017年1月31日"，以"01账套主管刘子松"身份登录进入薪资管理系统。

—— 实 训 要 求 ——

(1) 修改个人所得税基数
(2) 核算个人所得税
(3) 扣缴个人所得税
(4) 编制银行代发工资一览表
(5) 账套备份

—— 实 训 资 料 ——

日常业务处理资料如下：
(1) 查看个人所得税基数为3500元。
(2) 设置工资数据(见表5-4)。

表5-4 2017年1月初工资数据表

人员编号	职员姓名	基本工资	岗位工资	岗位津贴	奖金	交通补贴	病假天数	事假天数
001	王林	2800	1000	300	800	200	3	
002	刘子松	2300	1000	300	800	200		
003	王青军	2250	1000	300	800	200		1
004	王颖	1800	1000	300	800	200		
005	张薇	2500	2500	300	2000	1000		
006	刘琳	1800	1000	300	800	1000		1
007	钱娟	2200	1000	300	800	200	2	
008	郑强	2000	1000	300	800	200		
009	李刚	1400	1000	100	800	200		

(3) 计算代扣代缴个人所得税。
(4) 编制银行代发工资一览表。

—— 实 训 指 导 ——

1. 查看个人所得税基数

操作步骤：
(1) 打开"人力资源"系统，选择"薪资管理"→"设置"→"选项"命令。
(2) 在图5-34所示"选项"窗口中，打开"扣税设置"选项卡，单击"编辑"按钮，然后单击"税率设置"按钮查看扣税基数为3500。

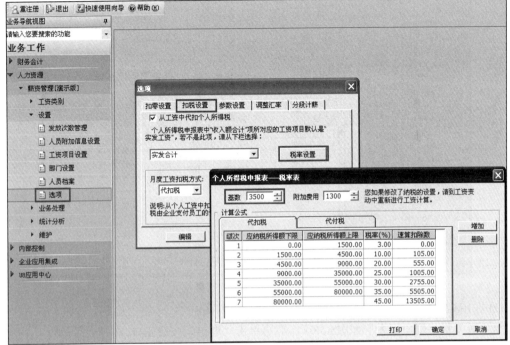

图5-34 查看个人所得税扣税基数

(3) 单击"确定"按钮返回"选项"窗口,再单击"确定"按钮退出。

2.设置工资数据

操作步骤:

(1) 选择"业务处理"→"工资变动"命令,打开如图5-35所示"工资变动"窗口。

图5-35 设置工资变动

(2) 在图5-35中,在王林和钱娟"病假天数"栏中分别写3和2;在王青军和刘琳的"事假天数"栏分别写"1",然后单击"计算"按钮,再单击"汇总"按钮完成工资设置。

3.计算代扣代缴个人所得税

操作步骤:

(1) 选择"业务处理"→"扣缴所得税"命令,打开如图5-36所示窗口。

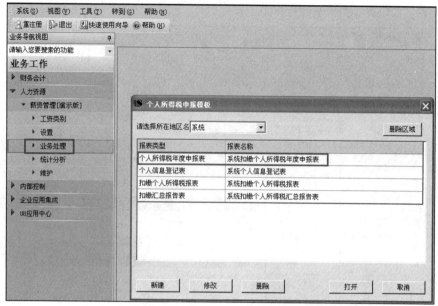

图5-36 个人所得税申报模板

(2) 在图5-36中双击"个人所得税年度申报表"打开图5-37，单击"确定"按钮，查看"系统扣缴个人所得税年度申报表"如图5-38所示，再单击"退出"按钮完成。

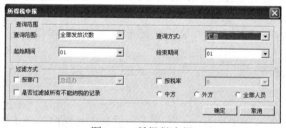

图5-37 所得税申报

系统扣缴个人所得税年度申报表

2017年1月～2017年1月

姓名	证件号码	所得项目	所属期间...	所属期间...	收入额	减费用额	应纳税所...	税率	速算扣除数	应纳税额	已扣缴税款
王林		工资	20170101	20171231			1555.00	10	105.00	50.50	50.50
刘子松		工资	20170101	20171231			1100.00	3	0.00	33.00	33.00
王青军		工资	20170101	20171231			947.73	3	0.00	28.43	28.43
王颖		工资	20170101	20171231			600.00	3	0.00	18.00	18.00
张薇		工资	20170101	20171231			4800.00	20	555.00	405.00	405.00
刘琳		工资	20170101	20171231			1318.18	3	0.00	39.55	39.55
钱娟		工资	20170101	20171231			970.00	3	0.00	29.10	29.10
郑强		工资	20170101	20171231			800.00	3	0.00	24.00	24.00
李刚		工资	20170101	20171231			0.00	0	0.00	0.00	0.00
合计							12090.91		660.00	627.58	627.58

图5-38 系统扣缴个人所得税年度申报表

4. 编制银行代发工资一览表

操作步骤：

(1) 选择"业务处理"→"银行代发"命令，打开如图5-39所示窗口。

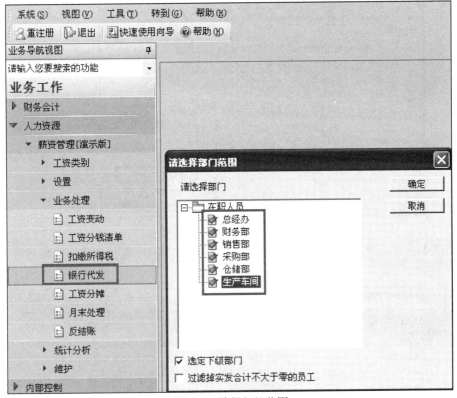

图5-39　选择部门范围

(2) 在图5-39中，选择全部部门，单击"确定"按钮，进入"银行文件格式设置"窗口，如图5-40所示。

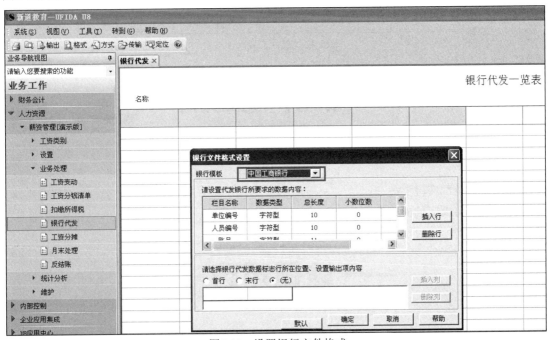

图5-40　设置银行文件格式

(3) 在图5-40中，从"银行模板"下拉列表中选择"中国工商银行"，再单击"确定"按钮，系统弹出"薪资管理"提示，如图5-41所示。

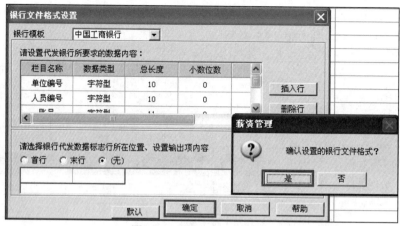

图5-41 设置银行文件格式

(4) 在图5-41中，单击"薪资管理"提示"是"按钮，即可查看"银行代发一览表"(见图5-42)。

名称：中国工商银行

单位编号	人员编号	账号	金额	录入日期
1234934325	001	10255090001	5000.00	20170131
1234934325	002	10255090002	4560.00	20170131
1234934325	003	10255090003	4410.00	20170131
1234934325	004	10255090004	4080.00	20170131
1234934325	005	10255090005	7890.00	20170131
1234934325	006	10255090006	4770.00	20170131
1234934325	007	10255090007	4440.00	20170131
1234934325	008	10255090008	4270.00	20170131
1234934325	009	10255090009	3500.00	20170131
合计			42,920.00	

图5-42 银行代发一览表

实训六 工资分摊

实训要求

(1) 计提并分配应付工资
(2) 计提并分配应付福利费
(3) 账套备份

实训资料

设置分摊人员工资比例，如100%。
设置分摊职工福利费比例，如14%。

实训指导

1. 计提并分配应付工资

操作步骤：

(1) 打开"人力资源"系统，选择"薪资管理"→"业务处理"→"工资分摊"命令，打开如图5-43所示窗口。

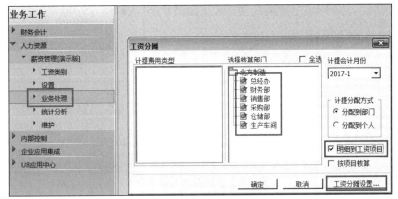

图5-43 设置工资分摊

(2) 在图5-43中，选择全部核算部门，在"明细到工资项目"前打勾，然后单击"工资分摊设置"按钮，打开如图5-44所示窗口。

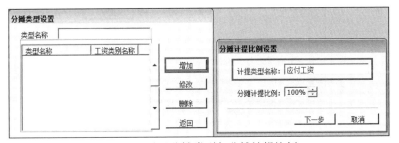

图5-44 设置分摊类型与分摊计提比例

(3) 在图5-44中，在"分摊类型设置"窗口中单击"增加"按钮，打开"分摊计提比例设置"窗口。

(4) 在图5-44中，在"分摊计提比例设置"窗口中设置"计提类型名称"为"应付工资"、"分摊计提比例"为"100%"，然后单击"下一步"按钮，打开"分摊构成设置"窗口(见图5-45)。

图5-45 设置分摊构成

(5) 在图5-45中，单击"部门名称"的参照按钮，在"部门名称参照"中同时选择"总经办""财务部""采购部""仓储部"，单击"确定"按钮返回"分摊构成设置"窗口。

(6) 在图5-45中，继续输入(或单击参照按钮选择)"人员类别"为"管理人员"、"工资项目"为"应发合计"、"借方科目"为"660201"以及"贷方科目"为"221101"。

(7) 按照步骤(5)和步骤(6)继续设置其他分摊构成，全部设置完成后如图5-46所示，然后单击"完成"按钮返回"分摊类型设置"窗口，如图5-47所示。

图5-46　完成分摊构成设置

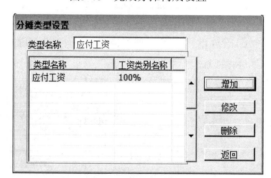

图5-47　分摊类型设置

2. 计提并分配应付福利费

操作步骤:

(1) 按照"计提并分配应付工资"的设置方法增加应付福利费分摊类型，修改计提比例为14%，如图5-48所示。

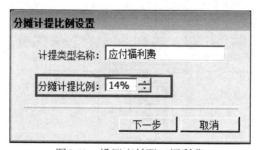

图5-48　设置应付职工福利费

(2) 在图5-48中，单击"下一步"按钮，打开"分摊构成设置"窗口完成应付职工福利费的分摊构成设置，如图5-49所示。

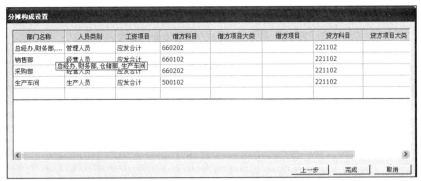

图5-49　设置应付职工福利费分摊构成

(3) 在图5-49中，单击"完成"按钮退出。

实训七　工资日常业务处理

—— 实训要求 ——

(1) 填制应付工资和应付福利费记账凭证
(2) 填制五险一金的记账凭证
(3) 账套备份

—— 实训资料 ——

1月31日，按本月应付工资总额的20%、1%、2%、6%、1%和10%分别计提本月职工养老保险金、职工工伤保险金、职工失业保险金、职工医疗保险金、生育保险金及职工住房公积金，如表5-5～表5-7所示。

凭证5-1

表5-5　职工养老及医疗保险金计算表
2017年1月31日

单位名称：北方机械制造股份有限公司　　　　　　　　　　　　　　　　　　　金额单位：元

应借科目		计提依据	养老保险(计提比例20%)	医疗保险(计提比例6%)
生产成本	产品A	240 000		
	产品B	220 000		
	小计	460 000		
制造费用		40 000		
管理费用		50 000		
销售费用		20 000		
在建工程		30 000		
应付职工薪酬		20 000		
研发支出		30 000		
合计		650 000		

财务主管：刘子松　　　　　　　　复核：王青军　　　　　　　　制单：王颖

凭证5-2

表5-6　职工生育及工伤保险金计算表
2017年1月31日

单位名称：北方机械制造股份有限公司　　　　　　　　　　　　　　　　　　　　金额单位：元

应借科目		计提依据	生育保险(计提比例1%)	工伤保险(计提比例1%)
生产成本	产品A	240 000		
	产品B	220 000		
	小计	460 000		
制造费用		40 000		
管理费用		50 000		
销售费用		20 000		
在建工程		30 000		
应付职工薪酬		20 000		
研发支出		30 000		
合计		650 000		

财务主管：刘子松　　　　　　　　复核：王青军　　　　　　　　制单：王颖

凭证5-3

表5-7　职工失业保险及住房公积金计算表
2017年1月30日

单位名称：北方机械制造股份有限公司　　　　　　　　　　　　　　　　　　　　金额单位：元

应借科目		计提依据	失业保险(计提比例2%)	住房公积金(计提比例10%)
生产成本	产品A	240 000		
	产品B	220 000		
	小计	460 000		
制造费用		40 000		
管理费用		50 000		
销售费用		20 000		
在建工程		30 000		
应付职工薪酬		20 000		
研发支出		30 000		
合计		650 000		

财务主管：刘子松　　　　　　　　复核：王青军　　　　　　　　制单：王颖

实训指导

1. 填制应付工资和应付福利费记账凭证

操作步骤：

(1) 打开"人力资源"系统，选择"薪资管理"→"业务处理"→"工资分摊"命令，打开"工资分摊"窗口，如图5-50所示。

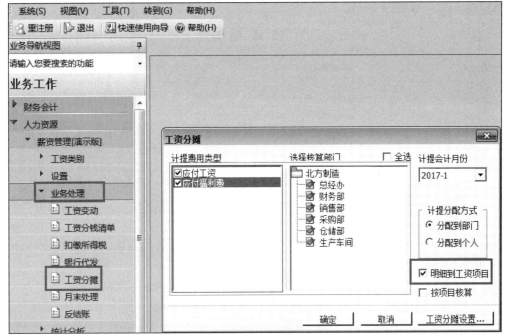

图5-50 工资分摊窗口

(2) 在图5-50中，同时在"应付工资"和"应付福利费"前打勾，并选中全部核算部门，在"明细到工资项目"前打勾，然后单击"确定"按钮，打开图5-51所示窗口。

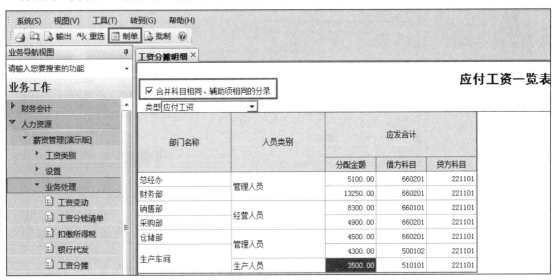

图5-51 应付工资一览表

(3) 在图5-51中，在"合并科目相同、辅助项相同的分录"前打勾，然后单击"制单"按钮，生成记账凭证(见图5-52)。

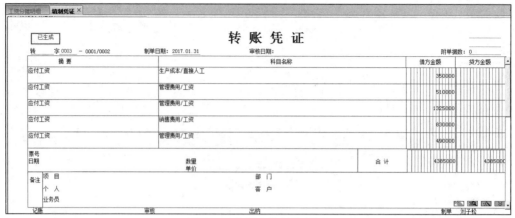

图5-52 应付工资转账凭证

(4) 在图5-52中，选择凭证类别为"转账凭证"，单击"保存"按钮，然后单击"退出"按钮返回"应付工资一览表"。

(5) 在"应付工资一览表"的"类型"下拉列表中，选择"应付福利费"，然后单击"制单"按钮，如图5-53所示，生成应付福利费分摊转账凭证(见图5-54)。

图5-53 应付福利费一览表

图5-54 应付福利费转账凭证

2. 填制五险一金的记账凭证

操作步骤：

(1) 参照实训六中"计提并分配应付工资"的设置方法设置分摊养老保险，分摊计提比例为20%，并设置养老保险的分摊构成，如图5-55和图5-56所示。

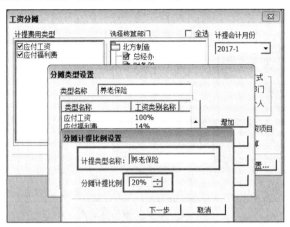

图5-55　设置分摊计提比例

部门名称	人员类别	工资项目	借方科目	借方项目大类	借方项目	贷方科目	贷方项目大类
总经办,财务部,...	管理人员	应发合计	660201			221101	
采购部	经营人员	应发合计	660201			221101	
销售部	经营人员	应发合计	660101			221101	
生产车间	生产人员	应发合计	500102			221101	

图5-56　设置养老保险的分摊构成

(2) 单击"完成"按钮，继续增加分摊类型，如"医疗保险"，计提比例为6%；"生育保险"，计提比例为1%；"工伤保险"，计提比例为1%；"失业保险"，计提比例为2%；"住房公积金"，计提比例为10%，如图5-57所示。

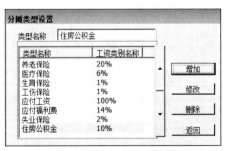

图5-57　设置完成的分摊类型

(3) 分别设置医疗保险、生育保险、工伤保险、失业保险以及住房公积金分摊构成的各项目内容(见图5-58)。

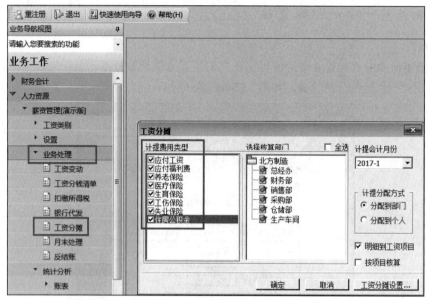

图5-58　完成分摊构成设置

(4) 参照"填制应付工资和应付福利费记账凭证"的方法分别编制养老保险、医疗保险、工伤保险、生育保险、失业保险以及住房公积金的转账凭证,如图5-59～图5-65所示。

图5-59　养老保险一览表

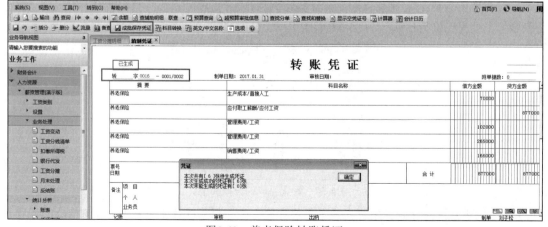

图5-60　养老保险转账凭证

已生成

转 账 凭 证

转 字 0017 - 0001/0002　制单日期：2017.01.31　审核日期：　附单据数：0

摘要	科目名称	借方金额	贷方金额
医疗保险	生产成本/直接人工	21000	
医疗保险	应付职工薪酬/应付工资		263100
医疗保险	管理费用/工资	30600	
医疗保险	管理费用/工资	79500	
医疗保险	销售费用/工资	49800	
票号 日期	数量 单价 合计	263100	263100

备注　项目　部门　个人　客户　业务员

记账　审核　出纳　制单 刘子松

图5-61　医疗保险转账凭证

已生成

转 账 凭 证

转 字 0013 - 0001/0002　制单日期：2017.01.31　审核日期：　附单据数：0

摘要	科目名称	借方金额	贷方金额
工伤保险	生产成本/直接人工	3500	
工伤保险	应付职工薪酬/应付工资		43850
工伤保险	管理费用/工资	5100	
工伤保险	管理费用/工资	13250	
工伤保险	销售费用/工资	8300	
票号 日期	数量 单价 合计	43850	43850

备注　项目　部门　个人　客户　业务员

记账　审核　出纳　制单 刘子松

图5-62　工伤保险转账凭证

已生成

转 账 凭 证

转 字 0014 - 0001/0002　制单日期：2017.01.31　审核日期：　附单据数：0

摘要	科目名称	借方金额	贷方金额
生育保险	生产成本/直接人工	3500	
生育保险	应付职工薪酬/应付工资		43850
生育保险	管理费用/工资	5100	
生育保险	管理费用/工资	13250	
生育保险	销售费用/工资	8300	
票号 日期	数量 单价 合计	43850	43850

备注　项目　部门　个人　客户　业务员

记账　审核　出纳　制单 刘子松

图5-63　生育保险转账凭证

已生成				转 账 凭 证			
转 字 0008 – 0001/0002		制单日期：2017.01.31		审核日期：			附单据数：0
摘 要				科目名称		借方金额	贷方金额
失业保险		生产成本/直接人工				7000	
失业保险		管理费用/工资				10200	
失业保险		管理费用/工资				26500	
失业保险		销售费用/工资				16600	
失业保险		管理费用/工资				9800	
票号 日期		数量 单价			合 计	87700	87700
备注	项 目 个 人 业务员			部 门 客 户			
记账		审核		出纳		制单 刘子松	

图5-64 失业保险转账凭证

工资分摊明细 填制凭证 ×

英文/中文名称 Shift+F8

已生成				转 账 凭 证			
转 字 0018 – 0001/0002		制单日期：2017.01.31		审核日期：			附单据数：0
摘 要				科目名称		借方金额	贷方金额
住房公积金		生产成本/直接人工				35000	
住房公积金		应付职工薪酬/应付工资					438500
住房公积金		管理费用/工资				51000	
住房公积金		管理费用/工资				132500	
住房公积金		销售费用/工资				83000	
票号 日期		数量 单价			合 计	438500	438500
备注	项 目 个 人 业务员			部 门 客 户			
记账		审核		出纳		制单 刘子松	

图5-65 住房公积金转账凭证

实训八　薪资凭证管理

实训要求

(1) 查询凭证

(2) 删除凭证

(3) 冲销凭证

(4) 账套备份

实训指导

1.查询凭证

操作步骤：

选择"人力资源"→"薪资管理"→"统计分析"→"账表"→"凭证查询"命令，打开

"凭证查询"窗口，可以查看已填制的记账凭证(见图5-66)。

图5-66　查询凭证

2. 删除凭证

操作步骤:

(1) 在图5-66中，选中需要删除的凭证，然后单击"删除"按钮，如图5-67所示，在弹出的"薪资管理"提示框中单击"是"按钮，即可删除已选中的凭证。

图5-67　删除凭证

(2) 在"企业应用平台"中，单击"重注册"按钮，更换操作员为 "02会计王青军"，审核会计凭证并记账。

3. 冲销凭证

在"凭证查询"窗口，选中需要冲销的凭证，如图5-68所示，单击"冲销"按钮，系统生成转账凭证(见图5-69)，然后单击"保存"按钮退出。

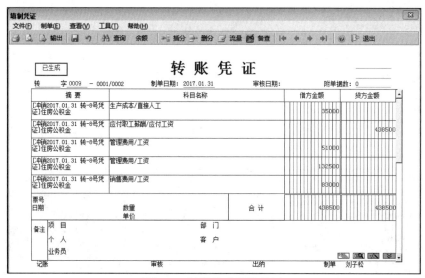

图5-68　冲销凭证

图5-69　冲销生成转账凭证

4. 账套备份

操作步骤:

(1) 在D盘"100账套备份"文件夹中新建"(5-2)薪资凭证管理"文件夹。

(2) 将账套输出至"(5-2)薪资凭证管理"文件夹中。

实训九　账表查询与月末结账

实训准备

引入已完成实训八"(5-2)薪资凭证管理"的账套备份数据,将系统日期修改为"2017年1月31日",以"01账套主管刘子松"身份登录进入薪资管理系统。

实 训 要 求

(1) 月末结账
(2) 查看工资发放条
(3) 查看部门工资汇总表
(4) 账套备份

实 训 指 导

1. 月末结账

操作步骤:

(1) 选择"人力资源"→"薪资管理"→"业务处理"→"月末处理"命令,打开如图5-70所示窗口,并单击"确定"按钮,弹出如图5-71所示提示。

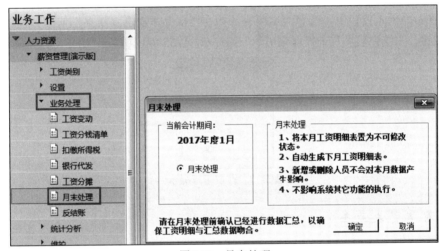

图5-70　月末处理

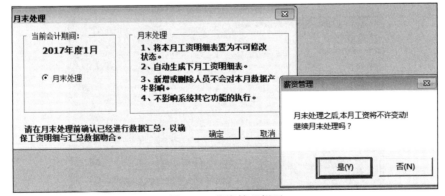

图5-71　薪资管理提示

(2) 在图5-71中单击"是"按钮,系统弹出"是否选择清零项"提示框(见图5-72),单击"是"按钮,打开图5-73所示窗口。

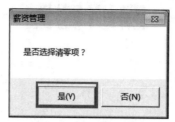

图5-72　薪资管理提示

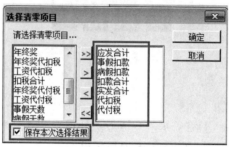

图5-73　选择清零项目

(3) 在图5-73所示窗口中，选择清零项目，并在"保存本次选择结果"前面打勾，然后单击"确定"按钮，系统弹出"月末处理完毕！"的提示(见图5-74)，单击"确定"按钮完成设置。

图5-74　薪资管理提示

2.查看工资发放条

操作步骤：

(1) 选择"统计分析"→"账表"→"工资表"命令，打开如图5-75所示窗口。

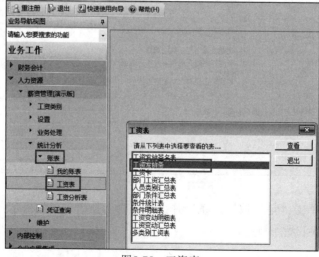

图5-75　工资表

(2) 在图5-75中，选中"工资发放条"，并单击"查看"按钮，在打开的图5-76中选择全部部门，并在"选定下级部门"前打勾。

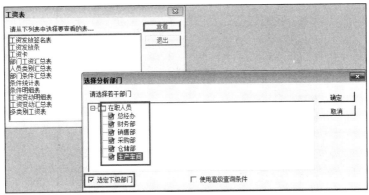

图5-76　设置工资发放部门

(3) 单击"确定"按钮，查看"工资发放条"(见图5-77)。

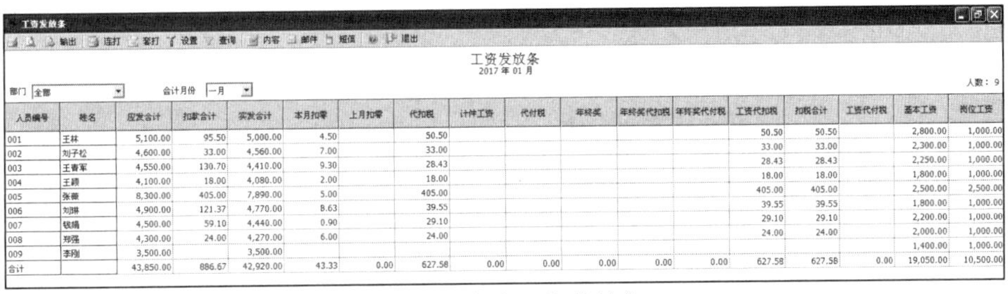

图5-77　完成工资发放条

3. 查看部门工资汇总表

操作步骤：

(1) 选择"统计分析"→"账表"→"工资表"命令，在打开的"工资表"窗口中选择"部门工资汇总表"，并单击"查看"按钮，如图5-78所示。

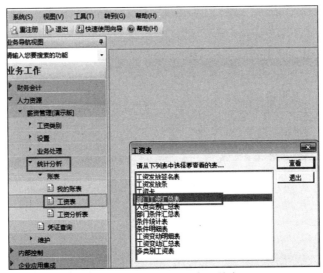

图5-78　查看部门工资汇总表

(2) 在图5-79所示窗口中，选择全部部门，并在"选定下级部门"前面打勾。

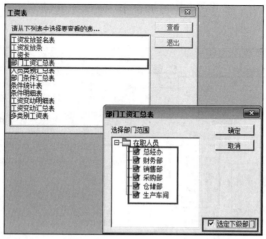

图5-79　部门工资汇总表

(3) 在图5-79中，单击"确定"按钮打开图5-80，然后在"一级部门"前打勾，再次单击"确定"按钮，即可查询部门工资汇总表(见图5-81和图5-82)。

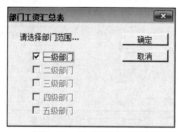

图5-80　选择部门范围

部门	人数	应发合计	扣款合计	实发合计	本月扣零	上月扣零	代扣税	计件工资	代付税	年终奖	年终奖代扣税	年终奖代付税	工资代扣税	扣款合计	工资代付税	基本工资	岗位工资	岗位津贴	奖金
总经办	1	5,100.00	95.50	5,000.00	4.50		50.50						50.50	50.50		2,800.00	1,000.00	300.00	800.00
财务部	3	13,250.00	181.70	13,050.00	18.30		79.43						79.43	79.43		6,350.00	3,000.00	900.00	2,400.00
销售部	1	8,300.00	405.00	7,890.00	5.00		405.00						405.00	405.00		2,500.00	2,500.00	300.00	2,000.00
采购部	1	4,900.00	121.37	4,770.00	8.63		39.55						39.55	39.55		1,800.00	1,000.00	300.00	800.00
仓储部	1	4,500.00	59.10	4,440.00	0.90		29.10						29.10	29.10		2,200.00	1,000.00	300.00	800.00
生产车间	2	7,800.00	24.00	7,770.00	6.00		24.00						24.00	24.00		3,400.00	1,000.00	400.00	1,600.00
合计	9	43,850.00	806.67	42,920.00	43.33		627.58						627.58	627.58		19,050.00	10,500.00	2,500.00	8,400.00

图5-81　查询部门工资汇总表(1)

部门	代扣税	计件工资	代付税	年终奖	年终奖代扣税	年终奖代付税	工资代扣税	扣款合计	工资代付税	基本工资	岗位工资	岗位津贴	奖金	交补	事假天数	事假扣款	病假天数	病假扣款
总经办	50.50						50.50	50.50		2,800.00	1,000.00	300.00	800.00	200.00			3.00	45.00
财务部	79.43						79.43	79.43		6,350.00	3,000.00	900.00	2,400.00	600.00	1.00	102.27		
销售部	405.00						405.00	405.00		2,500.00	2,500.00	300.00	2,000.00	1,000.00				
采购部	39.55						39.55	39.55		1,800.00	1,000.00	300.00	800.00	1,000.00	1.00	81.82		
仓储部	29.10						29.10	29.10		2,200.00	1,000.00	300.00	800.00	200.00			2.00	30.00
生产车间	24.00						24.00	24.00		3,400.00	1,000.00	400.00	1,600.00	400.00				
合计	627.58						627.58	627.58		19,050.00	10,500.00	2,500.00	8,400.00	3,400.00	2.00	184.09	5.00	75.00

图5-82　查询部门工资汇总表(2)

4. 账套备份

操作步骤：

(1) 在D盘"100账套备份"文件夹中新建"(5-3)账表查询与月末结账"文件夹。

(2) 将账套输出至"(5-3)账表查询与月末结账"文件夹中。

课后实训练习

1. 系统管理设置

通过系统管理员Admin身份注册进入。

1) 建立账套

账套号(999)、账套名称(广州辰悦公司)，账套路径默认，启用会计期间：2017年1月，单位名称：辰悦公司，企业类型：商业，行业性质：2007年新企业会计准则，账套主管：demo(默认)，基础信息全选。科目编码级次：4-2-2-2-2，部门编码级次：2-2，系统启用：总账、薪资管理系统，启用日期：2017年1月1日。

2) 增加操作员

301 李玲，财务部；302 李强，财务部；303 赵卫国，财务部。

3) 授权

设置账套主管：李玲、李强。

授权赵卫国：总账、工资管理、财务报表。

2. 进行初始化设置(操作日期为2017年1月1日，操作员demo)

1) 设置基础档案

(1) 部门档案设置：增加部门

01 经理部 02 财务部

03 办公室 04 销售部 05采购部

(2) 职员档案设置：增加职员

经理部：001 黄叶　　财务部：002 李玲、003 李强

办公室：004 郑好　　销售部：005 金琼、006 王伟

采购部：007 江民

(3) 供应商及客户分类

客户分类：01 本市 02 外地

供应商分类：01 本市 02 外地

(4) 供应商及客户档案

客户档案：001 安庆九阳公司　　安庆九阳　　01 安庆市集贤路158号

　　　　　002 安庆市丰大米厂　　安庆市丰大　01

　　　　　税号：10021201，开户银行：工商银行，银行账号：100024501

　　　　　003 南京天地公司　　南京天地　　02

供应商档案：001 安庆华阳物资公司　安庆华阳物资　01

　　　　　　002 北京坤新科贸公司　北京坤新科贸　02

　　　　　　003 浙江华明集团公司　浙江华明集团　02

2) 外币设置

币符：USD 币名：美元 1月份汇率：6.5

币符：EUR 币名：欧元 1月份汇率：7.5

3) 会计科目设置

(1) 银行存款：增加下级科目

科目编码：100201，科目名称：交行明光支行，记银行账、日记账

科目编码：100202，科目名称：农行胜利支行，记银行账、日记账

科目编码：100203，科目名称：工行美元存款，记银行账、日记账

(2) 其他应收款：增加下级科目

科目编码：122101，科目名称：个人应收款，辅助核算类型：个人往来

科目编码：122102，科目名称：单位应收款

(3) 销售费用：增加下级科目

科目编码：660101，科目名称：折旧费，辅助核算类型：部门核算

科目编码：660102，科目名称：工资，辅助核算类型：部门核算

(4) 管理费用：增加下级科目

科目编码：660201，科目名称：差旅费，辅助核算类型：部门核算

科目编码：660202，科目名称：折旧费，辅助核算类型：部门核算

科目编码：660203，科目名称：办公费，辅助核算类型：部门核算

科目编码：660204，科目名称：工资，辅助核算类型：部门核算

(5) 财务费用：增加下级科目

科目编码：660301，科目名称：手续费

(6) 应交税费：增加下级科目

科目编码：222101，科目名称：应交增值税

科目编码：22210101，科目名称：进项税额

科目编码：22210102，科目名称：销项税额

(7) 修改会计科目

库存现金：记日记账　工行美元存款：外币币种为美元

应收账款：客户往来

应付账款：供应商往来　预收账款：客户往来

4) 设置凭证类别

凭证类别如表5-8所示。

表5-8　凭证类别

类别字	类别名称	限制类型	限制科目
收	收款凭证	借方必有	1001,100201,100202,100203
付	付款凭证	贷方必有	1001,100201,100202,100203
转	转账凭证	凭证必元	1001,100201,100202,100203
记	记账凭证	无限制	

5) 设置结算方式

结算方式如表5-9所示。

表5-9　结算方式

结算方式名称	结算方式编码	是否票据管理
支票	1	是
现金支票	101	是
转账支票	102	是
电汇	2	否
银行汇票	3	否

6) 设置付款条件

编码：04 付款条件：4/5, 2/15, 1/30, *n*/60

7) 增加开户银行

编号：001 开户银行：交行明光支行 银行账号：1002301

8) 设置常用摘要

01 期初余额，02 提取现金，03 报销差旅费

9) 录入期初余额

库存现金3500元，银行存款—交行明光支行897 000元，银行存款—农行胜利支行 590 000元，应收账款—安庆九阳公司80 000元，应收账款—南京天地公司25 200元，其他应收款—个人应收款—金琼1500元，其他应收款—个人应收款—王伟1600元，库存商品102 700元，固定资产2 380 000元，累计折旧43 600元，短期借款564 800元，应付账款—华明集团80 000元，实收资本3 393 100元，并进行试算平衡。

3. 填制下列记账凭证(操作日期为2017年1月31日，操作员301)

(1) 2017年1月1日销售部金琼报销差旅费1500元。

(2) 2017年1月1日王伟向安庆市丰大米厂销售产品15 000元，款未收。(税率为17%)

(3) 2017年1月3日财务部购买办公用品523元。(付款凭证)

(4) 2017年1月3日农行胜利分行收到安庆九阳公司汇来应收账款80 000元。结算方式：转账支票。

(5) 2017年1月15日从交行明光支行提取备用金2000元。

(6) 2017年1月20日用交行明光支行存款支付所欠款华明集团80 000元。结算方式：电汇。

(7) 2017年1月20日收到投资资金10万美元，当日汇率6.5。结算方式：银行汇票。

(8) 2017年1月31日用现金支付银行手续费122元。

4. 修改凭证(操作日期为2017年1月31日，操作员301)

将"转字0001号"凭证贷方科目"其他应收款—个人应收款"个人辅助项改为"销售部王伟"，借贷方金额修改为"1600"元。

5. 审核凭证(操作日期为2017年1月31日，操作员302)

(1) 审核"付0001号"凭证。

(2) 审核所有其他未审核凭证，并全部记账。

6. 查询(操作日期为2017年1月31日，操作员301)

(1) 查询含有"应收账款"科目的转款凭证并显示。

(2) 查询"库存现金(1001)"综合总账，然后联查明细账。

(3) 按科目范围查询管理费用/办公费(660203)明细账，明细账应能查看到对方科目。

(4) 查询"应收账款(1122)"的客户科目余额表。

(5) 查询应付账款账龄分析表，要求查看详细信息。

7. 设计报表(操作日期为2017年1月31日，操作员demo)

(1) 建立一张空白报表，设置如表5-10所示报表样式。

表5-10　资产负债表(简表)

编制单位：　　　　　　　　　　　　　　　　　　　　　　　　　　　　　　　单位：元

资产	期末数	负债及所有者权益	期末数
货币资金		短期借款	
应收账款		应付账款	
其他应收款		应交税费	
存货		应付利息	
固定资产		负债合计	
减：累计折旧		实收资本	
固定资产净值		未分配利润	
无形资产		所有者权益合计	
资产合计		权益合计	

制表人

要求：① 设置表尺寸13行4列，所有列列宽为40mm。A1行高为10mm，A1～D1进行整体组合、字体为黑体、字号为16号、水平垂直都居中。

② 将A3:D12进行区域划线，线型为网线。

③ C2单元设置"年、月、日"关键字，年、月、日关键字偏移量为-60、-30、0。

④ 设置B4、B5、B8、B9、D4、D5单元公式，设置B10、D8、D11、D12单元公式。

例如：B5:QM("1122",月)

⑤ 另存为表名"资产负债表.rep"。

(2) 追加一张表页，在新表页中录入关键字"2017年1月31日"，生成报表数据，保存。

(3) 调用模板，行业为"小企业"，报表类型为"资产负债表"，将报表以表名"小企业资产负债表.rep"进行保存。

8. 工资套建立时(操作日期为2017年1月1日，操作员demo)

参数设置选择多个，扣税设置里勾选，人员编码：长度设置为3。工资类别为正式员工1，所有部门。

先关闭工资类别，再进行如下操作：增加工资类别——正式员工2，销售部。

先关闭工资类别，再进行如下操作：

① 设置人员附加信息：性别、民族、学历、职务、出生年月、技术职称。

② 设置人员类别：管理人员、财务人员、销售人员、办公室人员、采购人员。

③ 设置工资项目，如表5-11所示。

表5-11　工资项目

工资项目名称	类型	长度	小数	增减项
基本工资	数字	10	2	增项
岗位工资	数字	8	2	增项
奖金	数字	8	2	增项
电话补贴	数字	8	2	增项
请假扣款	数字	8	2	减项
请假天数	数字	8	2	其他
养老保险	数字	8	2	减项
医疗保险	数字	8	2	减项
住房公积金	数字	8	2	减项

9. 打开工资类别：正式员工1

1) 设置人员档案
人员档案如表5-12所示。

表5-12　人员档案

人员编号	人员姓名	部门名称	人员类别	性别	学历
001	黄叶	经理部	管理人员	男	本科
002	李玲	财务部	财务人员	女	本科
003	李强	财务部	财务人员	女	大专
004	郑好	办公室	办公室人员	女	本科
007	江民	采购部	采购人员	女	大专

2) 增加工资项目
工资项目如表5-13所示。

表5-13　工资项目

工资项目名称	类型	长度	小数	增减项
基本工资	数字	10	2	增项
岗位工资	数字	8	2	增项
奖金	数字	8	2	增项
请假扣款	数字	8	2	减项
请假天数	数字	8	2	其他
养老保险	数字	8	2	减项
医疗保险	数字	8	2	减项
住房公积金	数字	8	2	减项

3) 公式设置
请假扣款：请假天数*50

岗位工资：iff(人员类别=“管理人员”，2000,1100)

养老保险：(基本工资+岗位工资)*0.08

医疗保险：基本工资*0.03

住房公积金：岗位工资*0.08

4) 工资期初数据录入和工资变动数据
工资期初数据如表5-14所示。

表5-14　工资期初数据

人员编号	人员姓名	部门	基本工资	奖金
001	黄叶	经理部	2000	500
002	李玲	财务部	1800	200
003	李强	财务部	1800	200
004	郑好	办公室	1500	100
007	江民	采购部	1600	150

工资变动数据：

(1) 李玲请假2天，财务部奖金都增加100元。

(2) 扣缴所得税：基数标准为3500元。

5) 工资计提类型设置及分摊生成凭证(操作日期为2017年1月31日，操作员301)

(1) 工资分摊类型设置为"应付工资"。

表5-15　工资分摊类型设置

部门名称	人员类别	项目	借方科目	贷方科目
经理部	管理人员	应发合计	660204	2211
财务部	财务人员	应发合计	660204	2211
采购部	采购人员	应发合计	660102	2211
办公室	办公室人员	应发合计	660204	2211

(2) 工资费用分配并生成凭证

选择计提费用"应付工资"类型，选择除销售部的所有部门，勾选"明细到工资项目"，进入应付工资一览表，勾选"合并科目相同、辅助项相同的分录"进行制单。

6) 查询

查询工资发放条和全部部门工资项目构成分析表。

7) 进行薪资管理系统结账

10. 打开工资类别：正式员工2(操作日期为2017年1月1日，操作员demo)

1) 设置人员档案

人员档案如表5-16所示。

表5-16　人员档案

人员编号	人员姓名	部门名称	人员类别	性别	学历
005	金琼	销售部	销售人员	女	大专
006	王伟	销售部	销售人员	男	大专

2) 增加工资项目

工资项目如表5-17所示。

表5-17　工资项目

工资项目名称	类型	长度	小数	增减项
基本工资	数字	10	2	增项
奖金	数字	8	2	增项
电话补贴	数字	8	2	增项
养老保险	数字	8	2	减项

3) 公式设置

养老保险：基本工资*0.08

4) 工资期初数据

工资期初数据如表5-18所示。

表5-18　工资期初数据

人员编号	人员姓名	部门	基本工资	电话补贴	奖金
005	金琼	销售部	2500	300	200
006	王伟	销售部	2400	200	100

5) 进行薪资管理系统结账

账套输出：请同学们将练习账套备份到D盘"练习三薪资管理"文件夹。

项目六 固定资产系统

固定资产系统主要提供管理固定资产卡片、固定资产变动、计提折旧，计算净值等功能。具体包括原始设备的管理、新增资产的管理、资产减少的处理、资产变动的管理等，并提供资产评估及计提固定资产减值准备功能，支持折旧方法的变更；可以按月自动计算折旧，生成折旧分配凭证，同时输出有关的报表和账簿。

实训目的与要求

系统学习固定资产系统初始化、日常业务处理的主要内容和操作方法。要求掌握输入固定资产卡片的方法；掌握固定资产增加、减少、变动的操作方法和要求；掌握固定资产折旧的主要过程及操作方法；了解固定资产账套内容及作用，熟悉固定资产月末转账、对账及月末结账的操作方法。

教学建议

固定资产系统是ERP财务管理系统中相对独立的一个子系统，在实际工作中运用较为广泛，其部分功能与总账联系较为紧密，学习时要了解固定资产系统与总账的关系，将固定资产系统与总账系统有机地结合起来，为企业的全面财务核算与管理服务。

实训一 固定资产系统初始化设置

实训准备

将系统日期修改为"2017年1月1日"。引入"备份账套\100-3-1"，注册进入固定资产系统。

实训要求

(1) 设置固定资产系统参数
(2) 账套备份

实训资料

1. 设置固定资产系统参数

(1) 启用固定资产系统。

(2) 设置主要折旧方法为平均年限法(一)。

(3) 设置自动编码方法为"类别编号+序号"。

(4) 设置固定资产对账科目为固定资产,累计折旧对账科目为累计折旧。

(5) 在对账不平情况下允许固定资产月末结账。

2. 基础设置

(1) 选项设置。

(2) 设置折旧科目。

(3) 设置资产类别(见表6-1)。

表6-1 资产类别表

编码	类别名称	使用年限	净残值率	计提属性	折旧方法	卡片式样
01	机器设备	10	3	正常计提	平均年限法一	通用样式(二)
02	办公设备	8	4	正常计提	平均年限法一	通用样式(二)
03	运输设备	15	3	正常计提	平均年限法一	通用样式(二)

3. 设置资产变动

资产变动情况如表6-2所示。

表6-2 资产变动情况表

增加方式	对应入账科目	减少方式	对应入账科目
直接购入	100201 银行存款—工行存款	出售	1606 固定资产清理
投资者投入	4001 实收资本	盘亏	190102 待处理财产损溢
捐赠	6301 营业外收入	捐赠转出	1606 固定资产清理
盘盈	6901 以前年度损益调整	报废	1606 固定资产清理
在建工程转入	1604 在建工程	毁损	1606 固定资产清理
融资租入	2701 长期应付款	融资租出	1531 长期应收款

4. 账套备份

在固定资产系统中设置部门对应折旧科目时,需要使用到部门档案,该部门档案中的部门信息是在企业应用平台的公共平台中建立的。实际上固定资产与总账、薪资管理等其他系统共用一套部门档案。

如果在建立账套或设置薪资管理系统时已创建部门档案,那么可以省略该步骤。

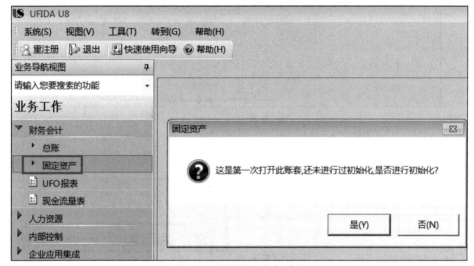

实训指导

1. 设置固定资产系统参数

操作步骤:

(1) 以"账套主管01刘子松"的身份启用固定资产系统,然后选择"重注册",打开"业务工作",再选择"财务会计"→"固定资产"命令,出现如图6-1所示提示。

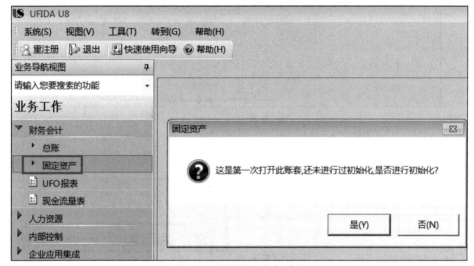

图6-1 启用固定资产系统

(2) 在图6-1中,单击"是"按钮,打开如图6-2所示窗口。

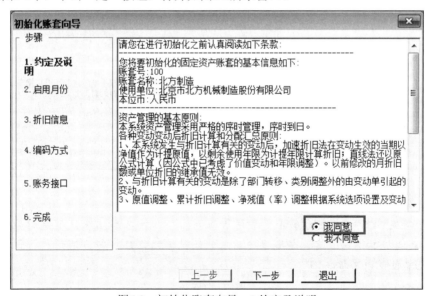

图6-2 初始化账套向导—1.约定及说明

(3) 选中"我同意"单选按钮,再单击"下一步"按钮,进入如图6-3所示界面。

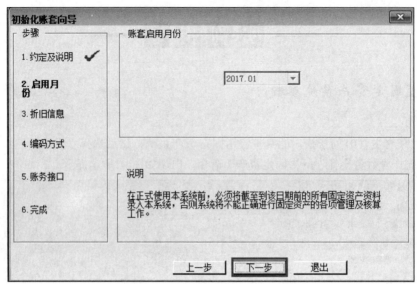

图6-3 初始化账套向导—2.启用月份

(4) 单击"下一步"按钮,如图6-4所示,在"主要折旧方法"下拉列表中选择"平均年限法(一)"。

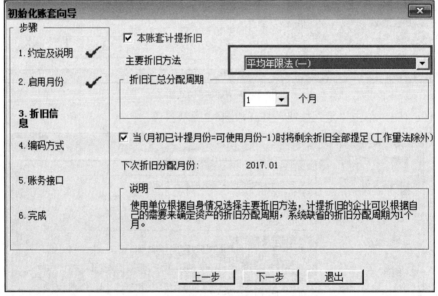

图6-4 初始化账套向导—3.折旧信息

提示:

(1) 这里指定的折旧方法为本账套常用折旧方法,以便在新增资产类别时系统自动带出主要折旧方法以提高录入速度,但到具体录入时还是可以修改折旧方法的。

(2) 事业单位可以不提折旧。

(5) 单击"下一步"按钮,进入如图6-5所示界面,选中"自动编码"单选按钮,并在下拉列表中选择"类别编号+序号"。

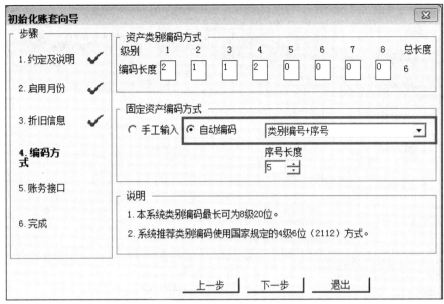

图6-5 初始化账套向导—4.编码方式

(6) 单击"下一步"按钮,进入图6-6,在"与账务系统进行对账"前打勾,输入(或选择)"固定资产对账科目"为"1601,固定资产"以及"累计折旧对账科目"为"1602,累计折旧",在"在对账不平情况下允许固定资产月末结账"前打勾。

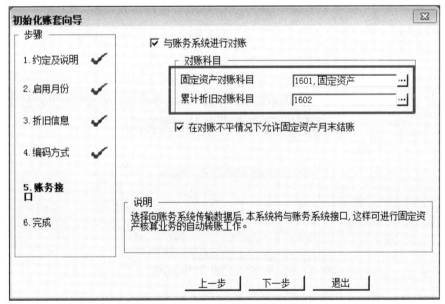

图6-6 初始化账套向导—5.账务接口

(7) 单击"下一步"按钮,进入图6-7,单击"完成"按钮,弹出如图6-8所示提示。

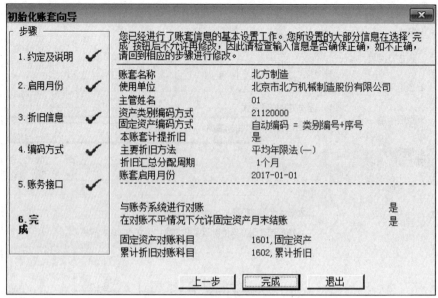

图6-7 初始化账套向导—6.完成

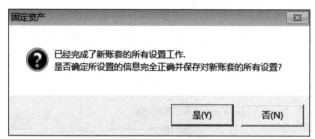

图6-8 固定资产设置完成提示

(8) 单击"是"按钮,弹出图6-9所示提示,单击"确定"按钮,完成固定资产系统初始化。

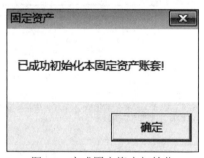

图6-9 完成固定资产初始化

2. 基础设置

1) 选项设置

打开"固定资产"系统,选择"设置"→"选项"命令,在图6-10中,在"与账务系统进行对账"前打勾,并输入(或选择)固定资产对账科目"1601,固定资产"与累计折旧对账科目"1602,累计折旧";然后在"在对账不平情况下允许固定资产月末结账"前打勾,在"月末结账前一定要完成制单登账业务"前打勾;输入(或选择)固定资产入账科目"1601,固定资产",累计折旧入账科目"1602,累计折旧",减值准备入账科目"6701,资产减值损失",增值税进项税额入账科目"22210101，进项税额"，固定资产清理入账科目"1606，固定资产清理"。设置完毕后如图6-10所示，单击"确定"按钮退出。

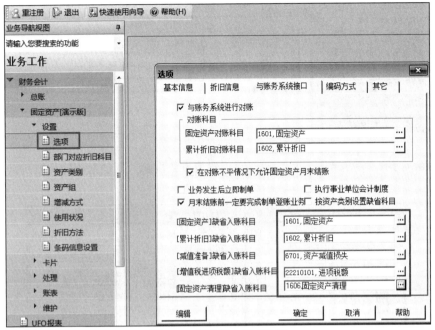

图6-10 设置固定资产选项

2) 设置部门对应折旧科目

操作步骤：

(1) 选择"固定资产"→"设置"→"部门对应折旧科目"命令，打开如图6-11所示窗口，单击"总经办"，然后单击"修改"按钮。

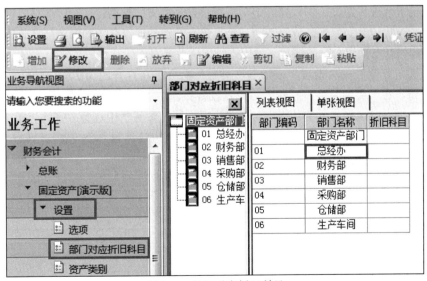

图6-11 部门对应折旧科目

(2) 在打开的图6-12中，单击折旧科目的参照按钮，选择相应折旧科目"660205，折旧费，或直接输入折旧科目编码660205。

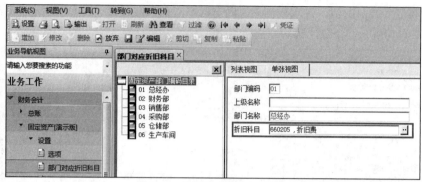

图6-12 设置总经办折旧科目

(3) 在图6-12中，单击"保存"按钮保存，然后再依次输入其他部门的折旧科目，如图6-13所示。

部门编码	部门名称	折旧科目
	固定资产部门	
01	总经办	660205, 折旧费
02	财务部	660205, 折旧费
03	销售部	660105, 折旧费
04	采购部	660205, 折旧费
05	仓储部	660205, 折旧费
06	生产车间	510105, 折旧费

图6-13 设置完成的部门折旧科目

3) 设置资产类别

建立固定资产账套并完成初始化之后，在真正进行资产核算之前，还应该进行一些必要的基础设置，包括卡片项目定义、卡片样式定义、折旧方法定义、类别设置，以及部门设置、使用状况定义、增减方式定义等若干部分。其中，除了资产类别设置没有预知内容外，其他部分系统根据常用的内容进行了预置，一般情况下使用系统默认设置即可。

选择"固定资产"→"设置"→"资产类别"命令，在打开的如图6-14所示界面中，单击"增加"按钮，在"类别名称"栏输入"机器设备"，在"净残值率"栏输入"3%"，在"计提属性"下拉列表中选择"正常计提"，在"折旧方法"参照栏中选择"平均年限法(一)"，在"卡片样式"参照栏中选择"通用样式(二)"。用同样的方法设置办公设备与运输设备的资产类别(见图6-15和图6-16)。

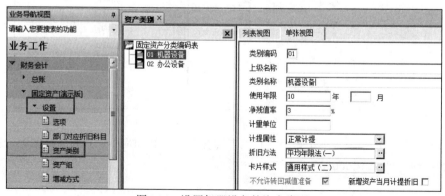

图6-14 设置机器设备的资产类别

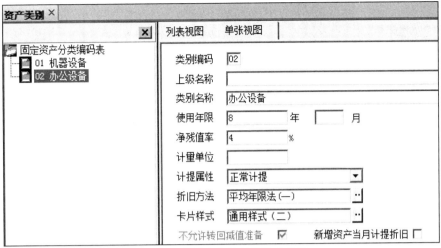

图6-15 设置办公设备的资产类别

类别编码	类别名称	使用年限(月)	净残值率(%)	计量单位	计提属性	折旧方法	卡片样式	不允许转回减值准备	新增资产当月计提折旧
	固定资产分								
01	机器设备	120	3.00		正常计提	平均年限法	通用样式(	是	否
02	办公设备	96	4.00		正常计提	平均年限法	通用样式(	是	否
03	运输设备	0	3.00		正常计提	平均年限法	通用样式(	是	否

图6-16 设置完成的资产类别

3. 设置资产变动

操作步骤:

(1) 选择"固定资产"→"设置"→"增减方式"命令,打开如图6-17所示窗口。

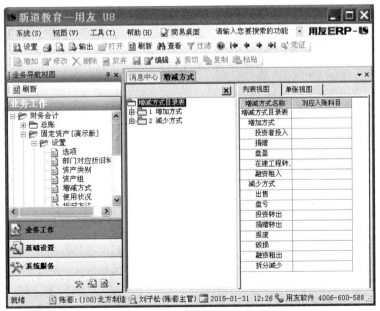

图6-17 固定资产变动设置

(2) 在图6-17中,双击"增加方式"选项卡,弹出如图6-18所示界面,选中"101 直接购入",再单击"修改"按钮。

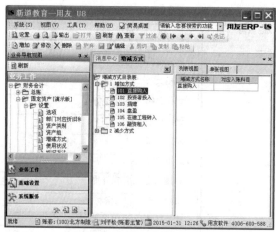

图6-18 设置直接购入

(3) 在弹出的如图6-19所示界面的右侧，在"对应入账科目"中输入100201，单击"保存"按钮退出。

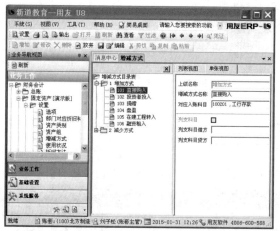

图6-19 设置直接购入对应科目

(4) 使用相同方法录入其他资产变动信息，设置完成后如图6-20所示。

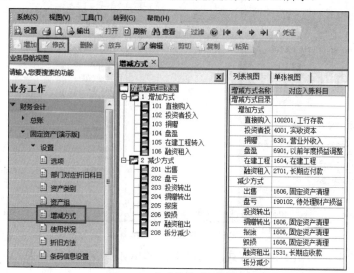

图6-20 完成资产变动设置

4. 账套备份

操作步骤:

(1) 在D盘"100账套备份"文件夹中新建"(6-1)固定资产系统初始化设置"文件夹。

(2) 将账套输出至"(6-1)固定资产系统初始化设置"文件夹中。

> 提示:
>
> (1) 与账务系统对账是将固定资产系统内所有资产的原值、累计折旧和总账系统中的固定资产科目与累计折旧科目的余额核对,看数值是否相等。可以在系统运行中任何时候执行对账功能,如果不平,则肯定在两个系统间出现了偏差,应予以调整。如果不想与总账系统对账,则可以不选择,即不对账。
>
> (2) 只有启用了总账系统,才能实现对账。

实训二　固定资产业务处理

实 训 准 备

引入已完成实训一"(6-1)固定资产系统初始化设置"的账套备份数据,或引入光盘中的"备份账套\6-1"。将系统日期修改为"2017年1月1日",以"01会计主管刘子松"身份登录企业应用平台。

实 训 要 求

(1) 原始数据的录入

(2) 资产变动

(3) 折旧计提

(4) 新增固定资产

实 训 资 料

1. 原始卡片数据

固定资产信息如表6-3所示。

表6-3　固定资产信息表

固定资产名称	类别编号	所在部门(存放地点)	使用年限	开始使用日期	原值	累计折旧
产品有害物质检测仪	01	销售部/仓储部(使用比例各占50%)	10	2014-08-11	58 500	12 500
产品测试器	02	采购部	8	2015-01-01	31 000	8 900
商务轿车	03	总经办	15	2014-11-01	135 700	22 700
佳能一体机	02	财务部	8	2015-03-13	2 800	900

2. 资产变动

2017年1月31日,公司决定把佳能一体机由总经办单独使用改为由采购、销售、总经办、财务部共同使用，使用比例均为25%，折旧费平均分摊，变动原因为：公司经营管理需要。

3. 折旧计提

4. 新增固定资产

2017年1月31日，财务部购入办公用固定资产IBM服务器一台，使用年限5年，净残值率10%；存放在办公室，价值18 650元，工行现金支票支付，票号66892；生成资产购入凭证。

— 实训指导 —

1. 设置原始卡片

操作步骤：

(1) 选择"财务会计"→"固定资产"→"卡片"→"录入原始卡片"命令，打开如图6-21所示窗口。

(2) 双击"01 机器设备"，进入如图6-22所示窗口。

图6-21　打开固定资产类别档案

(3) 输入固定资产名称"产品有害物质检测仪"，选择"使用部门"，在打开的"固定资产"窗口中选择"多部门使用"，并单击"确定"按钮。

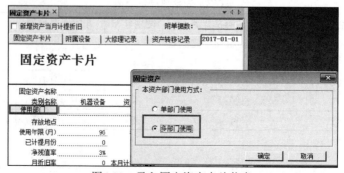

图6-22　录入固定资产卡片信息

(4) 在打开的如图6-23所示窗口中，在"使用部门"参照栏选择"03 销售部"，输入"使用比例"为50%，然后单击"增加"按钮，增加使用部门"仓储部"，使用比例"50%"。

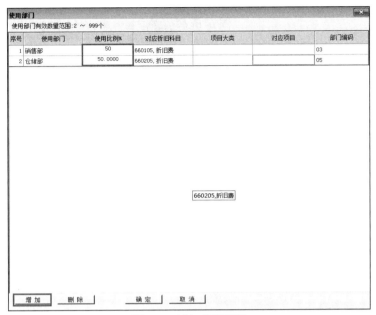

图6-23 增加使用部门

(5) 选择"增加方式"为"直接购入"、"使用状况"为"在用"，如图6-24和图6-25所示。

图6-24 选择增加方式

(6) 选择"存放地点"为"销售部/仓储部"，"使用年限(月)"为"120"，"开始使用日期"为"2014-08-11"，"原值"为"58 500"，"累计折旧"为"12 500"，其他信息为系统默认，全部完成后如图6-26所示。

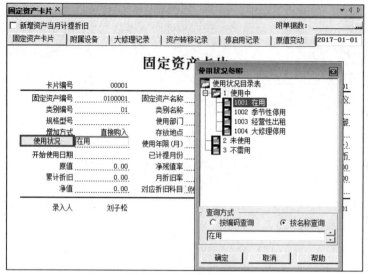

图6-25 选择使用状况

固定资产卡片

卡片编号	00001			日期	2017-01-01
固定资产编号	0100001	固定资产名称			产品有害物质检测仪
类别编号	01	类别名称	机器设备	资产组名称	
规格型号		使用部门			销售部/仓储部
增加方式	直接购入	存放地点			
使用状况	在用	使用年限(月)	120	折旧方法	平均年限法(一)
开始使用日期	2014-08-11	已计提月份	28	币种	人民币
原值	58500.00	净残值率	3%	净残值	1755.00
累计折旧	12500.00	月折旧率	0.0081	本月计提折旧额	473.85
净值	46000.00	对应折旧科目	(660205,折旧费)	项目	
录入人	刘子松			录入日期	2017-01-01

图6-26 设置完成的固定资产卡片

(7) 单击"保存"按钮保存,然后继续增加其他固定资产的信息,如图6-27和图6-28所示。

固定资产卡片

卡片编号	00002			日期	2017-01-01
固定资产编号	0200001	固定资产名称			产品测试器
类别编号	02	类别名称	办公设备	资产组名称	
规格型号		使用部门			采购部
增加方式	直接购入	存放地点			
使用状况	在用	使用年限(月)	96	折旧方法	平均年限法(一)
开始使用日期	2015-01-01	已计提月份	23	币种	人民币
原值	31000.00	净残值率	4%	净残值	1240.00
累计折旧	8900.00	月折旧率	0.01	本月计提折旧额	310.00
净值	22100.00	对应折旧科目	660205,折旧费	项目	
录入人	刘子松			录入日期	2017-01-01

图6-27 产品测试器卡片

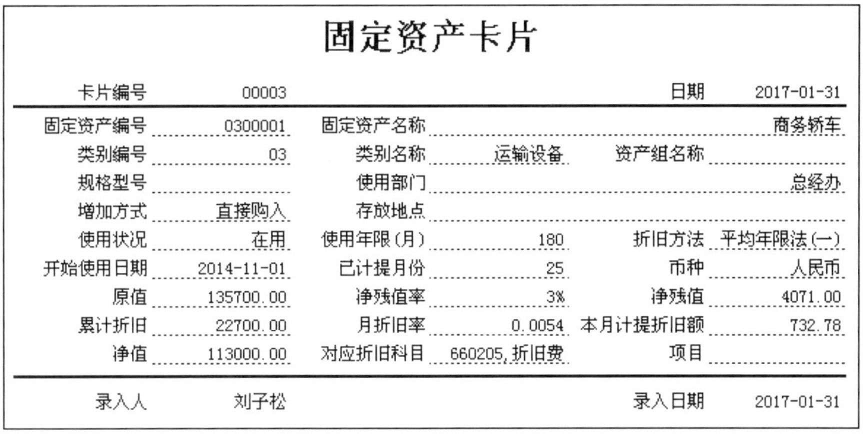

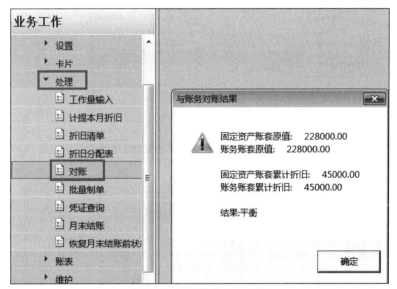

图6-28　商务轿车卡片

（8）录入所有固定资产卡片后，关闭固定资产卡片，选择"财务会计"→"固定资产"→"处理"→"对账"命令，得到"与账务对账结果"平衡，如图6-29所示。

图6-29　固定资产对账平衡

提示：

通过对账可以检验录入数据的正确性，若对账结果不平衡，就需要检查录入的原始卡片与期初余额中固定资产相关的信息。

2. 资产变动

操作步骤：

（1）选择"固定资产"→"卡片"→"变动单"→"部门转移"命令，打开如图6-30所示窗口。

（2）在图6-30中，选择"卡片编号"00004，单击"变动后部门"，弹出如图6-31所示窗口。

（3）在图6-31中，选择"多部门使用"，然后单击"确定"按钮，进入"使用部门"窗口，如图6-32所示。

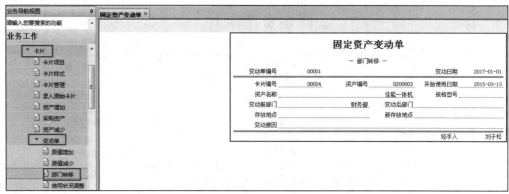

图6-30　固定资产变动单

图6-31　选择变动后部门

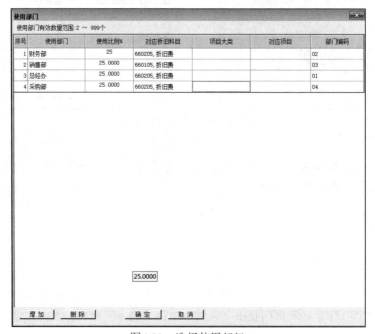

图6-32　选择使用部门

(4) 在图6-32中，单击"增加"按钮，再单击"使用部门"的参照按钮，分别增加财务部、销售部、总经办、采购部等使用部门，并设置使用比例均为25%。

(5) 在图6-32窗口下方，单击"确定"按钮，返回"固定资产变动单"窗口，输入"变动原因"为"公司经营管理需要"，如图6-33所示。

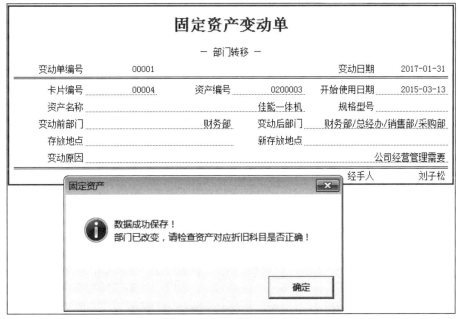

图6-33 设置变动原因

(6) 单击"保存"按钮，再单击如图6-34所示提示框中的"确定"按钮完成固定资产变动的设置。

图6-34 完成固定资产变动

3. 折旧计提

一般企业的固定资产均需要定期计提折旧、按受益对象计入相关费用，通常情况下折旧按月计提。

操作步骤：

(1) 选择"财务会计"→"固定资产"→"处理"→"计提本月折旧"命令，在弹出的如图6-35所示提示框中单击"是"按钮。

(2) 在继续弹出的提示框中，单击"是"按钮(见图6-36)，进入如图6-37所示窗口。

图6-35 确定查看折旧清单

图6-36 继续计提本月折旧

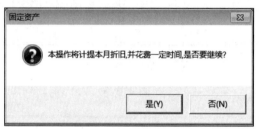

按部门查询	卡片编号	资产编号	资产名称	原值	计提原值	本月计提折旧额	累计折旧	本年计提折旧	减值准备	净值	净残值	折旧率
固定资产部门编码目录	00001	0100001	产品有害物	500.00	58,500.00	473.85	12,973.85	473.85	0.00	526.15	1,755.00	0.0081
01 总经办	00002	0200001	产品测试器	000.00	31,000.00	310.00	9,210.00	310.00	0.00	790.00	1,240.00	0.0100
02 财务部	00003	0300001	商务轿车	700.00	135,700.00	732.78	23,432.78	732.78	0.00	267.22	4,071.00	0.0054
03 销售部	00004	0200003	佳能一体机	800.00	2,800.00	28.00	928.00	28.00	0.00	872.00	112.00	0.0100
04 采购部	合计			000.00	228,000.00	1,544.63	46,544.63	1,544.63	0.00	455.37	7,178.00	
05 仓储部												
06 生产车间												

图6-37 折旧清单

(3) 在图6-37中，单击"退出"按钮，进入如图6-38所示窗口。

图6-38 折旧分配表

(4) 单击图6-38所示提示框中的"确定"按钮退出。

4. 新增固定资产

操作步骤：

1) 设置固定资产卡片

(1) 选择"财务会计"→"固定资产"→"卡片"→"资产增加"命令，打开"固定资产类别档案"窗口，选择"02 办公设备"资产类别，并单击"确定"按钮，进入如图6-39所示窗口。

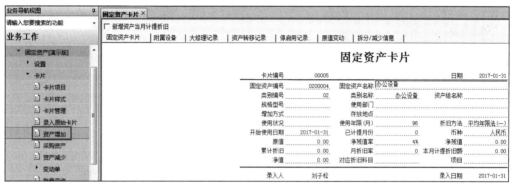

图6-39　固定资产卡片

(2) 输入"固定资产名称"IBM服务器，"使用部门"为财务部，"增加方式"为直接购入，"使用状况"为在用，"使用年限(月)"为60，"原值"为18 650元(见图6-40)。

固定资产卡片					
卡片编号	00005			日期	2017-01-31
固定资产编号	0200004	固定资产名称			IBM服务器
类别编号	02	类别名称	办公设备	资产组名称	
规格型号		使用部门			财务部
增加方式	直接购入	存放地点			
使用状况	在用	使用年限(月)	60	折旧方法	平均年限法(一)
开始使用日期	2017-01-31	已计提月份	0	币种	人民币
原值	18650.00	净残值率	10%	净残值	1865.00
累计折旧	0.00	月折旧率	0	本月计提折旧额	0.00
净值	18650.00	对应折旧科目	660205,折旧费	项目	
录入人	刘子松			录入日期	2017-01-31

图6-40　完成固定资产卡片

(3) 在图6-40中，单击"保存"按钮保存，弹出数据成功保存提示，如图6-41所示，单击"确定"按钮完成固定资产卡片设置。

图6-41　数据保存成功

2) 批量制单

(1) 选择"财务会计"→"固定资产"→"卡片"→"处理"→"批量制单"命令，在打开的如图6-42所示窗口中选择"业务类型"为"新增资产"。

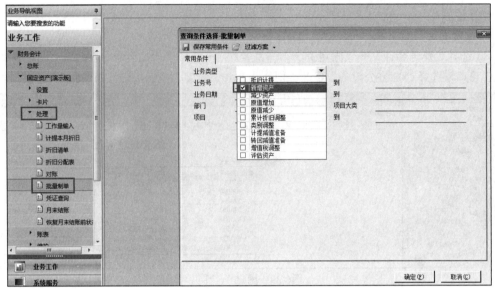

图6-42　新增资产制单

(2) 在图6-42中，单击"确定"按钮，进入"批量制单"窗口，单击新增固定资产的"选择"框，并显示"Y"，如图6-43所示。

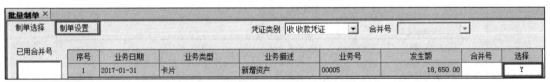

图6-43　选择新增固定资产制单

(3) 在图6-43中，单击"制单设置"打开如图6-44所示窗口，然后选择凭证类别为"付 付款凭证"，再添加科目"1601 固定资产"。

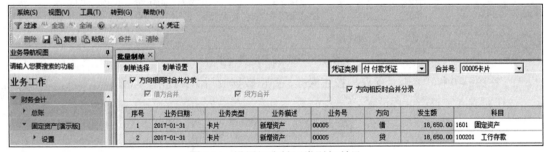

图6-44　设置记账凭证类别与科目

(4) 单击"凭证"按钮，弹出如图6-45所示窗口，单击"保存"按钮保存付款凭证，然后单击"退出"按钮完成制单。

图6-45　完成的付款凭证

(5) 继续采用同样的方法，生成计提折旧的记账凭证，如图6-46和图6-47所示。

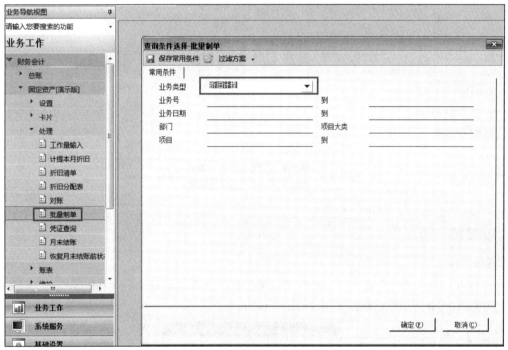

图6-46　选择折旧计提业务类型

图6-47　计提折旧转账凭证

5.账套备份

操作步骤:

(1) 在D盘"100账套备份"文件夹中新建"(6-2)固定资产业务处理"文件夹。

(2) 将账套输出至"(6-2)固定资产业务处理"文件夹中。

实训三　期末业务处理

引入已完成实训二"(6-2)固定资产业务处理"的账套备份数据,或引入光盘中的"备份账套\6-2"。 将系统日期修改为"2017年1月31日",以"01会计主管刘子松"身份登录企业应用平台。

实训要求

(1) 对账

(2) 月末结账

(3) 账套备份

实训指导

1.对账

操作步骤:

(1) 打开"业务工作"选项卡,选择"财务会计"→"固定资产"→"处理"→"对账"命令,弹出如图6-48所示提示框,单击"确定"按钮。

图6-48　固定资产对账不平衡

(2) 在"企业应用平台"中,选择"重注册",更换操作员"03出纳王颖"进行出纳签字。

(3) 在"企业应用平台"中,选择"重注册",更换操作员"02会计王青军",审核相关会计凭证并记账。

(4) 再一次以"01账套主管刘子松"的身份,选择"业务工作"→"财务会计"→"固定资产"→"处理"→"对账"命令进行对账，弹出的提示显示对账平衡，如图6-49所示。单击"确定"按钮，对账完毕并退出。

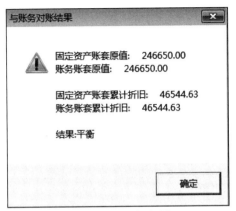

图6-49　对账结果平衡

> 提示：
> (1) 第一次对账结果不一致，是因为在固定资产系统中生成的计提折旧凭证传递至总账后还没有进行审核和记账。
> (2) 若有新增资产，也会产生对账结果不平衡。

2. 月末结账

操作步骤：

(1) 打开"业务工作"选项卡，选择"财务会计"→"固定资产"→"处理"→"月末结账"命令，弹出如图6-50所示提示框。

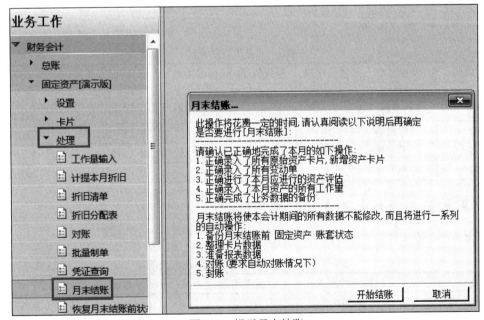

图6-50　提示月末结账

(2) 在图6-50中，单击"开始结账"按钮进行结账业务。

(3) 在弹出的如图6-51所示提示框中，显示对账结果平衡。

(4) 在图6-51所示提示框中，单击"确定"按钮，系统弹出如图6-52所示提示框，显示结账成功，然后单击"确定"按钮结束结账业务。

图6-51 对账结果平衡

图6-52 结账成功

3. 账套备份

操作步骤：

(1) 在D盘"100账套备份"文件夹中新建"(6-3)期末业务处理"文件夹。

(2) 将账套输出至"(6-3)期末业务处理"文件夹中。

课后实训练习

引入备份账套"练习三薪资管理"，完成以下操作。

1. 固定资产账套建立(操作日期为2017年1月31日，操作员demo)

对账科目为"固定资产"和"累计折旧"。

资产类别设置如表6-4所示。

表6-4 资产类别设置

类别编码	类别名称	使用年限	净残值率	计提属性	折旧方法	卡片样式
01	建筑物	50	3%	正常计提	平均年限法(一)	通用样式
011	写字楼	50	3%	正常计提	平均年限法(一)	通用样式
02	运输设备	10	5%	正常计提	平均年限法(一)	通用样式
03	电子设备	5	5%	正常计提	平均年限法(二)	通用样式
04	办公设备	5	5%	正常计提	平均年限法(一)	通用样式

2. 固定资产原始卡片录入及资产增加

固定资产原始卡片录入及资产增加如表6-5所示。

表6-5 固定资产原始卡片录入及资产增加

项 目	原始卡片录入	资产增加	资产增加	资产增加
卡片编号	00001	00002	00003	00004
固定资产编号	10001	10002	10003	10004
固定资产名称	金城大厦	小轿车	大货车	复印机
类别编号	011	02	02	04
类别名称	写字楼	运输设备	运输设备	办公设备

(续表)

项　目	原始卡片录入	资产增加	资产增加	资产增加
部门名称	财务部	经理部	销售部	办公室
增加方式	在建工程转入	直接购入	直接购入	直接购入
使用状况	在用	在用	在用	在用
使用年限	50年	10年	10年	5年
折旧方法	平均年限法一	平均年限法一	工作量法	平均年限法一
开始使用日期	2015-01-01	2016-01-01	2016-01-10	2016-01-20
币种	人民币	人民币	人民币	人民币
原值	2 380 000	300 000	520 000	13 400
净残值率	3%	5%	5%	5%
累计折旧	43 600	0	0	0
对应折旧科目	660 202	660 202	660 101	660 202
工作总量			120 000	
工作量单位			千米	

3. 固定资产变动

(1) 财务部的金城大厦，原值增加102 000元，变动原因：装修增加。

(2) 经理部的小轿车部门调整到办公室，变动原因：因业务需要。

(3) 销售部的大货车使用年限调整为9年，变动原因：意外毁损。

4. 计提本月固定折旧并生成凭证(借：固定资产，贷：累计折旧)

5. 查询

(1) 固定资产使用状况分析表。

(2) 所有部门的折旧计提汇总表。

(3) "办公设备"类固定资产明细账。

6. 进行批量制单(操作日期为2017年1月31日，操作员301)

7. 固定资产月末结账

8. 期间转账凭证设置(操作日期为2017年1月31日，操作员301)

期间损益结转设置：本年利润科目。

9. 审核所有未审核的凭证并记账(操作日期为2017年1月31日，操作员302)

转账生成：期间损益结转，生成凭证并审核。

10. 本账套结账(需其他子模块全部结账)

项目七 应收款管理系统

应收款管理系统主要实现企业与客户之间业务往来账款的核算与管理。应收款管理系统中，以销售发票、费用单、其他应收单等原始单据为依据，记录销售业务及其他业务所形成的往来款项，处理应收款项的收回、坏账、转账等情况，提供票据处理的功能，实现对应收款管理。根据对客户往来款项的核算和管理的程度不同，系统提供了"详细核算"和"简单核算"两种应用方案。不同的应用方案，其系统功能、产品接口、操作流程等均不相同。应收款管理系统业务处理流程如图7-1所示。

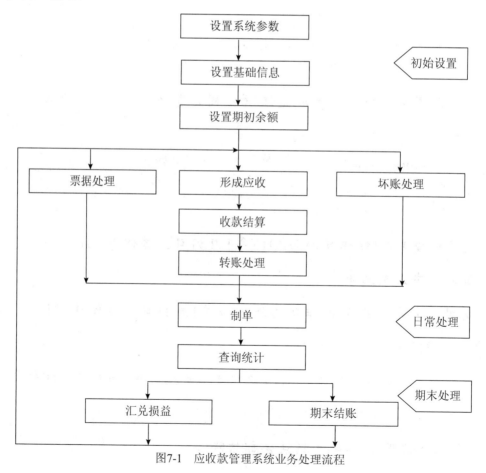

图7-1 应收款管理系统业务处理流程

实 训 目 的 与 要 求

系统学习应收款管理系统初始化的一般方法，学习应收款管理系统日常业务处理的主要内容和操作方法。要求掌握应收款管理系统与总账系统组合时应收款管理系统的基本功能和操作方法。熟悉应收款管理系统账簿查询的作用和基本方法。

教 学 建 议

应收款管理系统的功能较为全面，由于不同功能模块的组合将会使应收款管理系统的功能实现方式不同，因此，在学习时一定要清楚应收款管理系统的基本功能。

实训一　应收款管理系统初始化

实 训 准 备

将系统日期修改为"2017年1月1日"。引入"100账套备份/(3-1)总账系统初始化设置"，以账套主管01身份注册进入应收款管理系统。

实 训 要 求

(1) 设置系统参数
(2) 基础设置
(3) 设置科目
(4) 坏账准备设置
(5) 账龄区间设置
(6) 报警级别设置
(7) 设置允许修改"销售专用发票"的编号
(8) 录入期初余额并与总账系统进行对账
(9) 账套备份 ·

实 训 资 料

应收款管理系统的参数设置具体如下。

(1) 应收款核销方式："按单据"，单据审核日期依据："单据日期"，坏账处理方式："应收余额百分比法"，代垫费用类型："其他应收单"，应收款核算类型："详细核算"，受控科目制单依据："明细到客户"，非受控科目制单方式："汇总方式"；启用客户权限，并且按信用方式根据单据提前7天自动报警。其他参数为系统默认。

(2) 基本科目设置：应收科目：1122应收账款，预收科目：2203预收账款，应交增值税科目：22210102应交税费——应交增值税——销项税额，其他可暂时不设置。

(3) 控制科目设置：所有客户的控制科目——应收科目1122；预收科目2203。

(4) 结算方式科目设置：现金结算对应科目1001，转账支票对应科目100201，现金支票对应科目100201，电汇的对应科目100201。

(5) 坏账准备设置：提取比例0.5%，期初余额为0，科目1231，对方科目6701。

(6) 账期内账龄区间及逾期账龄区间：01——0~30天，总30天；02——31~60天，总60天；03——61~90天，总90天；04——91~120天，总120天；05——121以上。

(7) 报警级别设置的资料如表7-1所示。

表7-1 报警级别设置表

序号	起止比率	总比率	级别名称
01	0~10%	10	A
02	10%~30%	30	B
03	30%~50%	50	C
04	50%~100%	100	D
05	100%以上		E

(8) 录入期初销售专用发票的资料如表7-2所示(存货税率均为17%，开票日期均为2016年)。

表7-2 期初销售专用发票

单据名称	方向	开票日期	票号	客户名称	销售部门	科目编码	货物名称	数量	无税单价	价税合计
销售专用发票	正	2016.11.28	78987	华峰股份	销售部	1122	四辊冷轧机	5	5400	31 590

(9) 录入期初预收单的资料如表7-3所示。

表7-3 预收款期初余额

日期	供应商	摘要	方向	金额	业务员	票号	日期
2016.12.8	新世纪公司	预收货款	贷	20 000	张薇	转账支票号：123	2016.12.8

(10) 应收款管理系统与总账系统对账。

— 实 训 指 导 —

1. 应收款核销方式

操作步骤：

(1) 在"用友ERP—U8门户"中"业务工作"模块下，双击"财务会计"中的"应收款管理"，打开应收款管理系统，如图7-2所示。

(2) 选择"设置"→"选项"命令，打开图7-3所示"账套参数设置"对话框。

(3) 单击"编辑"按钮。

(4) 单击"坏账处理方式"栏下三角按钮，选择"应收余额百分比法"。

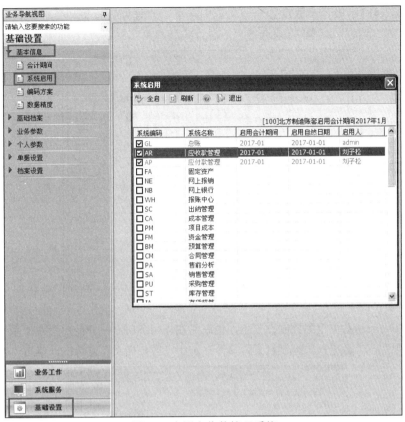

图7-2　启用应收款管理系统

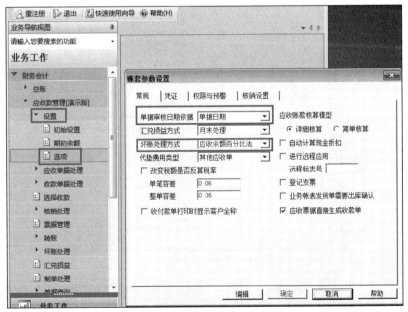

图7-3　账套参数设置——常规

(5) 在如图7-4所示账套参数设置——凭证中，单击"凭证"标签。受控科目制单方式选择"明细到客户"，非控科目制单方式选择"汇总方式"。

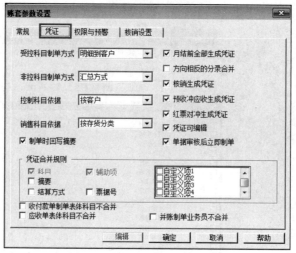

图7-4　账套参数设置——凭证

(6) 在如图7-5所示数据权限控制设置中，也就是在"用友ERP—U8门户"中"系统服务"模块下，选择"权限"→"数据权限控制设置"命令，选中"客户档案"复选框，单击"确定"按钮。

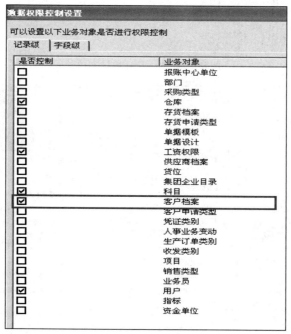

图7-5　数据权限控制设置

(7) 返回"业务工作"模块，双击"财务会计"中的"应收款管理"，打开应收款管理系统。选择"设置"→"选项"命令，打开"账套参数设置"对话框。如图7-6所示，单击"权限与预警"标签。选中"控制客户权限"复选框，在"提前天数"栏选择提前天数"7"。

(8) 单击"确定"按钮。

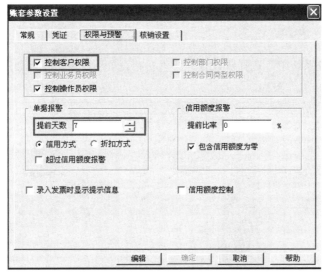

图7-6 账套参数设置——权限与预警

设置控制参数说明如下。

1) 选择应收账款的核销方式

系统提供三种应收款的核销方式：按余额、按单据、按存货。选择不同的核销方式将影响账龄分析的精确性。选择按单据核销或按存货核销能够进行更精确的账龄分析。

2) 选择设置控制科目的依据

控制科目在本系统指所有带有客户往来辅助核算的科目。系统提供三种设置控制科目的依据：按客户分类、按客户、按地区分类。

3) 选择设置存货销售科目的依据

本系统提供了两种设置存货销售科目的依据，即按存货分类设置和按存货设置。

4) 选择预收款的核销方式

系统提供了两种预收款的核销方式，即按余额、按单据。

5) 选择制单的方式

有三种制单方式，即明细到客户、明细到单据和汇总的方式。

6) 选择计算汇兑损益的方式

系统提供两种计算汇兑损益的方式，即外币余额结清时计算和月末计算方式。

7) 选择坏账处理方式

系统提供两种坏账处理的方式，即备抵法和直接转销法。

在使用过程中，如果当年已经计提过坏账准备，则此参数不可以修改，只能在下一年度修改。

> **提示：**
>
> (1) 启用应收款系统，或者在企业门户中启用应收款系统。启用会计期间必须大于等于账套的启用期间。
>
> (2) 在账套使用过程中可以随时修改账套参数。
>
> (3) 如果选择单据日期为审核日期，则月末结账时单据必须全部审核。
>
> (4) 如果当年已经计提过坏账准备，则坏账处理方式不能修改，只能在下一年度修改。
>
> (5) 关于应收账款核算模型，在系统启用时或者还没有进行任何业务处理的情况下才允许从简单核算改为详细核算或从详细核算改为简单核算。

2. 设置基本科目

操作步骤:

(1) 在应收款管理系统中,选择"设置"→"初始设置"命令,打开如图7-7所示设置科目—基本科目设置"初始设置"窗口。

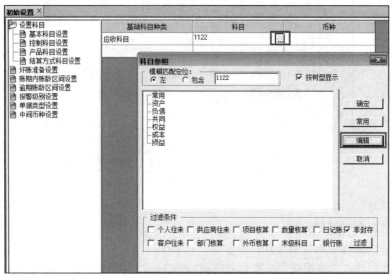

图7-7 设置科目—基本科目设置

(2) 选择"设置科目"→"基本科目设置"命令,单击"增加"按钮,如图7-8所示设置会计科目受控于应收系统;完成后在图7-9所示基本科目设置—设置应收科目中,从"基础科目种类"下拉列表中选择"应收科目""1122应收账款",同理增加其他的基本科目(并根据系统提示,将以下相关科目2203预收账款,1121应收票据,在总账系统中设置成"客户往来"辅助核算类型以及"应收系统"的受控科目)。

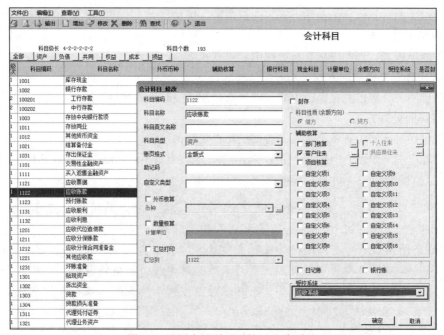

图7-8 设置会计科目受控于应收系统

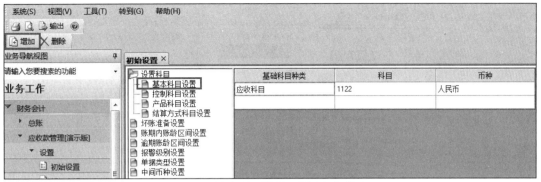

图7-9　基本科目设置—设置应收科目

同理，如图7-10所示，增加其他的基本科目后单击"退出"按钮。

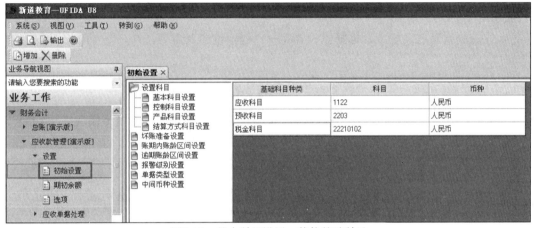

图7-10　基本科目设置—其他基础科目

提示：

(1) 在基本科目设置中所设置的应收科目"1122应收账款"及预收科目"2203预收账款"及"1121应收票据"，应在总账系统中设置其辅助核算内容为"客户往来"，并且其受控系统为"应收系统"。否则在这里不能被选中。

(2) 只有在这里设置了基本科目，在生成凭证时才能直接生成凭证中的会计科目，否则凭证中将没有会计科目，相应的会计科目只能手工再录入。

(3) 如果应收科目、预收科目按不同的客户或客户分类分别设置，则可在"控制科目设置"中设置，在此可以不设置。

(4) 如果针对不同的存货分别设置销售收入核算科目，则在此不用设置，可以在"产品科目设置"中进行设置。

3. 设置控制科目

操作步骤：

选择"设置科目"→"控制科目设置"命令，在"应收科目"中录入1122，在"预收科目"中录入2203。如图7-11所示为初始设置—控制科目设置。

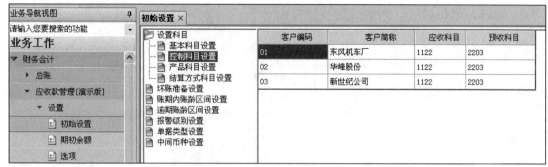

图7-11　初始设置—控制科目设置

4. 结算方式科目

操作步骤:

(1) 在应收款管理系统中,选择"设置"→"初始设置"命令,打开图7-12所示"初始设置"窗口。

(2) 在"初始设置"窗口中,单击"结算方式科目设置",打开"结算方式科目设置"窗口。

(3) 单击"结算方式"栏下三角按钮,选择"现金结算",单击"币种"栏,选择"人民币",在"科目"栏录入或选择"1001",按Enter键。依此方法继续录入其他的结算方式科目。

(4) 单击"退出"按钮。

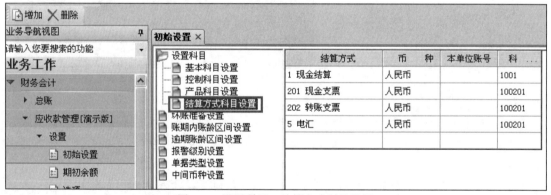

图7-12　设置科目—结算方式科目设置

提示:

(1) 结算方式科目设置是针对已经设置的结算方式设置相应的结算科目,即在收款或付款时只要告诉系统结算时使用的结算方式就可以由系统自动生成该种结算方式所使用的会计科目。

(2) 如果在此不设置结算方式科目,则在收款或付款时可以手工输入不同结算方式对应的会计科目。

5. 设置坏账准备

操作步骤:

(1) 在应收款管理系统中,选择"设置"→"初始设置"命令,打开"初始设置"窗口。

(2) 在图7-13所示坏账准备设置中,单击"坏账准备设置",录入提取比率"0.5",坏账准备期初余额"0",坏账准备科目"1231",坏账准备对方科目"6701"。

(3) 单击"确定"按钮，出现"存储完毕"提示，再次单击"确定"按钮。

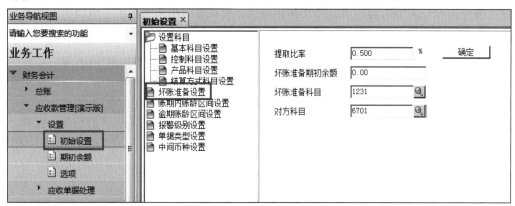

图7-13　坏账准备设置

提示：

(1) 如果在选项中并未选中坏账处理的方式为"应收余额百分比法"，则在此处就不能录入"应收余额百分比法"所需的初始设置。即此处的初始设置是与选项中所选择的坏账处理方式相对应的。

(2) 坏账准备的期初余额应与总账系统中所录入的坏账准备的期初余额相一致，但是，系统没有坏账准备期初余额的自动对账功能，只能人工核对。坏账准备的期初余额如果在借方则用"—"号表示，如果没有期初余额，应将期初余额录入"0"，否则，系统将不予确认。

(3) 坏账准备期初余额被确认后，只要进行了坏账准备的日常业务处理就不允许再修改。下一年度使用本系统时，可以修改提取比率、区间和科目。

(4) 如果在系统选项中默认坏账处理方式为直接转销，则不用进行坏账准备设置。

6. 设置账龄区间

操作步骤：

(1) 在应收款管理系统中，选择"设置"→"初始设置"命令，打开"初始设置"窗口。

(2) 单击"账期内账龄区间设置"，在"总天数"栏录入"30"，按Enter键，再在"总天数"栏录入"60"后按Enter键。依此方法继续录入其他的总天数。如图7-14所示为账期内账龄区间设置。

(3) 单击"退出"按钮。

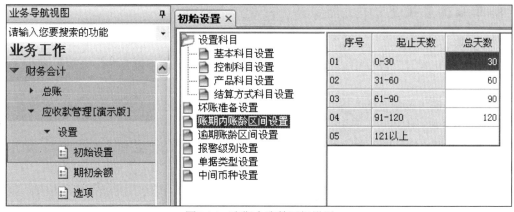

图7-14　账期内账龄区间设置

提示：

(1) 序号由系统自动生成，不能修改和删除。总天数直接输入截止该区间的账龄总天数。

(2) 最后一个区间不能修改和删除。

7.设置报警级别

操作步骤：

(1) 在应收款管理系统中，选择"设置"→"初始设置"命令，打开"初始设置"窗口。

(2) 在"初始设置"窗口中，单击"报警级别设置"，在"总比率"栏录入10，在"级别名称"栏录入"A"，按Enter键，依此方法继续录入其他的总比率和级别。

(3) 单击"退出"按钮。如图7-15所示为报警级别设置。

图7-15　报警级别设置

提示：

(1) 序号由系统自动生成，不能修改、删除。应直接输入该区间的最大比率及级别名称。

(2) 系统会根据输入的比率自动生成相应的区间。

(3) 单击"增加"按钮，可以在当前级别之前插入一个级别。插入一个级别后，该级别后的各级别比率会自动调整。

(4) 删除一个级别后，该级别后的各级比率会自动调整。

(5) 最后一个级别为某一比率之上，所以在"总比率"栏不能录入比率，否则将不能退出。

(6) 最后一个比率不能删除，如果录入错误，则应先删除上一级比率，再修改最后一级比率。

8.单据编号设置

操作步骤：

(1) 在"基础设置"模块中，选择"单据设置"→"单据编号设置"，打开如图7-16所示"单据编号设置"窗口。

(2) 单击左侧"单据类型"窗口中"销售管理"→"销售专用发票"，打开"单据编号设置—销售专用发票"窗口。

(3) 在"单据编号设置—销售专用发票"窗口中，单击"修改"按钮，选中"手工改动"复选框。

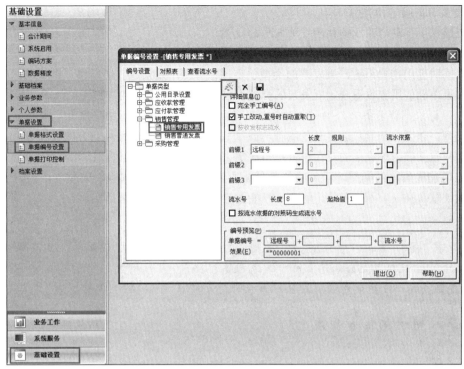

图7-16 单据编号设置—销售专用发票

(4) 单击"保存"按钮保存后退出。

设置基础信息说明如下：

基础信息包括设置科目、设置坏账准备、设置账龄区间、设置报警级别、设置存货分类档案、设置单据类型和设计单据格式等。其他公共信息(会计科目、部门档案、职员档案、外币及汇率、结算方式、付款条件、地区分类、客户分类及档案)已在系统管理和总账管理初始设置中完成。

1) 设置科目

如果企业应收业务类型较固定，生成的凭证类型也较固定，则为了简化凭证生成操作，可在此处将各业务类型凭证中的常用科目预先设置好。

2) 设置坏账准备

应收款系统可以根据发生的应收业务情况，提供自动计提坏账准备的功能。计提坏账的处理方式包括应收余额百分比法、销售余额百分比法、账龄分析法。

3) 设置账龄区间

为了对应收账款进行账龄分析，评估客户信誉，并按一定的比例估计坏账损失，应首先在此设置账龄区间。

4) 设置报警级别

通过对报警级别的设置，将客户按照客户欠款余额与其授信额度的比例分为不同的类型，以便于掌握各个客户的信用情况。

5) 设置存货分类和档案

设置好存货分类和档案后，在输入销售发票时，可以参照选择。

6) 设置单据编号和类型

系统提供了手动修改发票和应收单编号的设置。

系统提供了发票和应收单两大类型的单据。

如果同时使用销售系统,则发票的类型包括增值税专用发票、普通发票、销售调拨单和销售日报。如果单独使用应收系统,则发票的类型不包括后两种。发票的类型不能修改和删除。

应收单记录销售业务之外的应收款情况。在本功能中,只能增加应收单,应收单可划分为不同的类型,以区分应收货款之外的其他应收款。例如,应收代垫费用款、应收利息款、应收罚款、其他应收款等。应收单的对应科目由自己定义。

只能增加应收单的类型,而发票的类型是固定的,不能修改删除。应收单中的"其他应收单"为系统默认类型,不能删除、修改,不能删除已经使用过的单据类型。

> **提示:**
> (1) 如果不在"单据编号设置"中设置"手工改动"某一单据的编号,则在填制这一单据时其编号由系统自动生成而不允许手工录入编号。
> (2) 在单据编号设置中还可以设置"重号时自动重取"及"按收发标志流水"等。

9. 录入期初销售专用发票

操作步骤:

(1) 在应收款管理系统中,选择"设置"→"期初余额"命令,打开如图7-17所示的"期初余额——查询"窗口。

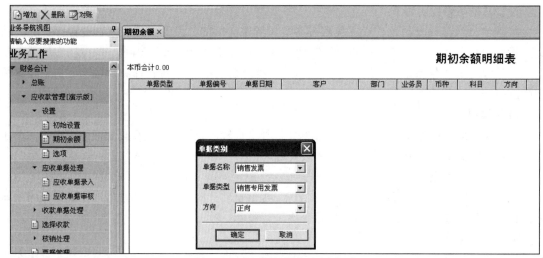

图7-17　录入期初销售专用发票

(2) 单击"确定"按钮,打开"期初余额明细表"窗口。

(3) 单击"增加"按钮,打开"单据类别"窗口。

(4) 单击"确定"按钮,打开如图7-18所示的"销售专用发票"窗口。

(5) 修改开票日期为"2016-11-12",录入发票号"78987",在客户名称栏录入"02",或单击客户名称栏参照按钮,选择"华峰股份",在税率栏录入"17",在科目栏录入"1122",或单击科目栏参照按钮,选择"1122应收账款",在销售部门栏录入"04",或单击部门栏参照按钮选择"销售部",在货物编号栏录入"04四辊冷轧机",或单击货物编码栏参照按钮,选择"四辊冷轧机",在数量栏录入"5",在无税单价栏录入"5400"。

(6) 单击"保存"按钮。

图7-18　录入销售专用发票

输入期初余额说明如下：

初次使用本系统时，要将启用应收系统时未处理完的所有客户的应收账款、预收账款、应收票据等数据录入到本系统，以便于以后的核销处理。当进入第二年度处理时，系统自动将上年度未处理完的单据转为下一年度的期初余额。在下一年度的第一个会计期间里，可以进行期初余额的调整。

输入应收系统的期初数据时应注意的问题：

(1) 发票和应收单的方向包括正向和负向，类型包括系统预置的各类型以及用户定义的类型。如果是预收款和应收票据，则不用选择方向，系统默认预收款方向为贷，应收票据方向为借。

(2) 单据日期必须小于该账套启用期间(第一年使用)或者该年度会计期初(以后年度使用)。如果在初始设置的基本科目设置中设置了承兑汇票的入账科目，则可以录入该科目下期初应收票据，否则不能录入期初应收票据。单据中的科目栏目，用于输入该笔业务的入账科目，该科目可以为空。建议在录入期初单据时，最好录入科目信息，这样不仅可以执行与总账的对账功能，而且可以查询正确的科目明细账、总账。

提示：

(1) 期初余额：通过此功能，可将正式启用账套前的所有应收业务数据录入到系统中，作为期初建账的数据，系统即可对其进行管理，这样既保证了数据的连续性，又保证了数据的完整性。

(2) 在初次使用应收款系统时，应将启用应收款系统时未处理完的所有客户的应收账款、预收账款、应收票据等数据录入到本系统。当进入第二年度时，系统自动将上年度未处理完的单据转为下一年度的期初余额。在下一年度的第一会计期间里，可以进行期初余额的调整。

(3) 在日常业务中，可对期初发票、应收单、预收款、票据进行后续的核销、转账处理。

(4) 如果退出了录入期初余额的单据，在"期初余额明细表"窗口中并没有看到新录入的期初余额，则单击"刷新"按钮，就可以列示所有的期初余额的内容。

(5) 在录入期初余额时一定要注意期初余额的会计科目，如第5张销售发票的会计科目为"1122"，即应收票据。应收款系统的期初余额应与总账进行对账，如果科目错误将会导致对账错误。

(6) 如果并未设置允许修改销售专用发票的编号，则在填制销售专用发票时不允许修改销售专用发票的编号。其他单据的编号也一样，系统默认的状态为不允许修改。

10. 录入期初预收单

操作步骤:

(1) 在应收款管理系统中,选择"设置"→"期初余额"命令,打开"期初余额—查询"窗口。

(2) 单击"确定"按钮,打开"期初余额明细表"窗口。

(3) 单击"增加"按钮,打开"单据类别"窗口,单据名称选择"预收款"。

(4) 单击"确定"按钮,打开"预收款"窗口,如图7-19所示。

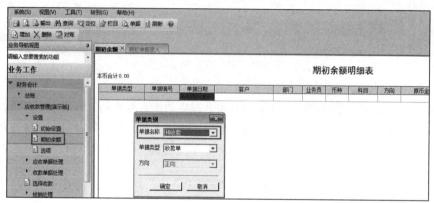

图7-19 预收款期初余额—查询

(5) 在如图7-20所示预收款期初余额—录入中,修改开票日期为"2016-12-08",在客户名称栏录入"03",或单击客户名称栏参照按钮,选择"新世纪公司",在结算方式栏录入"转账支票",票据号录入"123",在金额栏录入"20 000"。选择下半部分款项中的"预收款"。

(6) 单击"保存"按钮。

图7-20 预收款期初余额—录入

11. 应收款管理系统与总账系统对账

在如图7-21所示"期初余额明细表"窗口中,单击"对账"按钮,打开如图7-22所示"期初对账"窗口。

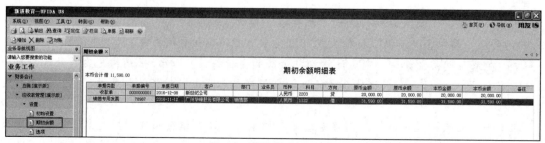

图7-21 期初余额明细表

期初余额	期初对账 ×							
科目		应收期初		总账期初		差额		
编号	名称	原币	本币	原币	本币	原币	本币	
1122	应收账款	31,590.00	31,590.00	31,590.00	31,590.00	0.00	0.00	
2203	预收账款	-20,000.00	-20,000.00	-20,000.00	-20,000.00	0.00	0.00	
	合计		11,590.00		11,590.00		0.00	

图7-22　期初对账

提示:

(1) 当完成全部应收款期初余额录入后,应通过对账功能将应收系统期初余额与总账系统期初余额进行核对。

(2) 当保存了期初余额结果,或在第二年使用需要调整期初余额时可以进行修改。当第一个会计期已结账后,期初余额只能查询不能再修改。

(3) 期初余额所录入的票据保存后自动审核。

(4) 应收款系统与总账系统对账,必须要在总账与应收系统同时启用后才可以进行。

12. 账套备份

操作步骤:

(1) 在D盘"100账套备份"文件夹中新建"(7-1)应收系统初始化"文件夹。

(2) 将账套输出至"(7-1)应收系统初始化"文件夹中。

实训二　应收单据处理

实训准备

引入已完成实训一"(7-1)应收系统初始化"的账套备份数据。将系统日期修改为"2017年1月31日",以账套主管01身份注册进入应收款管理系统。

在应收款管理系统中,日常业务处理主要包括应收单据处理、票据处理、坏账处理、制单和查询统计等操作。

1. 应收处理

应收处理包括单据处理、单据结算、转账处理。

1) 单据处理

销售发票与应收单据是应收账款日常核算的原始单据。销售发票是指销售业务中的各类普通发票和专用发票。应收单是指销售业务之外的应收单据,如代垫运费等。

如果同时使用应收款系统和销售管理系统,则销售发票和代垫费用产生的单据由销售系统录入、审核,自动传递到应收系统,在本系统可以对这些单据进行查询、核销、制单,在本系统需要录入的单据仅限于应收单。如果没有使用销售系统,则各类发票和应收单均应在本系统录入并审核。

2) 单据结算

单据结算的功能包括录入收款单、付款单;对发票及应收单进行核销;形成预收款并核销预收款;处理代付款。

收款单是收到款项而输入的单据，包括收到货款、预收款、代付款。付款单是因销售退回而填制的付款单据。核销就是指确定收、付款单与原始的发票、应收单之间的对应关系的操作，即需要指明每一次收款是收的哪笔销售业务的款项。

3) 转账处理

在日常处理中，经常会发生如下几种转账处理的情况。

(1) 预收冲应收：某客户有预收款时，可用该客户的一笔预收款冲一笔应收款。

(2) 应收冲应付：若某客户既是销售客户又是供应商，则可能发生应收款冲应付款的情况。

(3) 红字单据冲蓝字单据：当发生退货时，用红字发票对冲蓝字发票。

(4) 应收冲应收：当一个客户为另一客户代付款时，发生应收冲应收情况。

2. 票据管理

企业一般情况下都有应收票据。本系统提供了强大的票据管理功能，可以在此对银行承兑汇票和商业承兑汇票进行管理，记录票据详细信息、记录票据处理情况，包括票据贴现、背书、计息、结算、转出等情况。

3. 坏账处理

坏账处理包括坏账发生、坏账收回、坏账计提。

系统提供的计提坏账的方法主要有销售收入百分比法、应收账款百分比法和账龄分析法。不管采用什么方法计提坏账，初次计提时，如果没有进行预先的设置，则首先应在初始设置中进行设置。应收账款的余额默认为本会计年度最后一天所有未结算完的发票和应收单余额之和减去预收款数额。外币账户用其本位币余额，可以根据实际情况进行修改。销售总额默认为本会计年度发票总额，可以根据实际情况进行修改。账龄分析法各区间余额由系统生成(本会计年度最后一天的所有未结算完的发票和应收单余额之和减去预收款数额)，可以根据实际情况进行修改。

4. 制单

制单处理分为立即制单和批量制单。

立即制单是在单据处理、转账处理、票据处理及坏账处理等功能操作中，有许多地方系统询问是否立即制单，可以选择"是"，便立即生成凭证。

批量制单是在所有业务发生完毕，使用制单功能进行批处理制单。

5. 查询统计

应收账款系统的查询统计功能主要有单据查询、业务账表查询、业务分析和科目账表查询。

1) 单据查询

单据查询包括发票、应收单、结算单和凭证的查询。可以查询已经审核的各类型应收单据的收款、结余情况，也可以查询结算单的使用情况，还可以查询本系统所生成的凭证，并且对其进行修改、删除、冲销等操作。

2) 业务账表查询

业务账表查询可以进行总账、明细账、余额表和对账单的查询，并可以实现总账、明细账、单据之间的联查。

3) 业务分析

业务分析功能包括应收账龄分析、收款账龄分析、欠款分析。

4) 科目账表查询

科目账表查询包括科目余额表查询和科目明细表查询，并且可以通过一个"总账"和"明细"的切换按钮进行联查，实现总账、明细账、凭证的联查。

━━━━ **实训资料** ━━━━

(1) 2017年1月8日，销售部张薇向东风机车厂出售热轧机10台，无税单价1800元，货物从产成品发出，款未收。根据上述发货单开具专用发票一张，同时，本公司支出运杂费500元现金。设置销售类型为"销售出库"，对应收发类别为"出库"。资料如图7-23和图7-24所示。

购货单位：东风机车厂　　　　　　　　**产品出库单**　　　　　　　　仓库：成品库

2017年01月08日　　　　　　　　编号：001

产品编号	产品名称	规格	计量单位	数量	单价	金额	备注
05	热轧机		台	10	1800	18 000	
合 计						¥18 000	

部门负责人：陈晓晨　　　　发货人：冯凤明　　　　复核人：钱华　　　　提货人：

图7-23　产品出库单

广东省增值税专用发票 No130062145

此联不作报销、扣税凭证使用

开票日期：2017年01月08日

购货单位	名　　称：	东风机车厂				密码区				第三联：记账联　销货方记账凭证
	纳税人识别号：	123456789012311								
	地址、电话：	广州市洪山路126号								
	开户行及账号：	中行洪山支行9876541231								
货物或应税劳务名称		规格型号	单位	数量	单价	金额	税率	税额		
热轧机			台	10	1800	18 000.00	17%	3060.00		
						18 000.00				
合　计：								3060.00		
价税合计(大写)			⊗ 贰万壹仟零陆拾元整			(小写)¥21 060.00				
销货单位	名　　称：	北京市北方机械制造股份有限公司				备注				
	纳税人识别号：	11022577338105100								
	地址、电话：	祥元路，010−68920000								
	开户行及账号：	工行昌支，100101040029								
收款人：		复核：			开票人：张力宏					

图7-24　专用发票

(2) 1月9日，销售部张薇售给新世纪公司热轧机15台，无税单价1900元，开出销售专用发票，货已发出，如图7-25所示。

<table>
<tr><td colspan="9" align="center">广东省增值税专用发票　No130062146</td><td rowspan="2">第三联：记账联　销货方记账凭证</td></tr>
<tr><td colspan="9" align="center">此联不做股份有限公司扣税凭证使用
广东省
国家税务局监制　　　　　开票日期：2017年01月09日</td></tr>
<tr>
<td rowspan="2">购货
单位</td>
<td>名　　称：
纳税人识别号：
地　址、电话：
开户行及账号：</td>
<td colspan="6" align="center">新世纪公司
(略)
(略)</td>
<td>密
码
区</td>
</tr>
<tr>
<td colspan="7"></td>
</tr>
<tr>
<td colspan="2">货物或应税劳务名称</td>
<td>规格型号</td>
<td>单位</td>
<td>数量</td>
<td>单价</td>
<td>金额</td>
<td>税率</td>
<td>税额</td>
</tr>
<tr>
<td colspan="2">热轧机</td>
<td></td>
<td rowspan="2">台</td>
<td rowspan="2">15</td>
<td rowspan="2">1900</td>
<td>28 500.00</td>
<td rowspan="2">17%</td>
<td>4845.00</td>
</tr>
<tr>
<td colspan="2">合　　计：</td>
<td></td>
<td>28 500.00</td>
<td>4845.00</td>
</tr>
<tr>
<td colspan="2">价税合计(大写)</td>
<td colspan="4">⊗叁万叁仟叁佰肆拾伍元整</td>
<td colspan="3">(小写)￥33 345.00</td>
</tr>
<tr>
<td rowspan="2">销货
单位</td>
<td>名　　称：
纳税人识别号：
地　址、电话：
开户行及账号：</td>
<td colspan="6">北京市北方机械制造股份有限公司
11022577338105100
祥元路，010－68920000
工行昌支，100101040029</td>
<td>备
注</td>
</tr>
<tr>
<td colspan="7">北京市北方机械制造股份有限公司
发票专用章</td>
</tr>
<tr>
<td colspan="2">收款人：</td>
<td colspan="2">复核：</td>
<td colspan="3">开票人：张力宏</td>
<td colspan="2">销货单位：(章)</td>
</tr>
</table>

图7-25　专用发票

(3) 1月11日，销售部出售给广州华峰股份有限公司6台四辊冷轧机，无税单价5800元，货已发出，同时开出销售专用发票，发票号码：130062147，以及转账支票代垫运费800元，支票号：7851。

(4) 1月13日，销售部出售给新世纪公司四辊冷轧机20台，无税单价6000元，开出销售专用发票，发票号码：130062148，货已发出。

(5) 1月14日，销售部出售东风机车厂热轧机10台，无税单价1700元，开出销售专用发票，发票号码：130062149，货已发出，同时开出转账支票代垫运费600元，支票号：8422。

(6) 1月15日，销售部出售给广州华峰股份有限公司热轧机16台，无税单价1950元，货已发出，开出销售专用发票，发票号码：130062150，同时用转账支票代垫运费400元，支票号：3452。

(7) 1月19日，销售部张薇出售给东风机车厂四辊冷轧机25台，无税单价5800元，开出销售专用发票，发票号码：130061528，货尚未发出。

(8) 1月20日，发现1月19号填制的出售给东风机车厂四辊冷轧机25台，无税单价5800元，销售专用发票有错误，应为无税单价6100元。

(9) 1月22日，因出现合同纠纷，1月19日，销售部张薇出售给东风机车厂四辊冷轧机25台的交易取消，需要删除该销售专用发票。

实训指导

1. 填制第1笔业务的销售专用发票和应收单

操作步骤:

1) 填制销售专用发票

(1) 在应收款管理系统中,选择"应收单据处理"→"应收单据录入"命令,打开图7-26所示"单据类别"窗口。

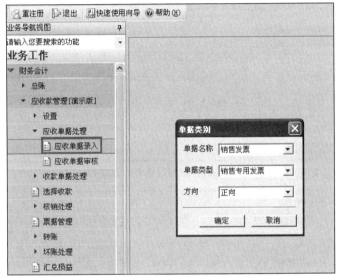

图7-26 应收单单据类别—销售发票

(2) 单击"确定"按钮,打开图7-27所示"销售专用发票"窗口。(请注意:如果没有找到销售发票,则是因为启用了"销售管理"系统,必须将其取消,方才可以在应收款管理系统录入销售发票。)

(3) 单击"新增"按钮,在图7-27中,修改单据日期为"2017-01-08",在客户名称栏录入"01",或单击客户名称栏参照按钮,选择"东风机车厂",在科目栏录入"1122",或单击科目栏参照按钮,选择"1122应收账款",在部门栏录入"03",或单击销售部门参照按钮选择"销售部",在摘要栏录入"销售商品",在下半部分的存货编码栏录入"02",或单击科目栏参照按钮,选择"热轧机",数量10台,无税单价1800元。

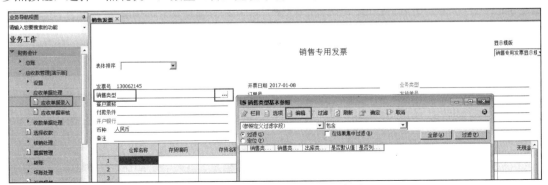

图7-27 销售专用发票—销售类型

(4) 在图7-28所示销售专用发票—收发类别中，确认收发类别，在本窗口可以进行收发类别的编辑和增加设置。如图7-29所示为销售专用发票—增加收发类别。

(5) 在图7-30所示销售专用发票—保存中，单击"保存"按钮，再单击"退出"按钮，对录入完成的销售专用发票进行保存。

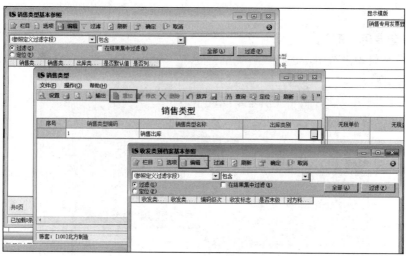

图7-28　销售专用发票—收发类别

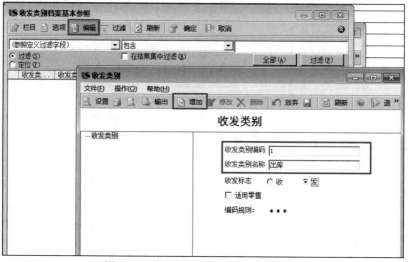

图7-29　销售专用发票—增加收发类别

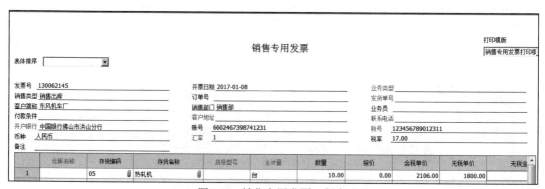

图7-30　销售专用发票—保存

2) 填制应收单

(1) 在应收款管理系统中，选择"应收单据处理"→"应收单据录入"命令，打开单据类别对话框。单击"单据名称"栏的下三角按钮，选择"应收单"。如图7-31所示，单击"确定"按钮，打开"应收单"窗口。

(2) 单击"新增"按钮，修改单据日期为"2017-01-08"，在客户名称栏录入"01"，或单击客户名称栏参照按钮，选择"东风机车厂"，在科目栏录入"1122"，或单击科目栏参照按钮，选择"1122应收账款"，在金额栏录入"500"，在部门栏录入"03"，或单击部门栏参照按钮选择"销售部"，在摘要栏录入"代垫运费"。如图7-32所示为应收单录入。

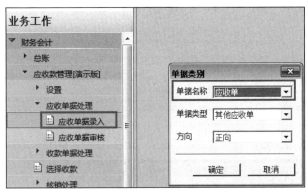

图7-31　应收单单据类别—应收单

图7-32　应收单录入

请参照以上方法，填制其他业务的销售专用发票以及应收单据。

提示：

(1) 在填制应收单时，只需录入上半部分的内容，下半部分的内容除对方科目外均由系统自动生成。下半部分的对方科目如果不录入，则可以在生成凭证后再手工录入。

(2) 应收单和销售发票一样可以在保存后直接审核也可以再在审核功能中审核。如果直接审核系统会问是否制单，如果在审核功能中审核则只能到制单功能中制单。

(3) 如果同时使用销售系统，在应收款系统中只能录入应收单而不能录入销售发票。

2. 修改销售专用发票(第8笔业务)

操作步骤：

(1) 在应收款管理系统中，选择"应收单据处理"→"应收单据录入"命令，打开"单据类别"窗口。

(2) 单击"确定"按钮。在图7-33中打开"销售专用发票"窗口。

(3) 单击"上张"按钮，找到需要修改的销售专用发票。

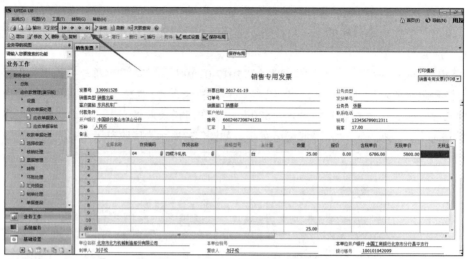

图7-33 销售专用发票—查找

(4) 单击"修改"按钮，对需要修改的项目进行修改。如图7-34所示为销售专用发票—修改。

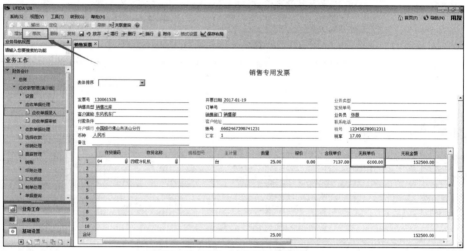

图7-34 销售专用发票—修改

(5) 单击"保存"按钮，再单击"退出"按钮，如图7-35所示。

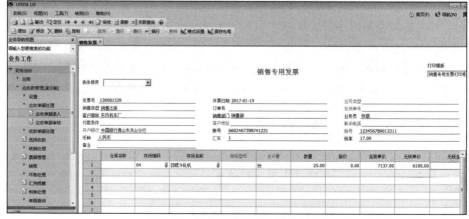

图7-35 销售专用发票—修改保存

提示:

(1) 因为在进入销售专用发票窗口时，系统是处在增加状态，如果想查找某一张销售专用发票则应放弃当前的增加操作，进入查询状态，否则将不能翻页。

(2) 销售发票被修改后必须保存。保存的销售发票在审核后才能制单。

3. 删除销售专用发票(第9笔业务)

操作步骤:

(1) 在应收款管理系统中，选择"应收单据处理"→"应收单据录入"命令，打开"单据类别"窗口。

(2) 单击"确定"按钮，打开如图7-36所示"销售专用发票"窗口。

(3) 单击"上张"按钮，找到需要删除的销售专用发票。

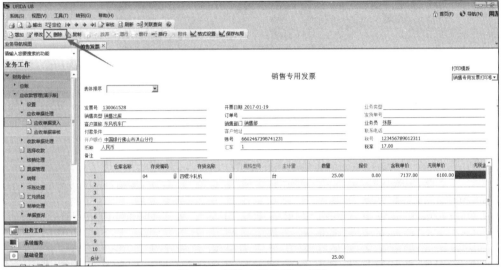

图7-36　销售专用发票—查找

(4) 单击"删除"按钮，如图7-37所示，系统提示"单据删除后不能恢复，是否继续？"。

(5) 单击"是"按钮，再单击"退出"按钮。

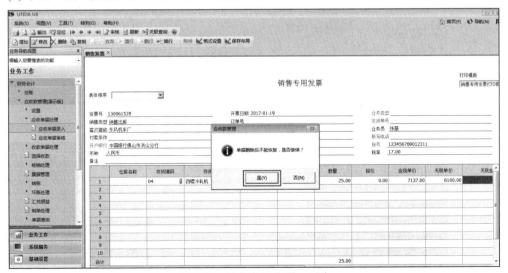

图7-37　销售专用发票—删除

4. 审核销售专用发票与应收单据

操作步骤:

(1) 在应收款管理系统中,选择 "应收单据处理"→"应收单据审核"命令,在图7-38中打开"应收单查询条件"窗口。

(2) 单击"确定"按钮,打开"应收单据列表"窗口。

(3) 在"应收单据列表"窗口中,单击"全选"按钮。

(4) 单击"审核"按钮,系统提示"本次审核成功单据10张"。

(5) 单击"确定"按钮,再单击"退出"按钮。

图7-38　应收单据审核

5. 制单

操作步骤:

(1) 在应收款管理系统中,单击"制单处理",打开如图7-39所示应收单制单"制单查询"窗口。

(2) 在"制单查询"窗口中,选中"发票制单"与"应收单制单"复选框。

(3) 单击"确定"按钮,打开"应收制单"窗口。

(4) 单击"全选"按钮,如图7-40所示,单击凭证类别栏下三角按钮,选择"转账凭证"。

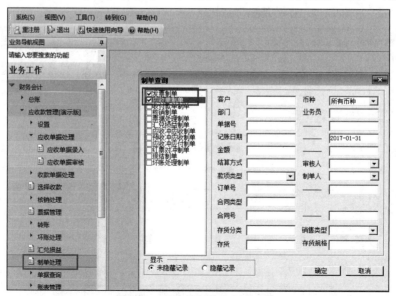

图7-39　应收单制单—制单查询

图7-40 应收单制单—制单

(5) 单击"制单"按钮，生成第1张转账凭证，如图7-41所示。

图7-41 应收单制单—凭证生成

(6) 单击"保存"按钮，如图7-42所示。

图7-42 应收单制单—凭证保存

(7) 单击"下张"按钮，再单击"保存"按钮。(在以上凭证中，由应收单所生成的凭证其贷方是"现金"或"银行存款"，如图7-43所示，则应修改凭证类别为"付款凭证"，否则系统将不予保存。)

图7-43　应收单制单—付款凭证

提示:

(1) 在"制单查询"窗口中,系统已默认制单内容为"发票制单",如果需要选中其他内容制单,则可以选中要制单内容前的复选框。

(2) 如果所选择的凭证类型错误,则可以在生成凭证后再修改。

(3) 在以上例子中,由应收单所生成的凭证,其贷方是"现金"或"银行存款",则应修改凭证类别为"付款凭证",否则系统将不予保存。

(4) 如果一次生成了多张记账凭证,可以在保存了一张凭证后再打开其他的凭证,直到全部保存为止,未保存的凭证视同于放弃本次凭证生成的操作。

(5) 只有在凭证保存后才能传递到总账系统,再在总账系统中进行审核和记账等。

6. 账套备份

操作步骤:

(1) 在D盘"100账套备份"文件夹中新建"(7-2)应收单据处理"文件夹。

(2) 将账套输出至"(7-2)应收单据处理"文件夹中。

实训三　收款单据处理

实训准备

引入已完成实训二"(7-2)应收单据处理"的账套备份数据。将系统日期修改为"2017年1月31日",以账套主管01身份注册进入应收款管理系统。

实训要求

(1) 录入收款单据

(2) 修改收款单据

(3) 2017年1月12日,审核本月录入的收款单据

(4) 核销收款单据

(5) 对收款单据进行账务处理

(6) 账套备份

实训资料

(1) 2017年1月12日，收到银行通知，收到"东风机车厂"以电汇方式支付购买"热轧机"10台，货税款及代垫运费款21 560元。

(2) 2017年1月13日，预收向新世纪公司销售四辊冷轧机货款，取得与业务相关的原始单据如图7-44所示。

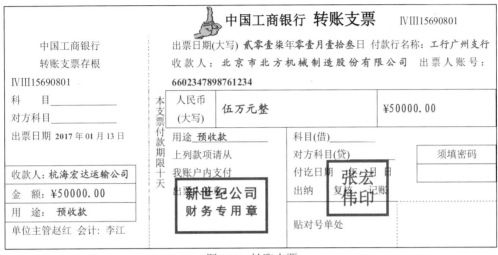

图7-44 转账支票

实训指导

1. 填制收款单

操作步骤：

(1) 在应收款管理系统中，选择"收款单据处理"→"收款单据录入"命令，打开如图7-45所示"收款单"录入窗口。

图7-45 收款单据录入

(2) 单击"增加"按钮。修改开票日期为"2017-01-12"；在客户名称栏录入"01"，或单击客户名称栏参照按钮，选择"东风机车厂"；在结算方式栏录入"5"，或单击结算方式栏下三角按钮，选择"电汇"；在金额栏录入"21 560"；在部门栏录入"03"，或单击部门栏参照按钮选择"销售部"；在摘要栏录入"收到货款及运费"。

(3) 单击"保存"按钮。

(4) 在应收款管理系统中，选择 "收款单据处理"→"收款单据录入"命令，打开如图7-46所示"收款单"窗口。

(5) 单击"增加"按钮。参照图7-44，修改开票日期为"2017-01-13"；在客户名称栏录入"03"，或单击客户名称栏参照按钮，选择"新世纪公司"；在结算方式栏录入"202"，或单击结算方式栏下三角按钮，选择"转账支票"；在金额栏录入"50 000"；在部门栏录入"03"，或单击部门栏参照按钮选择"销售部"；在摘要栏录入"预收款"；在收款单表体中的"款项类型"栏选择"预收款"，如图7-46所示，单击"保存"按钮。

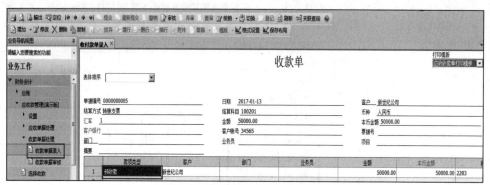

图7-46　收款单据录入—预收款

提示：

(1) 单击收款单的"保存"按钮后，系统会自动生成收款单表体的内容。

(2) 可直接在保存后的收款单上，单击"审核"按钮对收款单进行审核。

(3) 表体中的款项类型系统默认为"应收款"，可以修改。款项类型还包括"预收款"和"其他费用"。

(4) 若一张收款单中，表头客户与表体客户不同，则视表体客户的款项为代付款。

(5) 在填制收款单后，可以直接单击"核销"按钮进行单据核销的操作。

(6) 如果是退款给客户，则可以单击"切换"按钮，填制红字收款单。

2. 修改收款单

操作步骤：

(1) 在应收款管理系统中，选择"收款单据处理"→"收款单据录入"命令，打开"收款单"窗口。

(2) 单击"下张"按钮，找到要修改的"收款单"，在要修改的"收款单"中，单击"修改"按钮。

(3) 单击"保存"按钮，再单击"退出"按钮。

3. 删除收款单

操作步骤：

(1) 在应收款管理系统中，选择"收款单据处理"→"收款单据录入"命令，打开"收款单"窗口。

(2) 单击"下张"按钮，找到要删除的收款单。

(3) 单击"删除"按钮，系统提示"单据删除后不能恢复，是否继续?"。

(4) 单击"是"按钮。

4. 审核收款单

操作步骤：

(1) 在应收款管理系统中，选择"收款单据处理"→"收款单据审核"命令，打开图7-47所示的"收款单查询条件"窗口。

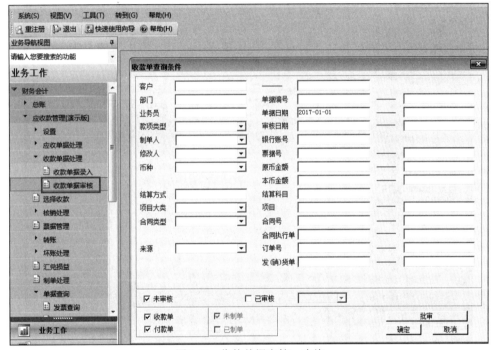

图7-47 收款单据审核—查询

(2) 单击"确定"按钮，打开"收付款单列表"窗口。

(3) 单击"全选"按钮。

(4) 单击"审核"按钮，系统提示如图7-48所示"本次审核成功单据2张"。

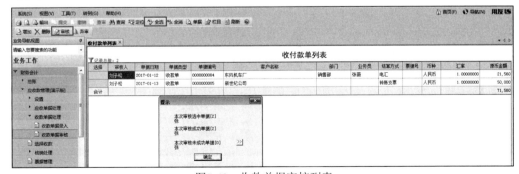

图7-48 收款单据审核列表

(5) 单击"确定"按钮，再单击"退出"按钮。

5. 核销收款单

操作步骤:

(1) 在应收款管理系统中,选择 "核销处理"→"手工核销"命令,打开"核销条件"窗口。

(2) 如图7-49所示在"核销条件"窗口的客户栏中录入"01",或单击客户栏参照按钮,选择"东风机车厂"。

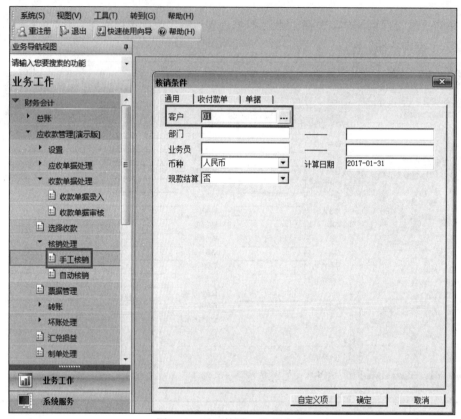

图7-49 手工核销—选择客户

(3) 单击"确定"按钮,打开"单据核销"窗口,在"单据核销"窗口中,在将下半部分的本次结算栏的第1行录入"500",在第3行录入"21 060",如图7-50所示。

图7-50 手工核销—单据核销

(4) 单击“保存”按钮，如图7-51所示，再单击“退出”按钮。

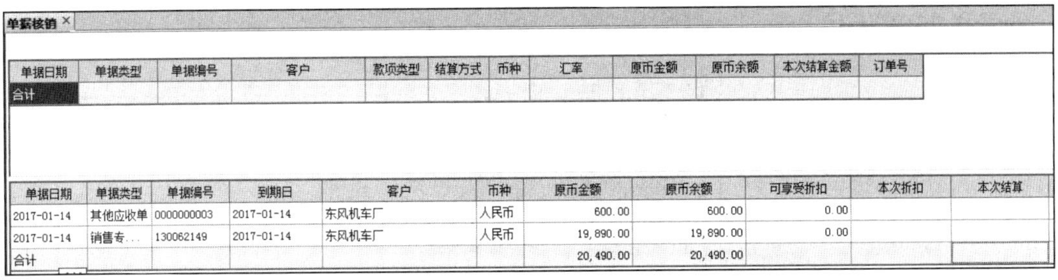
单据核销

单据日期	单据类型	单据编号	客户	款项类型	结算方式	币种	汇率	原币金额	原币余额	本次结算金额	订单号
合计											

单据日期	单据类型	单据编号	到期日	客户	币种	原币金额	原币余额	可享受折扣	本次折扣	本次结算
2017-01-14	其他应收单	0000000003	2017-01-14	东风机车厂	人民币	600.00	600.00	0.00		
2017-01-14	销售专...	130062149	2017-01-14	东风机车厂	人民币	19,890.00	19,890.00	0.00		
合计						20,490.00	20,490.00			

图7-51　手工核销—完成

提示：

(1) 在保存核销内容后，单据核销窗口中将不再显示已被核销的内容。

(2) 结算单列表显示的是款项类型为应收款和预收款的记录，而款项类型为其他费用的记录不允许在此作为核销记录。

(3) 核销时，结算单列表中款项类型为应收单的缺省的本次结算金额为该记录的原币金额；款项类型为预收的记录其缺省的本次结算金额为空。核销时可以修改本次结算金额，但是不能大于该记录的原币金额。

(4) 在结算单列表中，单击“分摊”按钮，系统将当前结算单列表中的本次结算金额合计自动分摊到被核销单据列表的本次结算栏中。核销顺序依据被核销单据的排序顺序。

(5) 手工核销时一次只能显示一个客户的单据记录，且结算单列表根据表体记录明细显示。当结算单有代付处理时，只显示当前所选客户的记录。若需要对代付款进行处理，则需要在过滤条件中输入该代付单位，进行核销。

(6) 一次只能对一种结算单类型进行核销，即手工核销的情况下需要将收款单和付款单分开核销。

(7) 手工核销保存时，若结算单列表的本次结算金额大于或小于被核销单据列表的本次结算金额合计，系统将提示结算金额不相等，不能保存。

(8) 若发票中同时存在红蓝记录，则核销时先进行单据的内部对冲。

(9) 如果核销后未进行其他处理，则可以在期末处理“取消操作”功能中取消核销操作。

6. 制单

操作步骤：

(1) 在应收款管理系统中，单击“制单处理”，打开“制单查询”窗口。

(2) 如图7-52所示，在“制单查询”窗口中，选中“收付款单制单”复选框。

(3) 单击“确定”按钮，打开“应收制单”窗口。

(4) 在“应收制单”窗口中，单击“全选”按钮，如图7-53所示。

(5) 单击“制单”按钮，生成记账凭证，如图7-54所示。

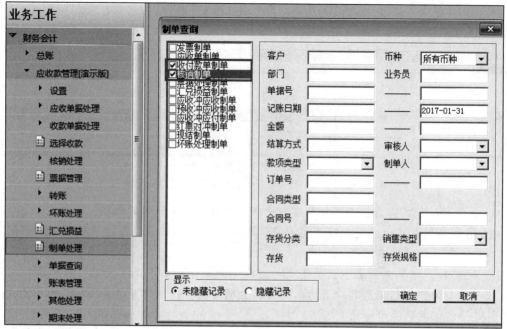

图7-52　制单处理—查询

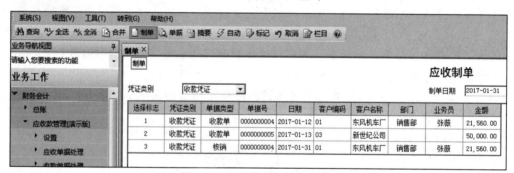

图7-53　制单处理—应收制单

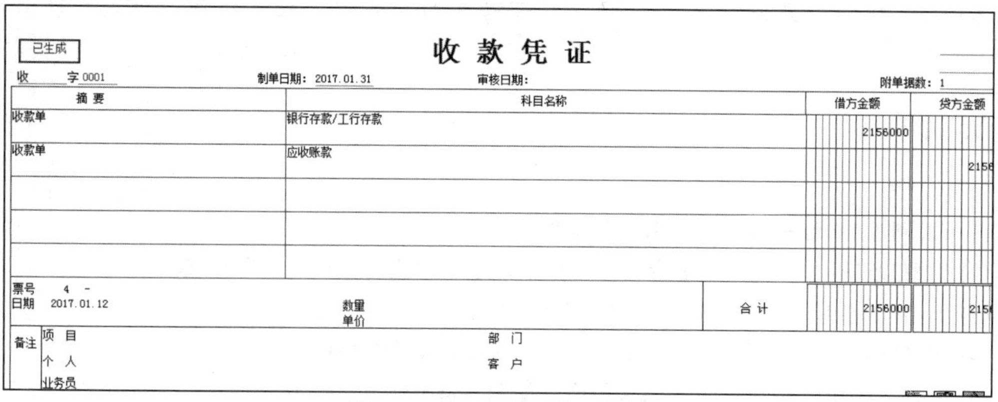

图7-54　单据核销制单—凭证

(6) 单击"保存"按钮保存后退出。

7. 账套备份

操作步骤:

(1) 在D盘"100账套备份"文件夹中新建"(7-3)收款单据处理"文件夹。

(2) 将账套输出至"(7-3)收款单据处理"文件夹中。

实训四 票据管理

实训准备

引入已完成实训三"(7-3)收款单据处理"的账套备份数据。将系统日期修改为"2017年1月31日",以账套主管01身份注册进入应收款管理系统。

实训要求

(1) 增加结算方式

(2) 填制商业承兑汇票,暂不制单

(3) 商业承兑汇票贴现并制单

(4) 结算商业承兑汇票并制单

(5) 制单

(6) 账套备份

实训资料

(1) 新增结算方式"商业承兑汇票"和"银行承兑汇票"。

(2) 2017年1月10日,收到新世纪公司签发并承兑的商业承兑汇票一张(NO.1234560),面值为33 345元,到期日为2017年1月31日。

(3) 2017年1月16日,收到华峰股份有限公司签发并承兑的商业承兑汇票一张(NO.1234561),面值为41 516元,到期日为2017年4月16日。

(4) 2017年1月31日,将收到的新世纪公司签发并承兑的商业承兑汇票一张(票号:NO.1234560,面值为33 345元),结算。

(5) 2017年1月31日,将2017年1月16日收到的华峰股份有限公司签发并承兑的商业承兑汇票(NO.1234561)到银行贴现,贴现率为5%。

实训指导

1. 增加结算方式

操作步骤:

(1) 在基础设置中,选择"基础档案"→"结算方式"命令,打开图7-55所示"结算方式"

窗口。

(2) 在图7-55所示结算方式增加窗口，单击"增加"按钮，在结算方式编码栏录入"3"增加商业汇票，继续单击"增加"按钮，在结算方式编码栏录入"301"，在结算方式名称栏录入"商业承兑汇票"，单击"保存"按钮，再在结算方式编码栏录入"302"，在结算方式名称栏录入"银行承兑汇票"，单击"保存"按钮。

(3) 单击"退出"按钮。

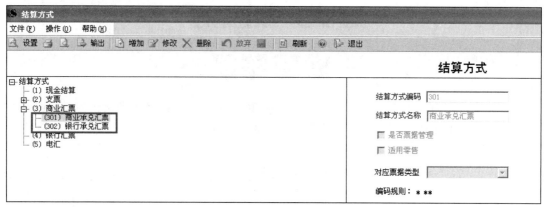

图7-55　结算方式增加

2. 填制商业承兑汇票

操作步骤：

(1) 在应收款管理系统中，单击"票据管理"，打开"票据查询"窗口。

(2) 单击"确定"按钮，打开图7-56所示的"票据管理"窗口。

(3) 单击"增加"按钮，打开"票据增加"窗口。

(4) 在收到日期栏选择"2017-01-10"，单击结算方式栏下三角按钮，选择"商业承兑汇票"，在票据编号栏录入"1234560"，在承兑单位栏录入"03"，或单击承兑单位栏参照按钮，选择"新世纪公司"，在票据面值栏录入"33 345"，在签发日期栏选择"2017-01-10"，在到期日栏选择"2017-01-31"，在摘要栏录入"收到商业承兑汇票"。

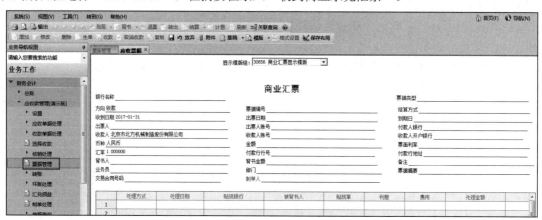

图7-56　票据查询

(5) 完成后如图7-57所示，单击"确定"按钮，返回"票据管理"窗口。

(6) 继续使用同样方法，如图7-58所示，处理第2笔业务。

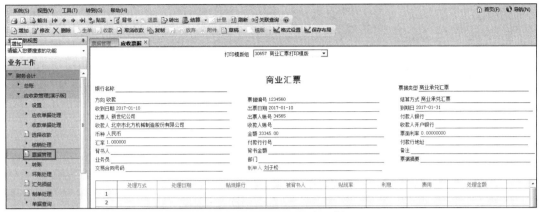

图7-57 票据管理—应收票据增加(1)

图7-58 票据管理—应收票据增加(2)

提示:

(1) 应在"7-5"账套中增加"商业承兑汇票"和"银行承兑汇票"两种结算方式。也就是说,在实际工作中可以根据需要随时增加需要的结算方式。

(2) 保存一张商业票据之后,系统会自动生成一张收款单。这张收款单还需经过审核之后才能生成记账凭证。

(3) 由票据生成的收款单不能修改。

(4) 在票据管理功能中可以对商业承兑汇票和银行承兑汇票进行日常业务处理,包括票据的收入、结算、贴现、背书、转出、计息等。

(5) 商业承兑汇票不能有承兑银行,银行承兑汇票必须有承兑银行。

3. 审核收款单

操作步骤:

(1) 在应收款管理系统中,选择"收款单据处理"→"收款单据审核"命令,打开"结算单过滤条件"窗口。

(2) 在"结算单过滤条件"窗口中,单击"确定"按钮,打开"结算单列表"窗口。

(3) 单击"全选"按钮,再单击"审核"按钮,出现"本次审核成功单据2张"的提示,如图7-59所示。

(4) 单击"确定"按钮,在审核人栏出现审核人的签字,单击"退出"按钮退出。

图7-59 收款单据审核

提示：

在票据保存后由系统自动生成了一张收款单，这张收款单应在审核后再生成记账凭证，才完成了应收账款转为应收票据的核算过程。

4. 制单

操作步骤：

(1) 在应收款管理系统中，单击"制单处理"，打开"制单查询"窗口。

(2) 在图7-60中，选中"收付款单制单"复选框。

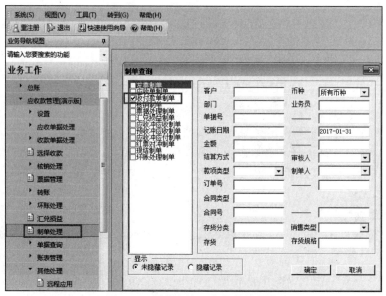

图7-60 制单查询—收付款单制单

(3) 单击"确定"按钮，打开"收付款单制单"窗口，如图7-61所示，单击"全选"按钮。

图7-61 收付款单制单—列表

(4) 单击"制单"按钮，出现第1张记账凭证，修改凭证类别为"转账凭证"，单击"保存"按钮，如图7-62所示。

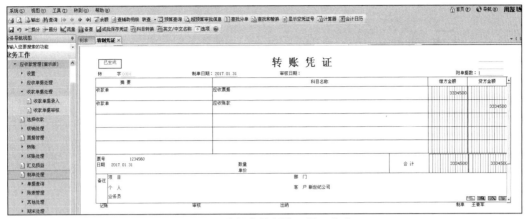

图7-62 收付款单制单—凭证生成

(5) 单击"下张"按钮，修改凭证类别为"转账凭证"，单击"保存"按钮，保存第2张记账凭证。再单击"退出"按钮退出。

5. 第4笔业务商业承兑汇票结算

操作步骤：

(1) 在应收款管理系统中，单击"票据管理"，打开"票据查询"窗口。

(2) 单击"确定"按钮，打开"票据管理"窗口。

(3) 选中2017年1月10日填制的收到新世纪公司签发并承兑的商业承兑汇票(NO.1234560)。

(4) 单击"结算"按钮，打开"票据结算"窗口，修改结算日期为"2017-01-31"。

(5) 系统显示结算金额"33 345"，在结算科目栏录入"100201"，或单击结算科目栏参照按钮，选择"100201工行存款"，如图7-63所示。

图7-63 票据结算—结算

(6) 单击"确定"按钮，出现"是否立即制单"提示。

(7) 单击"是"按钮，在图7-64中完成辅助项录入，生成结算的记账凭证，单击"保存"按钮，生成如图7-65所示的凭证，再单击"退出"按钮。

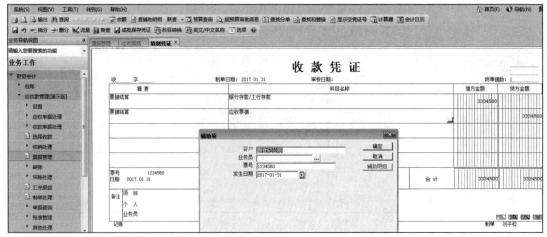

图7-64　票据结算—制单—辅助项

图7-65　票据结算—凭证生成

> **提示：**
> (1) 当票据到期持票收款时，执行票据结算处理。
> (2) 进行票据结算时，结算金额应是通过结算实际收到的金额。
> (3) 结算金额减去利息加上费用的金额要小于等于票据余额。
> (4) 票据结算后，不能再进行其他与票据相关的处理。

6. 商业承兑汇票贴现

操作步骤：

(1) 在应收款管理系统中，选择"票据管理"，打开"票据查询"窗口。

(2) 在"票据查询"窗口中，单击"确定"按钮，打开如图7-66所示的"票据管理"窗口。

(3) 在"票据管理"窗口中，选中2017年1月16日填制的商业承兑汇票。

(4) 单击"贴现"按钮，打开"票据贴现"窗口。

图7-66　票据管理—票据查询

(5) 在如图7-67所示的"票据贴现"窗口中，在贴现率栏录入"5"，在结算科目栏录入"100201"，或单击结算科目栏参照按钮，选择"100201工行存款"。

图7-67　票据贴现

(6) 单击"确定"按钮，出现图7-68所示"是否立即制单"提示。

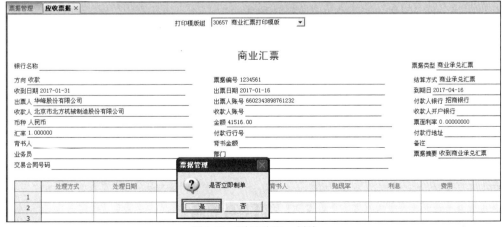

图7-68　票据贴现—制单

(7) 单击"是"按钮，生成贴现图7-69所示的记账凭证，单击"保存"按钮。

图7-69　票据贴现—凭证生成

(8) 单击"退出"按钮。

提示:

(1) 如果贴现净额大于余额,系统自动将其差额作为利息,不能修改;如果贴现净额小于票据余额,系统自动将其差额作为费用,不能修改。

(2) 票据贴现后,将不能对其进行其他处理。

7. 账套备份

操作步骤:

(1) 在D盘"100账套备份"文件夹中新建"(7-4)票据处理"文件夹。

(2) 将账套输出至"(7-4)票据处理"文件夹中。

实训五　转账处理

━━━━ **实训准备** ━━━━

引入已完成实训四"(7-4)票据处理"的账套备份数据。将系统日期修改为"2017年1月31日",以账套主管01身份注册进入应收款管理系统。

━━━━ **实训要求** ━━━━

(1) 应收冲应收暂不制单

(2) 预收冲应收暂不制单

(3) 红票对冲并制单

(4) 制单

(5) 账套备份

━━━━ **实训资料** ━━━━

(1) 2017年1月31日,经三方同意将1月14日形成的应向"东风机车厂"收取的货税款19 890元转为向广州华峰股份有限公司的应收账款。

(2) 2017年1月31日，经双方同意，将新世纪公司2017年1月13日购买"四辊冷轧机"20台的货税款140 400元用预收款冲抵。

(3) 2017年1月31日，经双方同意，将应向东风机车厂收取的运费600元用红票冲抵。

实训指导

1. 将应收账款冲抵应收账款(第1笔业务)

操作步骤：

(1) 在应收款管理系统中，选择"转账"→"应收冲应收"命令，打开"应收冲应收"窗口。

(2) 在图7-70所示的"应收冲应收"窗口中，在转出户栏录入"01"，或单击转出户栏参照按钮，选择"东风机车厂"，再在转入户栏录入"02"，或单击转入户栏参照按钮，选择"广州华峰股份有限公司"。

(3) 单击"查询"按钮。在第1行并账金额栏录入"19 890"。

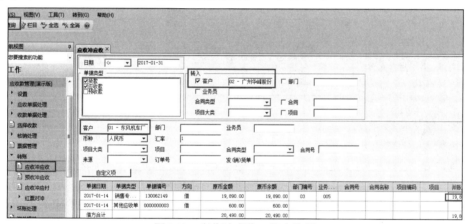

图7-70 应收冲应收—客户选择

(4) 单击"确定"按钮，出现如图7-71所示"是否立即制单"提示，单击"否"按钮，并单击"退出"按钮。

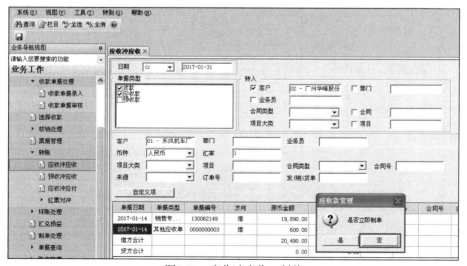

图7-71 应收冲应收—制单

提示：

(1) 每一笔应收款的转账金额不能大于其余额。

(2) 每次只能选择一个转入单位。

2.将预收账款冲抵应收账款

操作步骤：

(1) 在应收款管理系统中，选择"转账"→"预收冲应收"命令，打开"预收冲应收"窗口。

(2) 在如图7-72所示预收冲应收窗口选择客户，在客户栏录入"03"，或单击客户栏参照按钮，选择"新世纪公司"。

(3) 单击"过滤"按钮，在转账金额栏录入"20 000"。

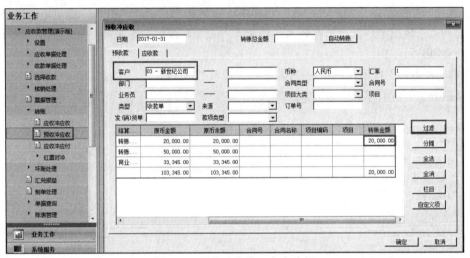

图7-72 预收冲应收—客户选择

(4) 在图7-73中单击"应收款"标签，再单击"过滤"按钮，在转账金额栏录入"20 000"。

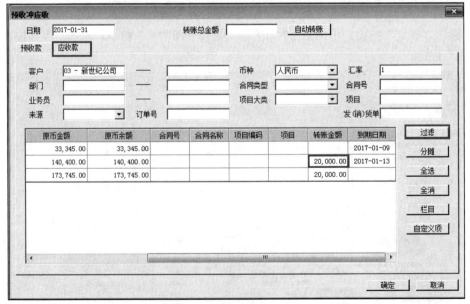

图7-73 预收冲应收—过滤

(5) 单击"确定"按钮，出现如图7-74所示的"是否立即制单"提示，单击"否"按钮，再单击"退出"按钮。

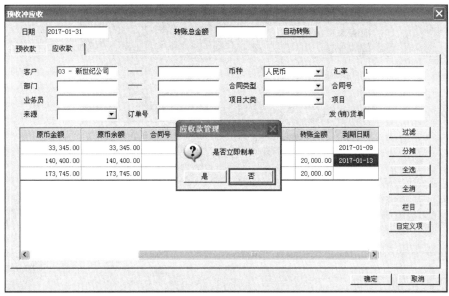

图7-74　预收冲应收—制单

提示:

(1) 可以在输入转账总金额后单击"自动转账"按钮，系统会自动根据过滤条件进行成批的预收冲抵应收款工作。

(2) 每一笔应收款的转账金额不能大于其余额。

(3) 应收款的转账金额合计应该等于预收款的转账金额合计。

(4) 如果是红字预收款和红字应收单进行冲销，则要把过滤条件中的"类型"选为"付款单"。

3. 填制红字应收单并制单(第3笔业务)

操作步骤:

(1) 在应收款管理系统中，选择 "应收单据处理"→"应收单据录入"命令，打开"单据类别"窗口。

(2) 在"单据类别"窗口中，单击单据名称栏下三角按钮，选择"应收单"，单击方向栏下三角按钮，选择"负向"，如图7-75所示。

(3) 单击"确定"按钮，打开图7-76所示红字"应收单"窗口。单击"增加"按钮，在客户栏录入"01"，或单击客户栏参照按钮选择"东风机车厂"，在科目栏录入"1122"，或单击科目栏参照按钮选择"1122应收账款"，在金额栏录入"600"。

(4) 单击"保存"按钮，再单击"审核"按钮，系统提示图7-77所示"是否立即制单"，单击"是"按钮，生成红字凭证。

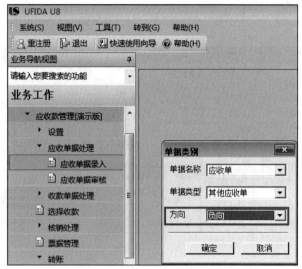

图7-75　应收单据录入—负向

图7-76　红字"应收单"窗口

图7-77　红字"应收单"—制单

(5) 在红字凭证的第二行科目名称栏录入"100201"，或单击科目栏参照按钮，选择"100201工行存款"，如图7-78所示，辅助项选择结算方式"电汇"，单击"保存"按钮。

(6) 完成凭证如图7-79所示，然后单击"退出"按钮。

4. 红票对冲

操作步骤：

(1) 在应收款管理系统中，选择 "转账处理"→"红票对冲"→"手工对冲"命令，打开

"红票对冲条件"窗口。

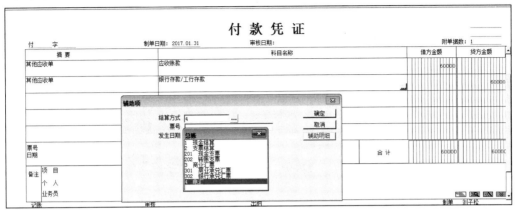

图7-78 红字"应收单"—辅助项

图7-79 红字"应收单"—凭证生成

(2) 在图7-80所示"红票对冲条件"窗口中,在客户名称栏录入"01",或单击参照按钮,选择"东风机车厂"。

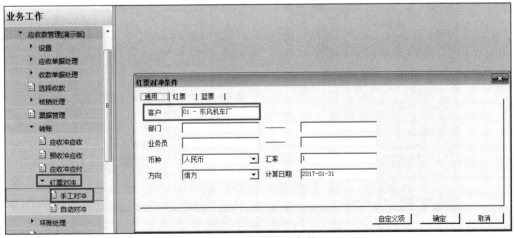

图7-80 红票对冲条件

(3) 单击"确定"按钮,出现图7-81所示"红票对冲"窗口。

(4) 在"2017-1-14"所填制的其他应收单对冲金额栏录入"600"。

图7-81　红票对冲录入

(5) 单击"保存"按钮，系统自动将选中的红字应收单和蓝字应收单对冲完毕。

(6) 单击"退出"按钮退出。

提示:

(1) 红票对冲可以实现客户的红字应收单据与其蓝字应收单据、收款单与付款单之间进行冲抵的操作。可以自动对冲或手工对冲。

(2) 自动对冲可以同时对多个客户依据对冲原则进行红票对冲，提高红票对冲的效率。

(3) 手工对冲只能对一个客户进行红票对冲，可以自行选择红票对冲的单据，提高红票对冲的灵活性。

5. 制单

操作步骤:

(1) 在应收款管理系统中，单击"制单处理"，打开图7-82所示"制单查询"窗口。

(2) 选中除"坏账处理制单"外的其他项目。

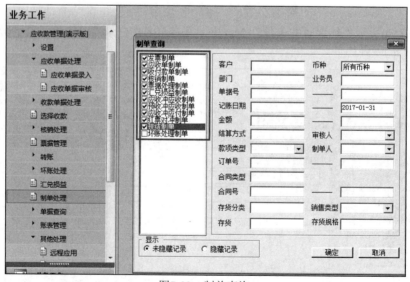

图7-82　制单查询

(3) 单击"确定"按钮，打开"应收制单"窗口，单击"全选"按钮，再单击凭证类别栏参照按钮，选择"转账凭证"。

(4) 单击"制单"按钮，出现第1张记账凭证，修改凭证类别为"转账凭证"，单击"保存"按钮，如图7-83所示保存第1张记账凭证。单击"下张"按钮，修改凭证类别为"转账凭证"，单击"保存"按钮，如图7-84所示保存第2张记账凭证。

(5) 单击"退出"按钮。

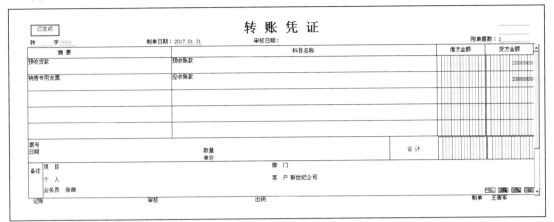

图7-83 记账凭证(1)

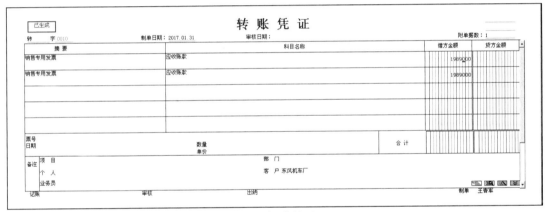

图7-84 记账凭证(2)

(6) 重新注册，以"02会计王青军"身份审核会计凭证，以"03出纳王颖"身份签字。

(7) 重新注册，更换操作员为"01账套主管刘子松"，执行记账。

6. 账套备份

操作步骤：

(1) 在D盘"100账套备份"文件夹中新建"(7-5)转账处理"文件夹。

(2) 将账套输出至"(7-5)转账处理"文件夹中。

实训六　坏账处理与单据查询

实训准备

引入已完成实训五"(7-5)转账处理"的账套备份数据。将系统日期修改为"2017年1月31日"，以账套主管01身份注册进入应收款管理系统。

实训要求

(1) 处理坏账发生业务并制单
(2) 处理坏账收回业务并制单
(3) 查询发票
(4) 查询结算单
(5) 查询并删除凭证
(6) 账套备份

实训资料

(1) 2017年1月31日,将1月15日形成的应向广州华峰股份有限公司收取的应收账款36 904元(其中货款36 504元,代垫运费400元)转为坏账。

(2) 2017年1月31日,收到银行通知(电汇),收回已作为坏账处理的应向广州华峰股份有限公司收取的应收账款36 904元。

实训指导

1. 发生坏账(第1笔业务)

操作步骤:

(1) 在应收款管理系统中,选择"坏账处理"→"坏账发生"命令,打开如图7-85所示的"坏账发生"窗口。

(2) 将日期修改为"2017-01-31",在客户栏录入"02",或单击客户栏参照按钮,选择"广州华峰股份有限公司"。

(3) 单击"确定"按钮,打开"坏账发生单据明细"窗口。

(4) 在"本次发生坏账金额"栏第3行录入"36 504",在第6行录入"400"。

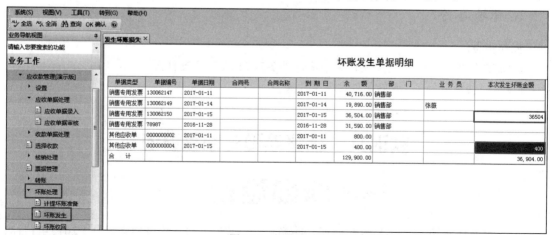

图7-85　坏账发生

(5) 单击"确定"按钮，出现如图7-86所示"是否立即制单"提示，单击"是"按钮，生成发生坏账的记账凭证，修改凭证类别为"转账凭证"，如图7-87所示，单击"保存"按钮。

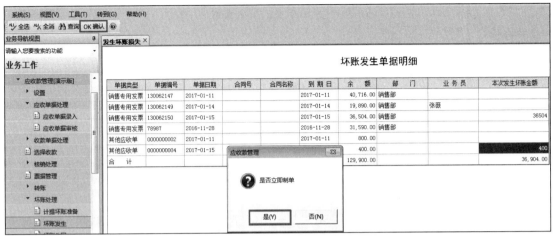

图7-86 坏账发生—制单

(6) 单击"退出"按钮。

图7-87 坏账发生—凭证

提示：
本次坏账发生金额只能小于等于单据余额。

2. 填收款单(第2笔业务)

操作步骤：

(1) 在应收款管理系统中，选择"收款单据处理"→"收款单据录入"命令，打开"收款单"窗口。

(2) 在如图7-88所示"收款单"窗口中，单击"增加"按钮。在客户栏录入"02"，或单击客户栏参照按钮选择"广州华峰股份有限公司"，在结算方式栏录入"4"，或单击结算方式栏参照按钮选择"电汇"，在金额栏录入"36 904"，在摘要栏录入"已做坏账处理的应收账款又收回"。

(3) 单击"保存"按钮保存后退出。

图7-88　坏账收回—收款单

3. 坏账收回

操作步骤:

(1) 在应收款管理系统中,选择"坏账处理"→"坏账收回"命令, 打开"坏账收回"对话框。

(2) 在图7-89所示客户栏录入"02", 或单击客户栏参照按钮,选择"广州华峰股份有限公司",单击结算单号栏参照按钮,选择"0000000008"结算单,如图7-90所示。(注意:收款单不能审核,否则就找不到结算单0000000008。)

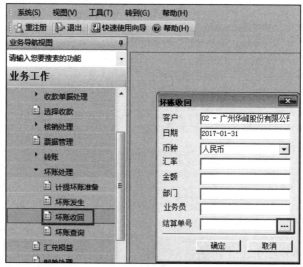

图7-89　坏账收回—客户

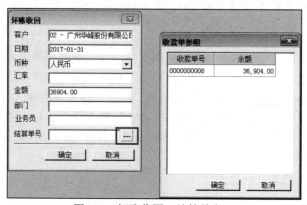

图7-90　坏账收回—结算单参照

(3) 单击"确定"按钮，系统提示"是否立即制单"，单击"是"按钮，生成如图7-91所示的一张收款凭证，单击"保存"按钮保存后退出。

图7-91　坏账收回—凭证生成

提示：

(1) 在录入一笔坏账收回的款项时，应该注意不要把该客户的其他收款业务与该笔坏账收回业务录入到一张收款单中。

(2) 坏账收回时制单不受系统选项中"方向相反分录是否合并"选项控制。

4. 查询1月份填制的所有销售专用发票

操作步骤：

(1) 在应收款管理系统中，选择"单据查询"→"发票查询"命令，打开"发票查询"窗口。

(2) 单击发票类型栏下三角按钮，选择"销售专用发票"。

(3) 单击"确定"按钮，打开图7-92所示"发票查询"窗口。

(4) 单击"退出"按钮。

图7-92　查询销售专用发票

提示：

(1) 在发票查询功能中可以分别查询"已审核""未审核""已核销"及"未核销"的发票。还可以按"发票号""单据日期""金额范围"或"余额范围"等条件进行查询。

(2) 在"发票查询"窗口中，单击"查询"按钮，可以重新输入查询条件；单击"单据"按钮，可以调出原始单据卡片；单击"详细"按钮，可以查看当前单据的详细结算情况；单击"凭证"按钮，可以查询单据所对应的凭证；单击"栏目"按钮，可以设置当前查询列表的显示栏目、栏目顺序、栏目名称、排序方式，可以保存设置内容。

5. 删除1月31日填制的广州华峰股份有限公司商业承兑汇票贴现的记账凭证

操作步骤：

(1) 在应收款管理系统中，选择"单据查询"→"凭证查询"命令，打开图7-93所示的"凭证查询条件"窗口。

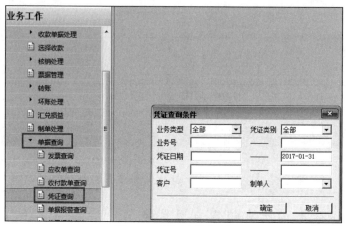

图7-93　凭证查询条件

(2) 单击业务类型栏下三角按钮，选择"票据处理制单"，在客户栏输入"02"或单击客户栏参照按钮，选择"广州华峰股份有限公司"，如图7-94所示。

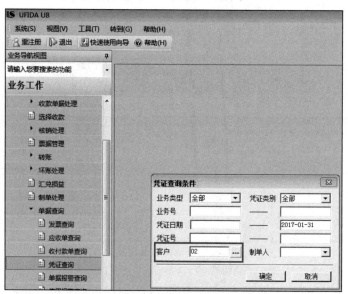

图7-94　凭证查询条件—客户查询

(3) 单击"确定"按钮，打开"凭证查询"窗口。

(4) 在图7-95所示凭证查询—选择中，选中"票据贴现"记账凭证。

(5) 单击"删除"按钮，如图7-96所示，系统提示"确定要删除此凭证吗?"。

(6) 单击"是"按钮保存后退出。

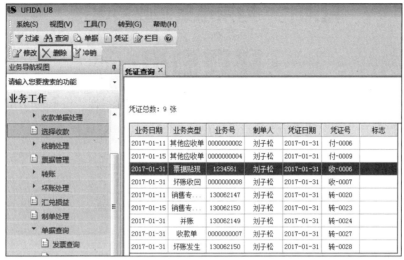

图7-95 凭证查询—选择

图7-96 凭证查询—删除

提示:

(1) 在"凭证查询"功能中,可以查看、修改、删除或冲销由应收款系统生成并传递到总账系统中的记账凭证。

(2) 如果凭证已经在总账系统中记账,又需要对形成凭证的原始单据进行修改,则可以通过冲销方式冲销凭证,然后对原始单据进行其他操作后再重新生成凭证。

(3) 一张凭证被删除后,它所对应的原始单据及相应的操作内容可以重新制单。

(4) 只有未在总账系统中审核的凭证才能删除。如果已经在总账系统中进行了出纳签字,应取消出纳签字后再进行删除操作。

6. 账套备份

操作步骤:

(1) 在D盘"100账套备份"文件夹中新建"(7-6)坏账处理与单据查询"文件夹。

(2) 将账套输出至"(7-6)坏账处理与单据查询"文件夹中。

实训七　月末结账与账表管理

实 训 准 备

引入已完成实训六"(7-6)坏账处理与单据查询"的账套备份数据。将系统日期修改为"2017年1月31日",以账套主管01身份注册进入应收款管理系统。

实 训 资 料

(1) 对全部客户进行包括所有条件的欠款分析
(2) 查询2017年1月的业务总账
(3) 查询应收账款科目余额表
(4) 取消对华峰股份有限公司的转账操作
(5) 将未制单的单据制单
(6) 结账
(7) 账套备份

实 训 指 导

1. 查询业务总账

操作步骤:

(1) 在应收款管理系统中,选择"账表管理"→"业务账表"→"业务总账"命令,打开图7-97所示"应收总账表"查询窗口。

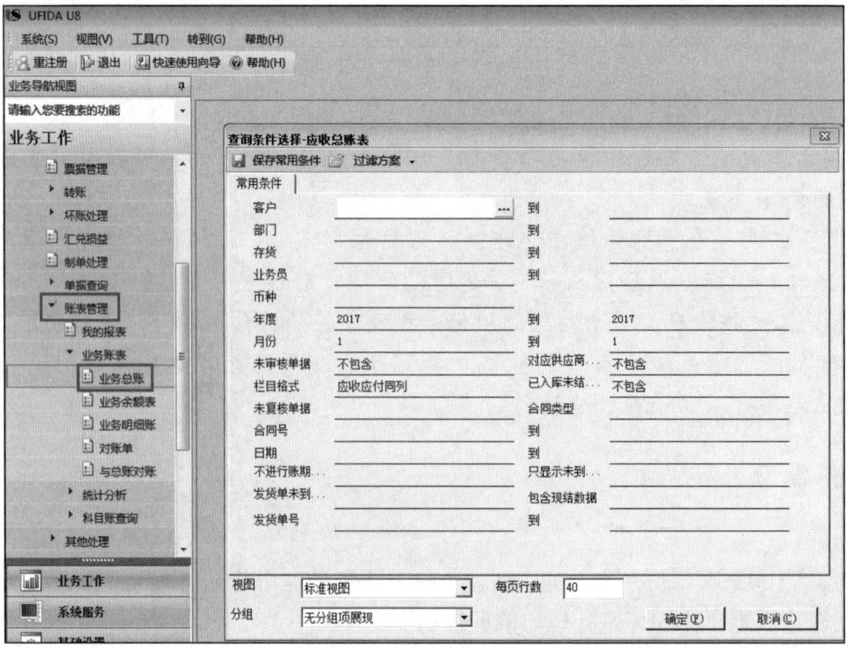

图7-97　业务总账查询

(2) 单击"确定"按钮，打开图7-98所示的"应收总账表"。

(3) 单击"退出"按钮。

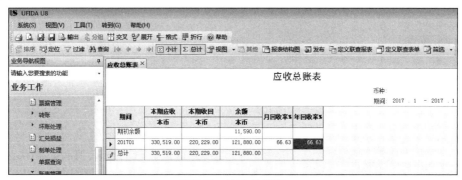

图7-98 应收总账表

提示:

(1) 通过业务账表查询，可以及时地了解一定期间内期初应收款结存汇总情况、应收款发生、收款发生的汇总情况、累计情况及期末应收款结存汇总情况；还可以了解各个客户期初应收款结存明细情况、应收款发生、收款发生的明细情况、累计情况及期末应收款结存明细情况，及时发现问题，加强对往来款项的监督管理。

(2) 业务总账查询是对一定期间内应收款汇总情况的查询。在业务总账查询的应收总账表中不仅可以查询"本期应收款"、"本期收回"应收款及应收款的"余额"情况，还可以查询到应收款的月回收率及年回收率。

2. 欠款分析

操作步骤:

(1) 在应收款管理系统中，选择"账表管理"→"统计分析"→"欠款分析"命令，打开图7-99所示的"欠款分析"窗口。

(2) 选中所有条件。

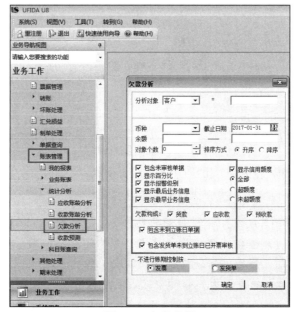

图7-99 欠款分析

(3) 单击"确定"按钮，打开图7-100所示的"欠款分析"窗口，系统显示欠款分析列表。

(4) 单击"退出"按钮。

欠款分析

客户 全部 ▼　　　　　　　　币种：　　　　　　　　　　　　　　　　　　　　截止日期：2017-01-31

客户		欠款总计	信用额度	信用余额	货款		应收款		预收款		报警级别	最后业务信息		
编号	名称				金额	%	金额	%	金额	%		销售时间	销售金额	收款
03	新世纪公司	70,400.00		-70,400.00	153,745.00	218.39			83,345.00	-118.39		2017-01-13	140,400.00	2017-
02	广州华峰股份有限公	51,480.00		-51,480.00	92,196.00	179.09	800.00	1.55	41,516.00	-80.64		2017-01-15	36,504.00	2017-
总计		121,880.00			245,941.00	201.79	800.00	0.66	124,861.00	-102.45				

图7-100　欠款分析列表

提示：

(1) 在"统计分析"功能中，可以按定义的账龄区间，进行一定期间内应收款账龄分析、收款账龄分析、往来账龄分析，了解各个客户应收款周转天数、周转率，了解各个账龄区间内应收款、收款及往来情况，能及时发现问题，加强对往来款项动态的监督管理。

(2) 欠款分析是分析截止到一定日期，客户、部门或业务员的欠款金额以及欠款组成情况。

3. 查询科目余额表

操作步骤：

(1) 在应收款管理系统中，选择"账表管理"→"科目账查询"→"科目余额表"命令，打开图7-101所示的"客户往来科目余额表"对话框。

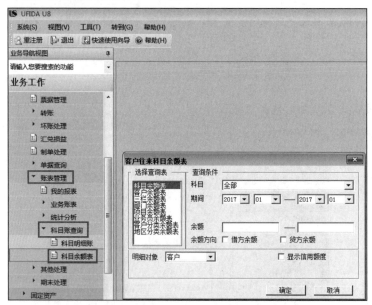

图7-101　科目账查询

(2) 单击"确定"按钮，打开图7-102所示的"科目余额表"。

提示：

(1) 科目账查询包括科目明细账和科目余额表。

(2) 科目余额表查询可以查询应收受控科目各个客户的期初余额、本期借方发生额合计、本期贷方发生额合计、期末余额。细分为科目余额表、客户余额表、三栏余额表、部门余额表、项目余额表、业务员余额表、客户分类余额表及地区分类余额表。

图7-102 科目余额表

4. 取消操作

操作步骤:

(1) 在应收款管理系统中,选择"其他处理"→"取消操作"命令,打开如图7-102所示"取消操作条件"窗口。

(2) 在客户栏录入"02",或单击客户栏参照按钮,选择"广州华峰股份有限公司",单击操作类型栏下三角按钮,选择"票据处理",如图7-103所示。

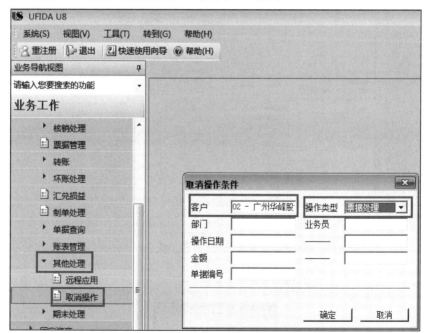

图7-103 取消操作条件

(3) 单击"确定"按钮,打开图7-104所示"取消操作"窗口。

(4) 双击"选择标志"栏。

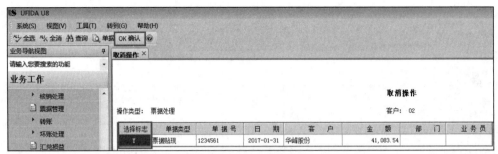

图7-104　取消操作

(5) 单击"确定"按钮保存后退出。

> **提示:**
>
> (1) 取消操作类型包括取消核销、取消坏账处理、取消转账、取消汇兑损益、取消票据处理、取消并账等几类。
>
> (2) 取消操作必须在未进行后续操作的情况下进行,如果已经进行了后续操作,则应在恢复后续操作后再取消操作。

5. 再次进行票据贴现

2017年1月31日,将2017年1月16日收到的华峰股份有限公司签发并承兑的商业承兑汇票(NO.1234561)到银行贴现,贴现率为5%,如图7-105所示。

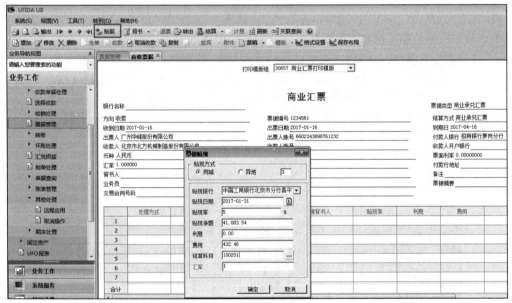

图7-105　票据贴现

在弹出的图7-106所示对话框中提示"是否立即制单",单击"否"按钮,然后退出。

图7-106　票据管理—制单

6. 制单

操作步骤:

(1) 在应收款管理系统中,选择"制单处理",打开"制单查询"窗口。

(2) 选中"票据处理制单"复选框后单击"确定"按钮,打开如图7-107所示"票据处理制单"窗口。

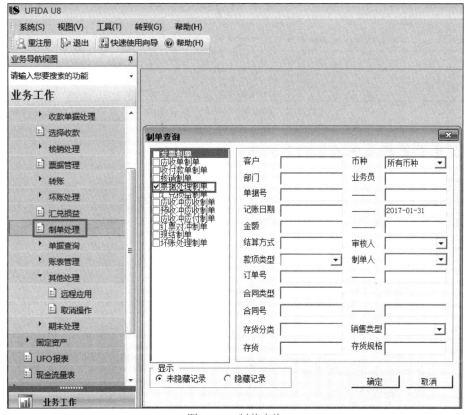

图7-107 制单查询

(3) 单击"全选"按钮。

(4) 在图7-108中,单击"制单"按钮,生成一张收款凭证。

图7-108 票据处理制单

(5) 在"收款凭证"第1行科目名称栏录入"100201",或单击科目名称栏参照按钮,选择"100201工行存款",选择结算方式为"商业承兑汇票"。

(6) 单击"保存"按钮后生成图7-109所示的凭证。

(7) 采用同样方法,继续对其他单据进行制单。

图7-109　票据处理制单—凭证生成

7. 应收款管理系统月末结账处理

1) 结账

操作步骤:

(1) 选择"业务工作"→"应收款管理"→"期末处理"→"月末结账"命令,系统弹出"月末处理"对话框。

(2) 选择结账的月份,在结账标记处双击后显示"Y",如图7-110所示。

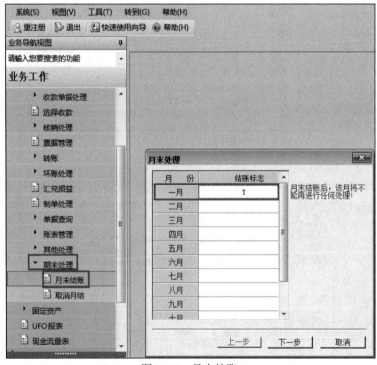

图7-110　月末结账

(3) 单击"下一步"按钮,再单击"确定"按钮,系统结账完毕,如图7-111所示。

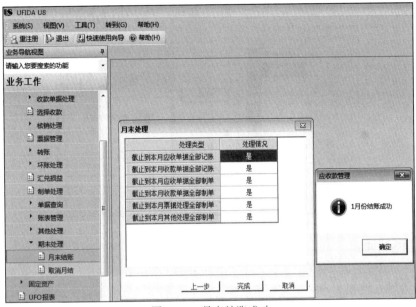

图7-111 月末结账成功

提示：

(1) 如果当月业务已经全部处理完毕，则应进行月末结账。只有当月结账后，才能开始下月的工作。

(2) 进行月末处理时，一次只能选择一个月进行结账，前一个月未结账，则本月不能结账。

(3) 在执行了月末结账后，该月将不能再进行任何处理。

2) 取消结账

当操作错误需要取消当月结账时，则可按以下步骤进行操作。

(1) 在应收款管理系统中，选择"期末处理"→"取消月结"命令，如图7-112所示。

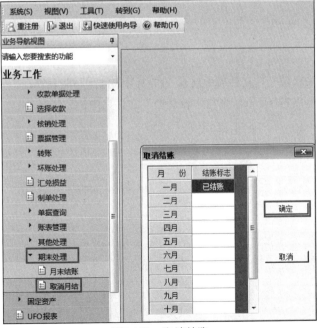

图7-112 取消结账

(2) 系统提示"取消结账成功",单击"确定"按钮,完成取消月末结账工作,如图7-113所示。

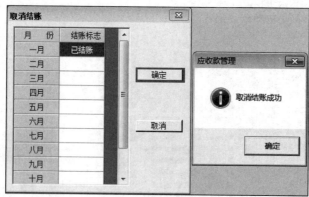

图7-113 取消结账成功

3) 期末结账说明

应收款管理系统的期末处理工作主要包括汇兑损益和期末结账。

(1) 汇兑损益。如果客户往来有外币核算,且在总账中"账簿选项"选取客户往来由"应收系统"核算,则在此计算外币单据的汇兑损益并对其进行相应的处理。

(2) 期末结账。如果确认本月的各项处理已经结束,则可以选择执行月末结账功能。结账后本月不能再进行单据、票据、转账等业务的增删改审等处理。如果用户觉某月的月末结账有错误,则可以取消月末结账。但取消结账操作只有在该月总账未结账时才能进行。如果启用了销售系统,销售系统结账后,应收系统才能结账。

结账时应注意的问题:

如果上月没有结账,则本月不能结账;本月的单据(发票和应收单)在结账前应该全部审核;若本月的结算单还有未核销的,则不能结账;如果结账期间是本年度最后一个期间,则本年度进行的所有核销、坏账、转账等处理必须制单,否则不能向下一个年度结转,而且对于本年度外币余额为0的单据必须将本币余额结转为0,即必须执行汇兑损益。

8. 账套备份

操作步骤:

(1) 在D盘"100账套备份"文件夹中新建"(7-7)月末结账与账表管理"文件夹。

(2) 将账套输出至"(7-7)月末结账与账表管理"文件夹中。

应付款管理系统主要实现企业与供应商之间业务往来账款的核算与管理，在应付款管理系统中，以采购发票、其他应付单等原始单据为依据，记录采购业务及其他业务所形成的往来款项，处理应付款项的支付、转账等情况，提供票据处理的功能，实现对应付款管理。根据对供应商往来款项的核算和管理的程度不同，系统提供了"详细核算"和"简单核算"两种应用方案。不同的应用方案，其系统功能、产品接口、操作流程等均不相同。

实 训 目 的 与 要 求

系统学习应付款系统初始化的一般方法，学习应付款系统日常业务处理的主要内容和操作方法。要求掌握应付款系统与总账系统组合时应付款系统的基本功能和操作方法。熟悉应付款系统账簿查询的作用和基本方法。

教 学 建 议

应付款系统的功能较为全面，而由于不同功能模块的组合将会使应付款系统的功能实现方式不同，因此，在学习时一定要在了解应付款系统的基本功能后，系统学习不同模块组合时应付款系统录入数据或接收数据的方法和相应的账务处理。

实训一　应付款管理系统初始化

实 训 准 备

安装用友ERP-U8，将系统日期修改为"2017年1月31日"。引入"100备份账套\(3-1)总账系统初始化设置"，以账套主管01身份注册进入应付款管理系统。

实 训 要 求

(1) 设置系统参数
(2) 基础设置
(3) 账龄区间设置

(4) 报警级别设置

(5) 设置允许修改"采购专用发票"的编号

(6) 录入期初余额并与总账系统进行对账

━━━ 实 训 资 料 ━━━

1. 100账套应付款系统的参数

应付款核销方式:"按单据",单据审核日期依据:"业务日期",应付款核算类型:"详细核算",受控科目制单依据:"明细到供应商",非受控科目制单方式:"汇总方式";单据报警提前7天自动报警。其他参数为系统默认。

2. 基础设置

(1) 科目设置:应付科目2202应付账款,预付科目1123预付账款,采购科目1401材料采购,采购税金科目22210101应交税费——应交增值税——进项税额,其他可暂时不设置。

(2) 结算方式科目设置:现金结算对应科目1001,转账支票对应科目100201,现金支票对应科目100201。

3. 账龄区间

总天数分别为30天、60天、90天和120天(账期内账龄区间与报警设置同应收款管理系统)。

4. 报警级别设置

A级时的总比率为10%,B级时的总比率为30%,C级时的总比率为50%,D级时的总比率为100%,总比率在100%以上为E级,如表8-1所示。

表8-1　报警级别设置表

序号	总比率	级别名称
01	10%	A
02	30%	B
03	50%	C
04	100%	D
05	100%以上	E

5. 期初余额(存货税率均为17%,开票日期为2016年)

供应商期初余额如表8-2所示。

表8-2　供货商期初余额表

单据名称	方向	开票日期	票号	供应商名称	采购部门	科目编码	货物名称	数量	无税单价	价税合计
采购专用发票	正	12.18	33987	思博钢板	采购部	2202	圆钢	30	1500	52 650

实训指导

1. 系统启用

操作步骤：

(1) 在"用友ERP-U8门户"中，双击"财务会计"中的应付款管理，打开应付款管理系统，如图8-1所示。

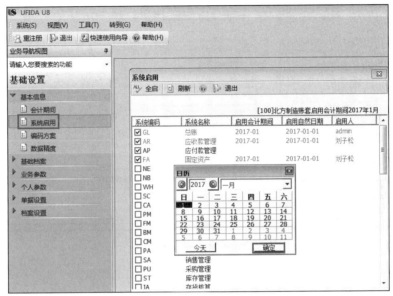

图8-1 应付款系统启用

(2) 进入如图8-2所示账套参数设置窗口，在应付款管理系统中，选择"设置"→"选项"命令，打开"账套参数设置"对话框。

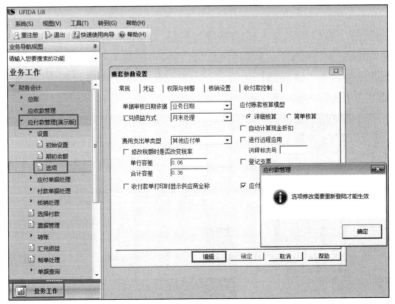

图8-2 账套参数设置窗口

(3) 在"账套参数设置"对话框中，单击"编辑"按钮。

(4) 单击"权限与预警"标签,进入如图8-3所示账套参数设置—权限与报警,在单据报警提前天数栏,选择提前天数"7"。

(5) 单击"确定"按钮保存设置。

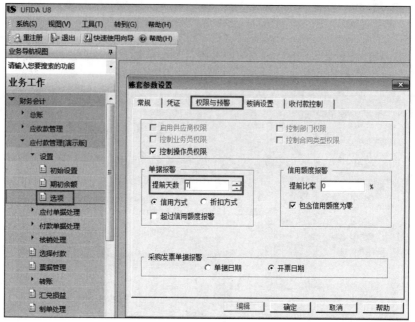

图8-3 账套参数设置—权限与报警

2. 基础设置

1) 科目设置

操作步骤:

(1) 在应付款管理系统中,选择"设置"→"初始设置"命令,打开"初始设置"窗口,如图8-4所示。

(2) 在"初始设置"窗口中,录入或选择应付科目"2202应付账款"及其他的基本科目。(请根据系统提示将"2202应付账款"、预付科目"1123预付账款"及"2201应付票据",在总账系统中设置其辅助核算内容为"供应商往来",并且其受控系统为"应付系统"。)

(3) 单击"退出"按钮。

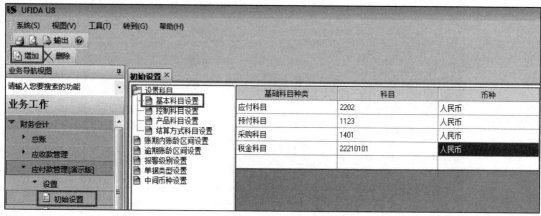

图8-4 基本科目设置

提示：

(1) 在基本科目设置中所设置的应付科目"2202应付账款"、预付科目"1123预付账款"及"2201应付票据"，应在总账系统中设置其辅助核算内容为"供应商往来"，并且其受控系统为"应付系统"。否则在这里不能被选中。

(2) 只有在这里设置了基本科目，在生成凭证时才能直接生成凭证中的会计科目，否则凭证中将没有会计科目，相应的会计科目只能手工再录入。

(3) 如果应付科目、预付科目按不同的供应商或供应商分类分别设置，则可在"控制科目设置"中设置，在此可以不设置。

(4) 如果针对不同的存货分别设置采购核算科目，则在此不用设置，可以在"产品科目设置"中进行设置。

2) 结算方式科目设置

(1) 在应付款管理系统中，选择"设置"→"初始设置"命令，打开"初始设置"窗口。

(2) 单击"结算方式科目设置"，打开"结算方式科目设置"窗口，如图8-5所示。

(3) 单击结算方式栏下三角按钮，选择"现金结算"，单击币种栏，选择"人民币"，在科目栏录入或选择"1001"，按Enter键。依此方法继续录入其他的结算方式科目。

(4) 单击"退出"按钮。

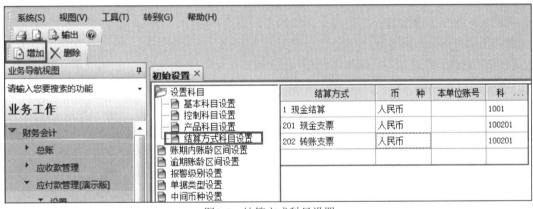

图8-5 结算方式科目设置

提示：

(1) 结算方式科目设置是针对已经设置的结算方式设置相应的结算科目，即在付款或收款时只要告诉系统结算时使用的结算方式就可以由系统自动生成该种结算方式所使用的会计科目。

(2) 如果在此不设置结算方式科目，则在付款或收款时可以手工输入不同结算方式对应的会计科目。

3. 设置账龄区间及逾期账龄区间

(1) 在应付款管理系统中，选择"设置"→"初始设置"命令，打开"初始设置"窗口。

(2) 单击"账期内账龄区间设置"，在总天数栏录入"30"，按Enter键，再在总天数栏录入"60"后按Enter键。依此方法继续录入其他的总天数。

(3) 单击"退出"按钮。完成后如图8-6所示。

5. 单据编号设置

操作步骤：

(1) 在基础设置中，选择"单据设置"→"单据编号设置"命令，打开"单据编号设置"窗口。

(2) 单击左侧窗口中"采购管理"→"采购专用发票"，打开如图8-8所示采购专用发票"单据编号设置—采购专用发票"窗口。

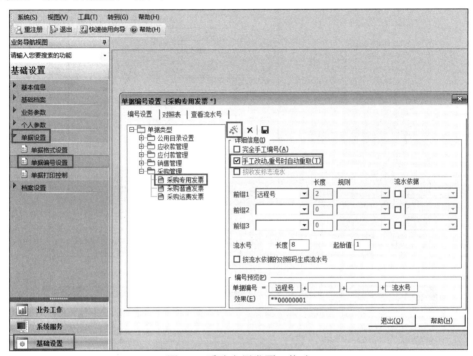

图8-8　采购专用发票—修改

(3) 在图8-8中，单击"修改"按钮，选中"手工改动"复选框。

(4) 单击"保存"按钮保存后退出。

提示：

(1) 如果不在"单据编号设置"中设置"手工改动"某一单据的编号，则在填制这一单据时其编号由系统自动生成而不允许手工录入编号。

(2) 在单据编号设置中还可以设置"重号时自动重取"及"按收发标志流水"等。

6. 录入期初采购发票

参照表8-2进行以下设置。

操作步骤：

(1) 在应付款管理系统中，选择"设置"→"期初余额"命令，打开如图8-9所示"期初余额—查询"窗口。

(2) 单击"确定"按钮，打开"期初余额明细表"窗口。

(3) 单击"增加"按钮，打开"单据类别"窗口。

(4) 单击"确定"按钮，打开"采购专用发票"窗口，如图8-10所示。

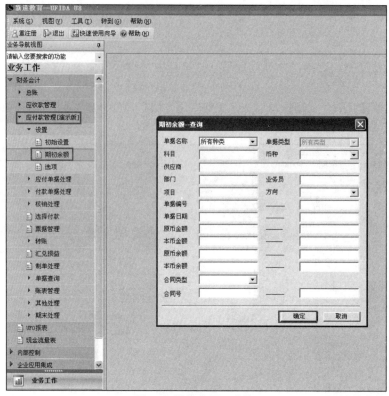

图8-9　期初余额—查询

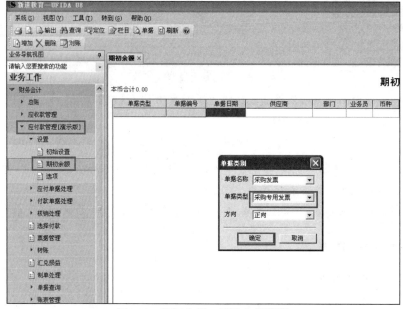

图8-10　期初余额—采购专用发票

(5) 在图8-11所示录入期初采购专用发票界面，修改开票日期为"2016-12-18"，录入发票号"33987"，在供应商栏录入"03"，或单击供应商栏参照按钮，选择"思博钢板"，在科目栏录入"2202"，或单击科目栏参照按钮，选择"2202应付账款"，在部门栏录入"04"，或单击部门栏参照按钮选择"采购部"，在货物编号栏录入"02"，或单击存货编码栏参照按钮，选择"圆钢"，在数量栏录入"30"，在原币单价栏录入"1500"。

(6) 单击"保存"按钮。

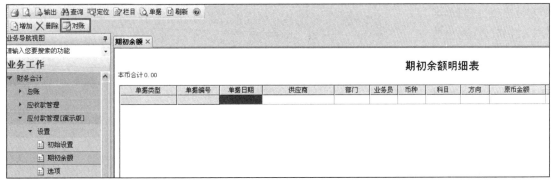

图8-11　录入期初采购专用发票

提示:

(1) 在初次使用应付款系统时,应将启用应付款系统时未处理完的所有供应商的应付账款、预付账款、应付票据等数据录入到本系统。当进入第二年度时,系统自动将上年度未处理完的单据转为下一年度的期初余额。在下一年度的第一会计期间里,可以进行期初余额的调整。

(2) 在日常业务中,可对期初发票、应付单、预付款、票据进行后续的核销、转账处理。

(3) 如果退出了录入期初余额的单据,在"期初余额明细表"窗口中并没有看到新录入的期初余额,则应单击"刷新"按钮,就可以列示所有的期初余额的内容。

(4) 在录入期初余额时一定要注意期初余额的会计科目,比如第5张采购发票的会计科目为"2201",即应付票据。应付款系统的期初余额应与总账进行对账,如果科目错误将会导致对账错误。

(5) 如果并未设置允许修改采购专用发票的编号,则在填制采购专用发票时不允许修改采购专用发票的编号。其他单据的编号也一样,系统默认的状态为不允许修改。

(6) 录入预付款的单据类型仍然是"付款单",但是款项类型为"预付款"。

7. 应付款系统与总账系统对账

操作步骤:

(1) 在图8-12所示"期初余额明细表"窗口中,单击"对账"按钮,打开如图8-13所示"期初对账"窗口。

(2) 单击"退出"按钮。

图8-12　期初余额明细表

图8-13　期初余额对账

提示:

(1) 当完成全部应付款期初余额录入后,应通过对账功能将应付系统期初余额与总账系统期初余额进行核对。

(2) 当保存了期初余额结果,或在第二年使用需要调整期初余额时可以进行修改。当第一个会计期已结账后,期初余额只能查询不能再修改。

(3) 期初余额所录入的票据保存后自动审核。

(4) 应付款系统与总账系统对账,必须要在总账与应付系统同时启用后才可以进行。

8. 账套备份

操作步骤:

(1) 在D盘"100账套备份"文件夹中新建"(8-1)应付系统初始化"文件夹。

(2) 将账套输出至"(8-1)应付系统初始化"文件夹中。

实训二　应付单据处理

实训准备

引入已完成"(8-1)应付系统初始化"的账套备份数据。将系统日期修改为"2017年1月31日",以账套主管01身份注册进入应付款管理系统。

实训要求

(1) 录入应付单据

(2) 修改应付单据

(3) 删除应付单据

(4) 2017年1月31日,审核本月录入的应付单据

(5) 对应付单据进行账务处理

(6) 账套备份

实训资料

(1) 2017年1月5日,采购部刘琳从"北京宏达股份有限公司"采购"钢板"10吨,原币单价

为2100元，增值税率为17%(采购专用发票号码：598746)。

(2) 2017年1月7日，采购部刘琳从"蓝天钢材厂"采购"圆钢"12吨，原币单价为1700元，增值税率为17%(采购专用发票号码：568987)，运费800元。

(3) 2017年1月9日，采购部刘琳从"北京宏达股份有限公司"采购"螺栓"6000个，原币单价为6元，增值税率为17%(采购专用发票号码：654231)，运费200元。

(4) 2017年1月16日，向"思博钢厂"采购"钢板"20吨，原币单价为2000元，增值税率为17%(采购专用发票号码：456218)。

(5) 2017年1月18日，发现2017年1月16日所填制的从"思博钢厂"采购"钢板"20吨，原币单价为2000元，增值税率为17%的"456218"号采购专用发票中的无税单价应为1950元。

(6) 2017年1月20日，采购部刘琳从"蓝天钢材厂"采购"钢板"18吨，原币单价为2000元，增值税率为17%(采购专用发票号码：598863)。

(7) 2017年1月21日，因合同纠纷，2017年1月20日从"蓝天钢材厂"采购"钢板"18吨的合同取消，需要删除该采购专用发票。

━━━━━━ **实 训 指 导** ━━━━━━

1. 填制第1笔业务的采购专用发票

操作步骤：

(1) 在应付款管理系统中，选择"应付单据处理"→"应付单据录入"命令，打开"单据类别"窗口。

(2) 单击"确定"按钮，打开如图8-14所示"采购专用发票"窗口。

(3) 修改开票日期为"2017-01-05"，录入发票号"598746"，在供货单位栏录入"01"，或单击供货单位栏参照按钮，选择"北京宏达股份有限公司"，在部门名称栏录入"04"，或单击部门名称栏参照按钮选择"采购部"，在存货编码栏录入"01"，或单击存货编码参照按钮，选择"钢板"，在数量栏录入"10"，在原币单价栏录入"2100"。

(4) 单击"保存"按钮，再单击"退出"按钮。

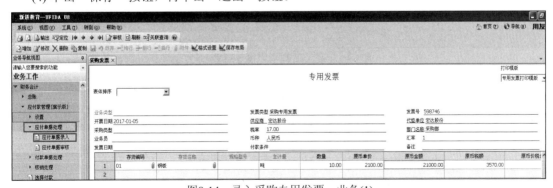

图8-14　录入采购专用发票—业务(1)

提示：

(1) 在填制采购专用发票时，税率由系统自动生成，可以修改。

(2) 采购发票与应付单是应付款管理系统日常核算的单据。如果应付款系统与采购系统集成使用，采购发票在采购管理系统中录入，则在应付系统中可以对这些单据进行查询、核销、制单等操作。此时应付系统需要录入的只限于应付单。

(3) 如果没有使用采购系统，则所有发票和应付单均需在应付系统中录入。

(4) 在不启用供应链的情况下，在应付款系统中只能对采购业务的资金流进行会计核算，即可以对应付款、已付款以及采购情况进行核算，而其物流的核算，即存货入库成本的核算还需在总账系统中手工进行结转。

(5) 已审核的单据不能修改或删除，已生成凭证或进行过核销的单据在单据界面不再显示。

(6) 在录入采购发票后可以直接进行审核，在直接审核后系统会提示"是否立即制单"，此时可以直接制单。如果录入采购发票后不直接审核，则可以在审核功能中审核，再到制单功能中制单。

2. 填制第2笔业务的采购专用发票

1) 购货填制采购专用发票

操作步骤：

(1) 在应付款管理系统中，选择"应付单据处理"→"应付单据录入"命令，打开"单据类别"窗口。

(2) 单击"确定"按钮，打开如图8-15所示"采购专用发票"窗口。

(3) 修改开票日期为"2017-01-07"，录入发票号"568987"，在供货单位栏录入"02"，或单击供应商名称栏参照按钮，选择"蓝天钢材厂"，在部门栏录入"04"，或单击部门名称栏参照按钮选择"采购部"，在存货编码栏录入"02"，或单击存货编码栏参照按钮，选择"圆钢"，在数量栏录入"12"，在原币单价栏录入"1700"。

(4) 单击"保存"按钮保存后退出。

图8-15　录入采购专用发票—业务(2)

2) 运费填制采购普通发票

操作步骤：

(1) 在应付款管理系统中，选择"应付单据处理"→"应付单据录入"命令，打开"单据类别"窗口。

(2) 单击"单据类型"栏下三角按钮，选择"采购普通发票"。

(3) 单击"确定"按钮，打开如图8-16所示"采购普通发票"窗口。

(4) 修改开票日期为"2017-01-07"，在供货单位栏录入"02"，或单击供应商名称栏参照按钮，选择"蓝天钢材厂"，在税率栏录入"7"，在部门名称栏录入"04"，或单击部门名称栏参照按钮选择"采购部"，在存货编码栏录入"06"，或单击存货编码栏参照按钮，选择"运输费"，在原币金额栏录入"800"。

(5) 单击"保存"按钮保存后退出。

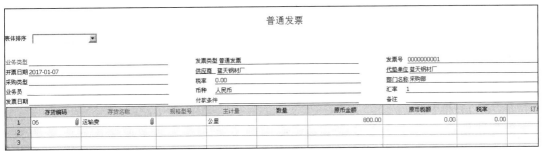

图8-16 "采购普通发票"窗口

提示:

(1) 按会计制度规定,运费可以按7%的税率进行增值税的进项税额抵扣,因此运费成本为扣除7%进项税后的部分。

(2) 如果在启用应付款系统的同时启用采购管理系统,则应在采购管理系统中填制"运费发票",在应付款系统中对采购系统传递过来的"运费发票"进行付款及付款核销等操作。

3. 修改采购专用发票(修改第5笔业务)

操作步骤:

(1) 在应付款管理系统中,选择"应付单据处理"→"应付单据录入"命令,打开"单据类别"窗口。

(2) 单击"确定"按钮,打开"采购专用发票"窗口。

(3) 单击"上张"按钮,找到需要修改的采购专用发票。

(4) 单击"修改"按钮,进行修改,如图8-17所示。

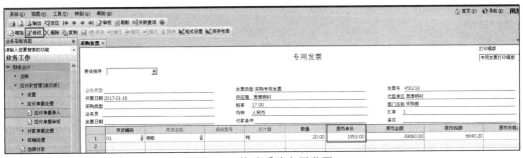

图8-17 修改采购专用发票

(5) 单击"保存"按钮保存后退出。

提示:

(1) 因为在进入采购专用发票窗口时,系统是处在增加状态,如果想查找某一张采购专用发票则应放弃当前的增加操作,进入查询状态,否则将不能翻页。

(2) 采购发票被修改后必须保存。保存的采购发票在审核后才能制单。

4. 删除采购专用发票(删除第7笔业务)

操作步骤:

(1) 在应付款管理系统中,选择"应付单据处理"→"应付单据录入"命令,打开"单据类别"窗口。

(2) 单击"确定"按钮,如图8-18所示,打开"采购专用发票"窗口。

(3) 单击"首张"按钮,再单击"下张"按钮,选定需要删除的采购专用发票,如图8-19所示。

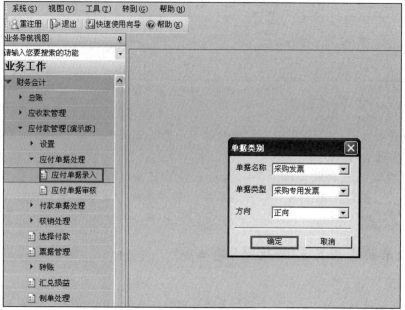

图8-18　采购专用发票—登录

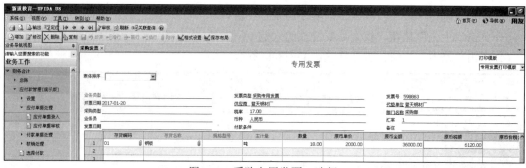

图8-19　采购专用发票—选择

(4) 单击"删除"按钮,如图8-20所示,系统提示"单据删除后不能恢复,是否继续?"。

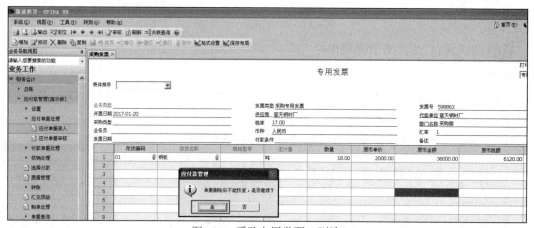

图8-20　采购专用发票—删除

(5) 单击"是"按钮后退出。

5. 审核应付单据

操作步骤:

(1) 在应付款管理系统中,选择"应付单据处理"→"应付单据审核"命令,打开"单据过滤条件"窗口,如图8-21所示。

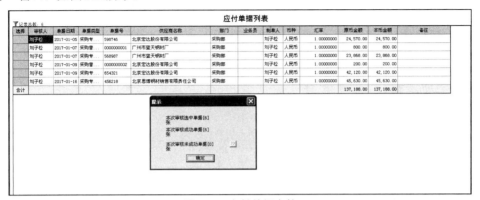

图8-21　应付单据审核

(2) 单击"确定"按钮,打开"应付单据列表"窗口。

(3) 单击"全选"按钮,再单击"审核"按钮,系统提示"本次审核成功单据3张"。

(4) 单击"确定"按钮保存后退出。

6. 制单

操作步骤:

(1) 在应付款管理系统中,单击"制单处理",打开"制单查询"窗口。

(2) 选中"发票制单""应付单制单"复选框,如图8-22所示。

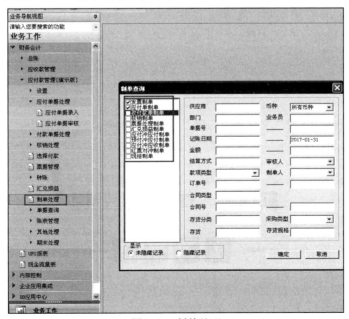

图8-22　制单处理

(3) 单击"确定"按钮，打开"应付制单"窗口，如图8-23所示。

(4) 单击"全选"按钮，单击"凭证类别"栏下三角按钮，选择"转账凭证"。

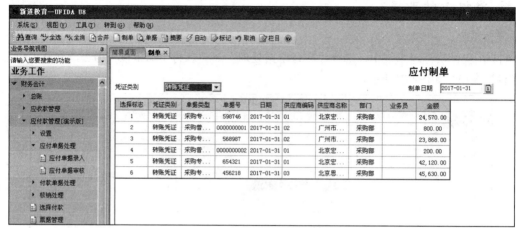

图8-23　应付制单

提示：

(1) 在"制单查询"窗口中，系统已默认制单内容为"发票制单"，如果需要选中其他内容制单，则可以选中要制单内容前的复选框。

(2) 如果所选择的凭证类型错误，则可以在生成凭证后再修改。

(3) 如果一次生成了多张记账凭证，则可以在保存了一张凭证后再打开其他的凭证，直到全部保存为止，未保存的凭证视同于放弃本次凭证生成的操作。

(4) 只有在凭证保存后才能传递到总账系统，再在总账系统中进行审核和记账等。

(5) 在进入应付款系统之前，应在建立账套后启用应付款系统，或者在企业门户中启用应付款系统。应付款系统的启用会计期间必须大于等于账套的启用期间。

(6) 在账套使用过程中可以随时修改账套参数。

(7) 如果选择单据日期为审核日期，则月末结账时单据必须全部审核。

(8) 关于应付账款核算模型，在系统启用时或者还没有进行任何业务处理的情况下才允许从简单核算改为详细核算；从详细核算改为简单核算随时可以进行。

7. 账套备份

操作步骤：

(1) 在D盘"100账套备份"文件夹中新建"(8-2)应付单据处理"文件夹。

(2) 将账套输出至"(8-2)应付单据处理"文件夹中。

实训三　付款单据处理

实训准备

引入已完成实训二"(8-2)应付单据处理"的账套备份数据。将系统日期修改为"2017年1月31日"，以账套主管身份注册进入应付款管理系统。

—— 实 训 要 求 ——

(1) 录入付款单据

(2) 修改付款单据

(3) 2017年1月25日，审核本月录入的付款单据

(4) 核销付款单据

(5) 对付款单据进行账务处理

(6) 账套备份

—— 实 训 资 料 ——

(1) 2017年1月25日，以转账支票支付向"北京宏达股份有限公司"购买"钢板"10吨的货税款24 570元。

(2) 2017年1月26日，发现2017年1月25日以转账支票支付向"北京宏达股份有限公司"购买"钢板"10吨的货税款24 570元应为30 000元，余款作为预付账款。

(3) 2017年1月27日，以转账支票支付向"蓝天钢材厂"购买圆钢的货税款及运费24 668元。

—— 实 训 指 导 ——

1. 填制付款单(第1笔业务)

操作步骤：

(1) 在应付款管理系统中，选择"付款单据处理"→"付款单据录入"命令，打开如图8-24所示"付款单"窗口。

(2) 单击"增加"按钮。修改开票日期为"2017-1-25"，在供应商栏录入"01"，或单击供应商栏参照按钮，选择"北京宏达股份有限公司"，在结算方式栏录入"202"，或单击结算方式栏下三角按钮，选择"转账支票结算"，在金额栏录入"24570"，在部门栏录入"04"，或单击部门栏参照按钮选择"采购部"，在摘要栏录入"支付购买钢板的货税款"。

(3) 单击"保存"按钮，再单击"增加"按钮，继续录入第2张付款单。

图8-24 付款单—填制

提示：

(1) 在单击付款单的"保存"按钮后，系统会自动生成付款单表体的内容。

(2) 表体中的款项类型系统默认为"应付款"，可以修改。款项类型还包括"预付款"

和"其他费用"。

(3) 若一张付款单中，表头供应商与表体供应商不同，则视表体供应商的款项为代收款。

(4) 在填制付款单后，可以直接单击"核销"按钮进行单据核销的操作。

(5) 如果是供应商退款，则可以单击"切换"按钮，填制红字付款单。

2. 修改付款单(第2笔业务)

操作步骤：

(1) 在应付款管理系统中，选择"付款单据处理"→"付款单据录入"命令，打开"付款单"窗口。

(2) 单击"下张"按钮，找到要修改的"付款单"，在要修改的"付款单"中，单击"修改"按钮。分别将上半部分和下半部分的金额修改为"30 000"，如图8-25所示。

(3) 单击"保存"按钮保存后退出。

图8-25 付款单—修改

3. 审核付款单

操作步骤：

(1) 在应付款管理系统中，选择"付款单据处理"→"付款单据审核"命令，打开"结算单过滤条件"窗口。

(2) 单击"确定"按钮，打开图8-26所示"结算单列表"窗口。

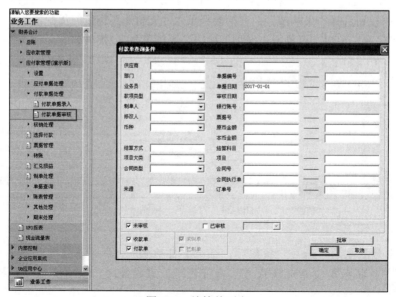

图8-26 结算单列表

(3) 在"结算单列表"窗口中，单击"全选"按钮。

(4) 在图8-27中，单击"审核"按钮，系统提示"本次审核成功单据2张"。

图8-27　结算单审核

(5) 单击"确定"按钮后退出。

4. 核销付款单

操作步骤：

(1) 在应付款管理系统中，选择"核销处理"→"手工核销"命令，如图8-28所示，打开"核销条件"窗口。

(2) 在供应商栏中录入"01"，或单击供应商栏参照按钮，选择"北京宏达股份有限公司"。

(3) 单击"确定"按钮，打开如图8-29所示"单据核销"窗口。在"单据核销"窗口中，在上半部分的本次结算栏的第2行录入"24 570"，在下半部分的本次结算栏的第2行录入"24 570"。

(4) 单击"保存"按钮后退出。

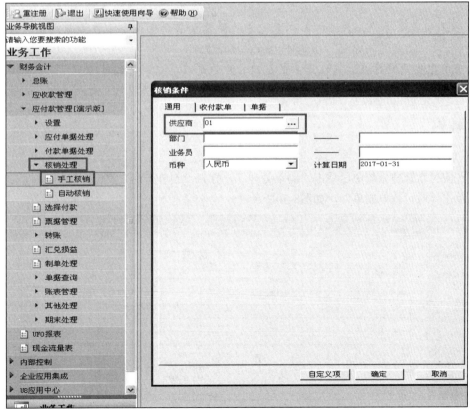

图8-28　核销处理—条件选择

图8-29　单据核销

提示：

(1) 在保存核销内容后，单据核销窗口中将不再显示已被核销的内容。

(2) 结算单列表显示的是款项类型为应付款和预付款的记录，而款项类型为其他费用的记录不允许在此作为核销记录。

(3) 核销时，结算单列表中款项类型为应付单的缺省的本次结算金额为该记录的原币金额；款项类型为预付的记录其缺省的本次结算金额为空。核销时可以修改本次结算金额，但是不能大于该记录的原币金额。

(4) 在结算单列表中，单击"分摊"按钮，系统将当前结算单列表中的本次结算金额合计自动分摊到被核销单据列表的本次结算栏中。核销顺序依据被核销单据的排序顺序。

(5) 手工核销时一次只能显示一个供应商的单据记录，且结算单列表根据表体记录明细显示。当结算单有代付处理时，只显示当前所选供应商的记录。

(6) 一次只能对一种结算单类型进行核销，即手工核销的情况下需要将收款单和付款单分开核销。

(7) 手工核销保存时，若结算单列表的本次结算金额大于或小于被核销单据列表的本次结算金额合计，系统将提示结算金额不相等，不能保存。

(8) 若发票中同时存在红蓝记录，则核销时应先进行单据的内部对冲。

(9) 如果核销后未进行其他处理，则可以在期末处理中"取消操作"功能中取消核销操作。

5. 制单

操作步骤：

(1) 在应付款管理系统中，单击"制单处理"，打开"制单查询"窗口。

(2) 单击"收付款单制单"，如图8-30所示。

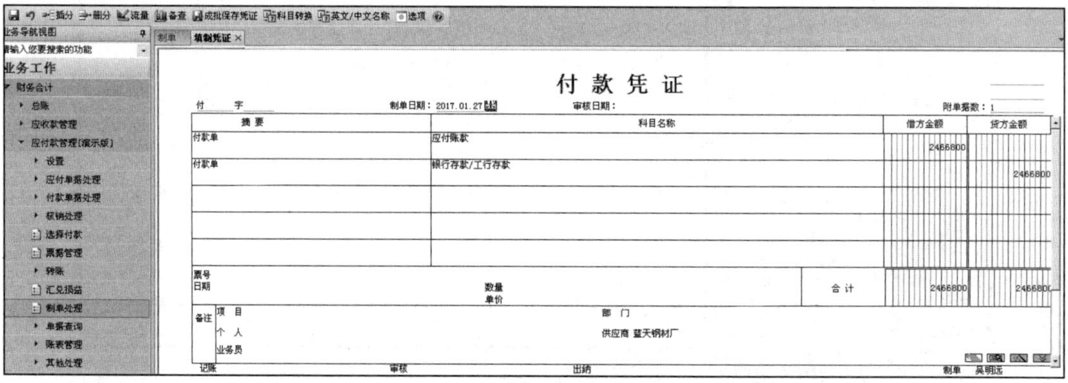

图8-30　收付款单制单

(3) 单击"确定"按钮，打开"应付制单"窗口。

(4) 单击"全选"按钮后单击"制单"按钮，生成记账凭证。

(5) 修改第1张凭证的凭证类别为"付款凭证"，再单击"保存"按钮。

(6) 单击"下张"按钮，再修改凭证类别为"付款凭证"，单击"保存"按钮保存后退出。

提示：

(1) 如果在"单据查询"窗口中，选中"结算单制单"后再去掉"发票制单"选项，则会打开"结算制单"窗口。如果并不去掉"发票制单"选项，虽然制单窗口显示的是"发票制单"，但两种待制的单据都会显示出来。

(2) 在制单功能中还可以根据需要进行合并制单。

6. 账套备份

操作步骤：

(1) 在D盘"100账套备份"文件夹中新建"(8-3)付款单据处理"文件夹。

(2) 将账套输出至"(8-3)付款单据处理"文件夹中。

实训四　票据管理

实 训 准 备

引入已完成实训三"(8-3)付款单据处理"的账套备份数据。将系统日期修改为"2017年1月31日"，以账套主管01身份注册进入应付款管理系统。

实 训 要 求

(1) 填制商业承兑汇票，暂不制单

(2) 商业承兑汇票贴现并制单

(3) 结算商业承兑汇票并制单

(4) 制单

(5) 账套备份

实 训 资 料

(1) 2017年1月17日，向思博钢厂签发并承兑的商业承兑汇票一张(NO.98762)，面值为45 630元，到期日为2017年1月31日。

(2) 2017年1月31日，将2017年1月17日向思博钢厂签发并承兑的商业承兑汇票(NO.98762)

结算。

────── 实训指导 ──────

1. 填制商业承兑汇票

操作步骤:

(1) 在应付款管理系统中,单击"票据管理",打开"票据查询"窗口。

(2) 单击"确定"按钮,打开"票据管理"窗口。

(3) 单击"增加"按钮,打开"票据增加"窗口,如图8-31所示。

图8-31 票据增加

(4) 单击结算方式栏下三角按钮,选择"商业承兑汇票",在票据编号栏录入"98762",在收到单位栏录入"03",或单击承兑单位栏参照按钮,选择"思博钢厂",在票据面值栏录入"45 630"。

(5) 在应付款管理系统中,单击"制单处理",打开图8-32所示"制单查询"窗口。

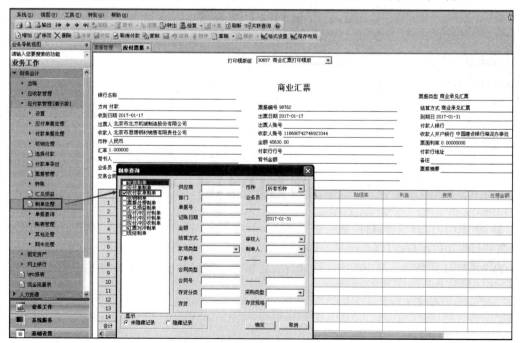

图8-32 制单处理—制单查询

(6) 选中"收付款单制单"复选框后单击"确定"按钮,打开"收付款单制单"窗口。

(7) 单击"收付款单制单"按钮。

(8) 单击"制单"按钮，如图8-33所示，生成一张转账凭证。

(9) 在"付款凭证"第1行科目名称栏录入"2201"，或单击科目名称栏参照按钮，选择"2201应付票据"，选择结算方式为"商业承兑汇票"。

(10) 单击"保存"按钮保存。

图8-33 制单处理—生成凭证

2. 商业承兑汇票结算

操作步骤：

(1) 在应付款管理系统中，单击"票据管理"，打开"票据查询"窗口。

(2) 单击"确定"按钮，打开"票据管理"窗口。

(3) 选中2017年1月17日填制向思博钢厂签发并承兑的商业承兑汇票一张(NO.98762)。

(4) 在图8-34中，单击"结算"按钮，打开"票据结算"窗口，修改结算日期为"2017-01-31"。

(5) 录入结算金额"45 630"，在结算科目栏录入"100201"，或单击结算科目栏参照按钮，选择"100201工行存款"。

图8-34 票据结算

(6) 单击"确定"按钮，出现"是否立即制单"提示。

(7) 单击"是"按钮，生成结算的记账凭证，如图8-35所示，单击"保存"按钮保存后退出。

图8-35 票据结算—凭证生成

3. 账套备份

操作步骤：

(1) 在D盘"100账套备份"文件夹中新建"(8-4)票据管理"文件夹。

(2) 将账套输出至"(8-4)票据管理"文件夹中。

实训五 转账处理

引入已完成实训四"(8-4)票据管理"的账套备份数据。将系统日期修改为"2017年1月31日"，以账套主管01身份注册进入应付款管理系统。

实 训 要 求

(1) 预付冲应付并制单

(2) 应付冲应付并制单

(3) 应付冲应收并制单

(4) 红票对冲并制单

(5) 备份账套

实 训 资 料

(1) 2017年1月31日，经双方同意，将向北京宏达股份有限公司2017年1月9日购买螺栓6000个的货税款5430元用预付款冲抵。

(2) 2017年1月31日，经三方同意，将1月17日形成的应向蓝天钢材厂支付的货税款23 868元转为向北京宏达股份有限公司的应付账款。

(3) 2017年1月31日，经三方同意，将本公司1月7日形成的应向"北京宏达股份有限公司"支付的货税款23 868元用1月11日形成的向"广州华峰股份有限公司"应收款冲抵。

(4) 2017年1月31日，经双方同意，将北京宏大股份有限公司支付的运费200元用红票冲抵。

实训指导

1.预付冲应付

预付给供应商的款项充抵应付账款，生成凭证贷预付账款红字，贷应付账款蓝字，预付账款和应付账款的辅助核算供应商是同一家。

操作步骤：

(1) 选择"业务工作"→"财务会计"→"应付款管理"→"转账"→"预付冲应付"，打开如图8-36所示预付冲应付窗口，分别单击"预付款"和"应付款"，输入供应商为"01北京宏达股份有限公司"，单击"过滤"按钮，输入转账金额"5430"，单击"确定"按钮。

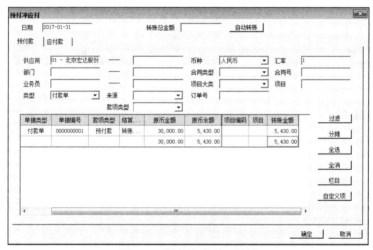

图8-36 预付冲应付—过滤

(2) 在"应付款"选项卡中过滤出同一个供应商的应付单，并填入转账金额，如图8-37所示。

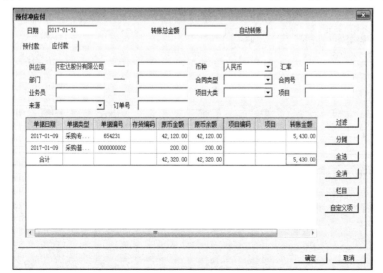

图8-37 预付冲应付—转账金额

(3) 单击"确定"按钮，系统弹出"是否立即制单"，单击"是"按钮生成如图8-38所示相应凭证。

图8-38　预付冲应付—凭证生成

2. 应付冲应付

操作步骤:

(1) 选择"业务工作"→"财务会计"→"应付款管理"→"转账"→"应付冲应付"，如图8-39所示，供应商选择"广州市蓝天钢材厂"，转入供应商选择"北京宏达股份有限公司"，单击"查询"按钮，过滤出了该公司的采购发票，设置并账金额23 868。

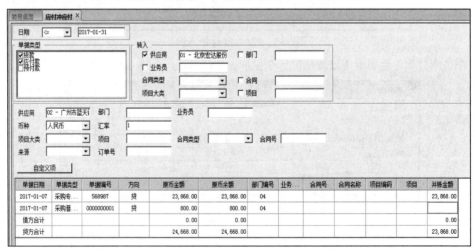

图8-39　应付冲应付—过滤

(2) 单击"保存"按钮，提示"是否立即制单"，单击"是"按钮生成如图8-40所示应付冲应付—凭证。

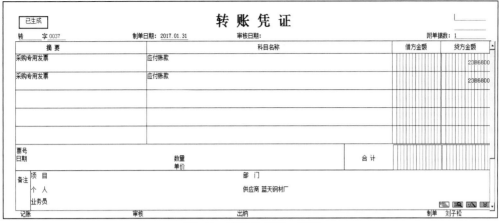

图8-40 应付冲应付—凭证

3. 应付冲应收

操作步骤：

(1) 选择"应付款管理"→"转账"→"应付冲应收"，单击"应付"标签，在图8-41中，供应商选择"北京宏达股份有限公司"，然后单击"应收"标签。

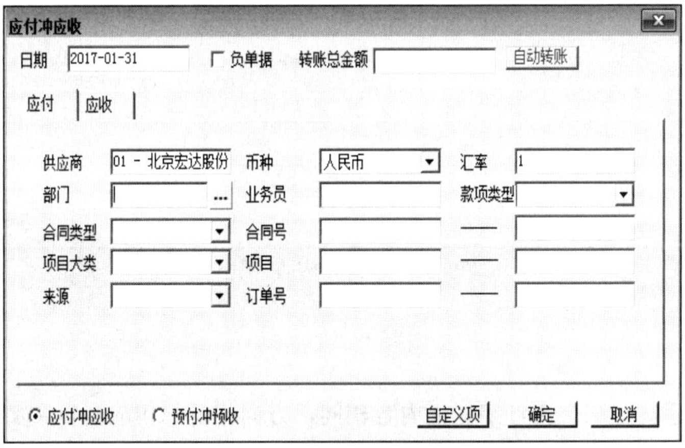

图8-41 应付冲应收—供货商选择

(2) 在图8-42中，客户选择"广州华峰股份有限公司"，单击"确定"按钮。

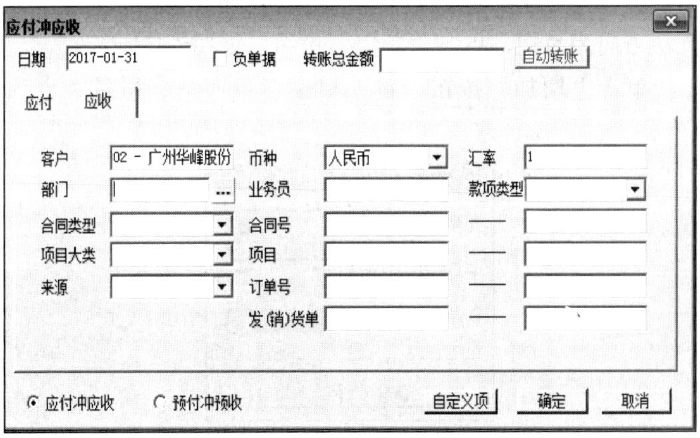

图8-42 应付冲应收—客户选择

(3) 在图8-43中，输入转账金额"23 868"，单击"保存"按钮，弹出"是否立即制单"提示，单击"是"按钮。

转账总金额								
单据日期	单据类型	单据编号	原币余额	合同号	合同名称	项目编码	项目	转账金额
2017-01-07	采购专...	568987	23,868.00					23,868.00
2017-01-09	采购专...	654231	36,690.00					
2017-01-09	采购普...	0000000002	200.00					
合计			60,758.00					23,868.00

单据日期	单据类型	单据编号	原币余额	合同号	合同名称	项目编码	项目	转账金额
2017-01-11	销售专...	130062147	40,716.00					23,868.00
2017-01-14	销售专...	130062149	19,890.00					
2016-11-28	销售专...	78987	31,590.00					
2017-01-11	其他应收单	0000000002	800.00					
合计			92,996.00					23,868.00

图8-43　应付冲应收—金额录入

(4) 生成凭证如图8-44所示。

图8-44　应付冲应收—凭证

4. 红票对冲

一张应付款蓝字凭证和一张红字凭证内容相同，方向相反，相应科目金额对冲相消。

1) 填制红字应付单并制单

操作步骤：

(1) 选择"业务工作"→"财务会计"→"应付款管理"→"应付单据录入"，选择"应付单""其他应付单"，方向为负向，单击"确定"按钮，如图8-45所示。

(2) 在图8-46中，单击"增加"按钮，输入日期、供应商、科目、金额等相关信息后单击"保存"按钮。

图8-45　负向应付单

图8-46　红字应付单—录入

(3) 单击"审核"按钮，提示"是否立即制单"，单击"是"按钮，在第一行输入"100201工行存款"，选择结算方式"电汇"，凭证类型"收"，单击"保存"按钮，生成如图8-47所示的红字凭证。

图8-47　红字应付单—凭证

2) 红票对冲

操作步骤：

(1) 选择"业务工作"→"财务会计"→"应付款管理"→"转账"→"红票对冲"→"手工对冲"，如图8-48所示，选择该供应商"北京宏达股份有限公司"，单击"确定"按钮。

图8-48　红票对冲—供应商选择

(2) 在图8-49列出的红、蓝字应付单中填入对冲金额，然后单击"保存"按钮，提示"是否立即制单"，单击"是"按钮。

(3) 如果红票对冲需要生成凭证，则需要在"应付款管理"→"设置选项"中将"红票对冲生成凭证"选中，然后单击"确定"按钮，如图8-50所示。然后生成如图8-51所示红票对冲—

凭证。

单据日期	单据类型	单据编号	供应商	币种	原币金额	原币余额	对冲金额
2017-01-31	其他应付单	0000000001	宏达股份	人民币	200.00	200.00	200.00
合计					200.00	200.00	200.00

单据日期	单据类型	单据编号	供应商	币种	原币金额	原币余额	对冲金额
2017-01-09	采购普...	0000000002	宏达股份	人民币	200.00	200.00	200.00
2017-01-09	采购专...	654231	宏达股份	人民币	42,120.00	36,690.00	
合计					42,320.00	36,890.00	200.00

图8-49 红票对冲—金额录入

应付系统模块的选项凭证页签中受控科目制单方式原本为明细到供应商，非控科目制单方式原本为汇总方式，现改为受控科目制单方式为明细到单据，非控科目制单方式为明细到单据后能够生成凭证如图8-50所示(如果选项不修改，会提示有效分录数为0)。

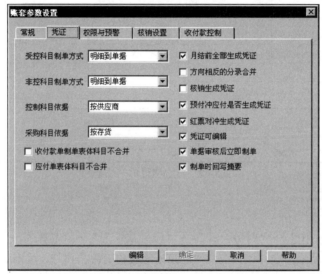

图8-50 红票对冲—生成凭证

		转 账 凭 证		
已生成				附单据数：1
转 字 0039	制单日期: 2017.01.31	审核日期:		
摘 要		科目名称	借方金额	贷方金额
采购普通发票		应付账款		20000
其他应付单		应付账款	20000	

图8-51 红票对冲—凭证

5.账套备份

操作步骤：

(1) 在D盘"100账套备份"文件夹中新建"(8-5)转账处理"文件夹。

(2) 将账套输出至"(8-5)转账处理"文件夹中。

实训六 月末结账与账表管理

实训准备

引入已完成实训五"(8-5)转账处理"的账套备份数据。将系统日期修改为"2017年1月31日"，以账套主管01身份注册进入应付款管理系统。

实训要求

(1) 对全部客户进行包括所有条件的欠款分析

(2) 查询2017年1月的业务总账

(3) 查询应付账款科目余额表

(4) 取消对华峰股份有限公司的转账操作

(5) 将未制单的单据制单

(6) 结账

(7) 账套备份

实训指导

1.查询业务总账

操作步骤：

(1) 在应付款管理系统中，选择"账表管理"→"业务账表"→"业务总账"命令，打开"应付总账表"窗口。

(2) 单击"过滤"按钮，打开"应付总账表"，如图8-52所示。

(3) 单击"退出"按钮。

提示：

(1) 通过业务账表查询，可以及时地了解一定期间内期初应付款结存汇总情况、应付款发生、付款发生的汇总情况、累计情况及期末应付款结存汇总情况；还可以了解各个供应商期初应付款结存明细情况、应付款发生、付款发生的明细情况、累计情况及期末应付款结存明细情况，及时发现问题，加强对往来款项的监督管理。

(2) 业务总账查询是对一定期间内应付款汇总情况的查询。在业务总账查询的应付总账表中不仅可以查询"本期应付"款、"本期付款"应付款及应付款的"余额"情况，还可以查询到应付款的月回收率及年回收率。

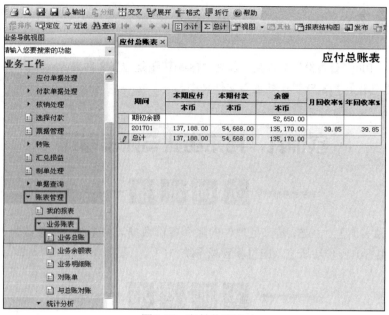

图8-52　应付总账表

2.欠款分析

操作步骤:

(1) 在应付款管理系统中,选择"账表管理"→"统计分析"→"欠款分析"命令,打开"欠款分析"窗口。

(2) 选中所有条件,如图8-53所示。

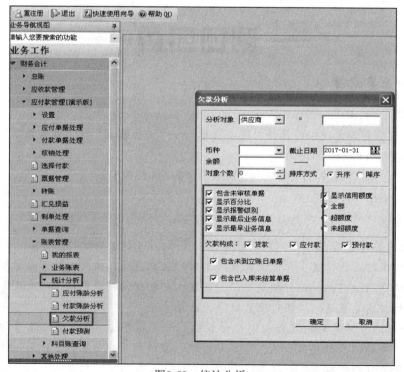

图8-53　统计分析

(3) 单击"确定"按钮，打开如图8-54所示"欠款分析"窗口。

图8-54　欠款分析

(4) 单击"退出"按钮。

3. 查询科目余额表

操作步骤：

(1) 在应付款管理系统中，选择"账表管理"→"科目账查询"→"科目余额表"命令，打开"供应商往来科目余额表"对话框，如图8-55所示。

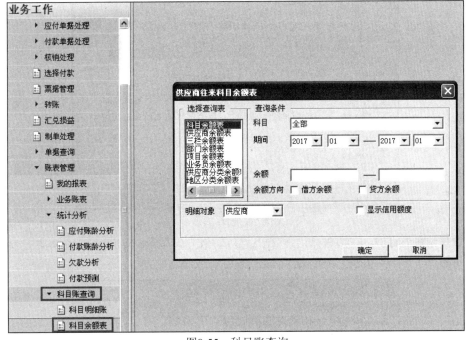

图8-55　科目账查询

(2) 单击"确定"按钮，打开图8-56所示的"科目余额表"。

(3) 单击"退出"按钮。

科目余额表

科目　全部　　　　　　　　　　　　　　　　　　　　　　　　　　　　　　　　　　　　　　期间：

科目		供应商		方向	期初余额	借方	贷方	方向	期末余额
编号	名称	编号	名称		本币	本币	本币		本币
2201	应付票据	03	思博钢材	平		45,630.00	45,630.00	平	
小计：				平		45,630.00	45,630.00	平	
2202	应付账款	01	宏达股份	平		53,868.00	90,558.00	贷	36,690.00
2202	应付账款	02	蓝天钢材厂	平		24,668.00	800.00	借	23,868.00
2202	应付账款	03	思博钢材	贷	52,650.00	45,630.00	45,630.00	贷	52,650.00
小计：				贷	52,650.00	124,166.00	136,988.00	贷	65,472.00
合计：				贷	52,650.00	169,796.00	182,618.00	贷	65,472.00

图8-56　科目余额表

提示:

(1) 科目账查询包括科目明细账和科目余额表。

(2) 科目余额表查询可以查询应付受控科目各个供应商的期初余额、本期借方发生额合计、本期贷方发生额合计、期末余额。细分为科目余额表、客户余额表、三栏余额表、部门余额表、项目余额表、业务员余额表、供应商分类余额表及地区分类余额表。

4. 应付款管理系统月末结账处理

1) 结账

操作步骤:

(1) 选择"财务会计"→"应付款管理"→"期末处理"→"月末结账"后,弹出"月末处理"对话框,如图8-57所示。

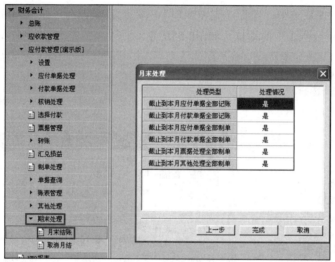

图8-57　月末结账

(2) 选择结账的月份,在结账标记处双击后显示"Y",如图8-58所示。

(3) 单击"下一步"按钮,再单击"确定"按钮,系统结账完毕。

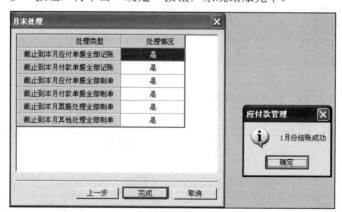

图8-58　结账成功

提示:

(1) 如果当月业务已经全部处理完毕,应进行月末结账。只有当月结账后,才能开始下月的工作。

(2) 进行月末处理时，一次只能选择一个月进行结账，前一个月尚未结账，则本月不能结账。

(3) 在执行了月末结账后，该月将不能再进行任何处理。

2) 取消结账

当操作错误需要取消当月结账时，则可按以下步骤进行操作。

操作步骤：

(1) 在应付款管理系统中，如图8-59所示，选择"期末处理"→"取消月结"命令。

(2) 系统提示"取消结账成功"，单击"确定"按钮，完成取消月末结账工作。

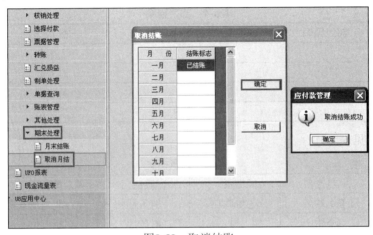

图8-59　取消结账

5. 账套备份

操作步骤：

(1) 在D盘"100账套备份"文件夹中新建"(8-6)月末结账与账表管理"文件夹。

(2) 将账套输出至"(8-6)月末结账与账表管理"文件夹中。

课后实训练习

1. 系统管理

1) 操作员及其权限

操作员及其权限如表8-3所示。

表8-3　操作员及其权限

操作员编号	操作员姓名	系统权限	密码
Y1	考生姓名	账套主管	空
Y2	李明	拥有总账、UFO报表所有权限	空

2) 账套信息

账套号：002；账套(单位)名称：广州青山湖电器有限公司；启用日期：2016年1月1日；单位简称：青山湖电器；地址：广州番禺区市良路100号；法定发表人：李坤；联系电话和传真均为：020-88888888；纳税人识别号：02000000000；企业类型：工业企业；行业性质：2007年新会计制度科目，按行业性质预置会计科目。

基础信息：供应商分类，客户、存货不分类，无外币核算。

编码方案：科目编码：4222，部门：122；供应商分类编码：123；其他采用系统默认。

数据精度：采用系统默认。

3) 系统启用

启用总账、应收账款管理、应付账款管理，启用日期统一为：2016年1月1日。

2. 基础档案设置

1) 部门档案(见表8-4)

表8-4　部门档案

部门编码	部门名称
1	人事部
2	财务部
3	销售部
4	采购部

2) 人员档案(见表8-5)

表8-5　人员档案

人员编号	人员姓名	性别	行政部门	人员类别	是否业务员
001	考生姓名	考生性别	财务部	在职人员	否
002	李明	男	财务部	在职人员	否
003	刘一	男	人事部	在职人员	否
004	王坤	男	销售部	在职人员	是
005	武进	男	采购部	在职人员	是

3) 供应商分类(见表8-6)

表8-6　供应商分类

类别编码	类别名称
1	主料供应商
2	辅料供应商

4) 供应商档案(见表8-7)

表8-7　供应商档案

编号	供应商名称	简称	所属分类
01	广州明智有限公司	广州明智	1
02	番禺旷达集团	番禺旷达	2

5) 客户档案(见表8-8)

表8-8　客户档案

编号	客户名称	简称
01	香港飞鸿集团	香港飞鸿
02	广州金龙集团	广州金龙
03	广州宏基公司	广州宏基

6) 结算方式(见表8-9)

表8-9 结算方式

编号	结算名称
1	现金
2	现金支票
3	转账支票
4	电汇

7) 本单位开户银行(见表8-10)

表8-10 本单位开户银行

编号	银行账号	币种	开户银行/账户名称	所属银行编码
01	123456789100	人民币	中国工商银行沙湾支行	01-工商银行

8) 凭证类别(见表8-11)

表8-11 凭证类别

类型	限制类型	限制科目
收款凭证	借方必有	1001,1002
付款凭证	贷方必有	1001,1002
转账凭证	凭证必无	1001,1002

9) 计量单位(见表8-12)

表8-12 计量单位

计量单位组(01)	计量单位
基本计量单位 (无换算率)	千克(01)
	台(02)
	千米(03)

10) 存货档案(见表8-13)

表8-13 存货档案

存货编码	存货名称	单位	税率	存货属性
001	铁	千克	17%	外购、生产耗用
002	甲产品	台	17%	内销、自制
003	运输费	千米	7%	内销、外购、应税劳务

11) 收发类别与销售类型(启用销售系统,设置完再关闭销售系统,见表8-14)

表8-14 收发类别与销售类型

收发类别编号	收发类别名称	收发标志	销售类型编号	销售类型名称	出库类别	是否默认值
1	出库	发	01	经销	出库	是

3. 初始设置(将系统日期调整到2016年1月31日,以账套主管重新注册企业应用平台)

1) 总账系统

增加科目、录入期初余额(见表8-15和表8-16)并指定"现金总账科目1001"和"银行总账科目1002"。

表8-15　应收账款(1122)期初余额(同时在应收系统里录入期初应收单)

日期	客户名称	摘要	方向	余额
2015-08-08	香港飞鸿集团	客户欠款	借	36 000
2015-12-12	广州金龙集团	客户欠款	借	13 000
2015-12-25	广州宏基公司	客户欠款	借	25 000

表8-16　应付账款(2202)期初余额(同时在应付系统里录入期初应付单)

日期	供应商名称	摘要	方向	余额
2015-10-10	广州明智有限公司	欠供应商款	贷	73 000
2015-11-28	番禺旷达集团	欠供应商款	贷	18 000

根据表8-17提供资料,增加相应科目并录入期初余额,录入完毕后,请进行试算平衡。

表8-17　增加的科目

科目编码	科目名称	方向	辅助账类型	金额
1001	库存现金	借		4 638
1002	银行存款	借		780394.28
100201	工行存款	借	日记账、银行账	780 394.28
1122	应收账款	借	客户往来,应收受控	74 000
1231	坏账准备	贷		3700
1403	原材料	借	数量金额,单位:千克	51 200
1601	固定资产	借		3 150 000
1602	累计折旧	贷		91 800
2001	短期借款	贷		86 300
2202	应付账款	贷	供应商往来,应付受控	91 000
222101	应交增值税	贷		
22210101	进项税额	贷		
22210102	销项税额	贷		
4001	实收资本	贷		3 500 000
4002	资本公积	贷		287 432.28
660202	差旅费	借		

2) 应收系统

选项设置:应收款核销方法:按单据;坏账处理方法:应收余额百分比法;其他为系统默认。

科目设置:应收科目为1122,销售收入科目为6001;税金科目为22210102,其他暂时不设;结算方式科目设置:现金(人民币)对应1001;其他结算方式均对应100201。坏账准备设置:提取比例为0.5%,坏账准备期初余额为3700,坏账准备科目为1231,对方科目为6701。

3) 应付系统

选项设置:应付款核销方法:按单据;其他参数为系统默认。

科目设置:应付科目为2202,采购科目为1403,税金科目为22210101,其他暂时不设;结算方式科目设置:现金对应1001;其他结算方式均对应100201。

4. 日常业务处理

根据业务需要,自行选择相关产品模块进行操作。以下业务均由账套主管(Y1)操作完成。

(1) 2016年1月2日，提取现金9800元备用(现金支票，票号1166)。

(2) 2016年1月8日，销售部报销广告费10 000元，以现金支票支付(票号1188)。

(3) 2016年1月9日，王坤出差借款2000元，以现金支付。

(4) 2016年1月12日，王坤出差回来，报销差旅费1800元，余款退回现金。

(5) 2016年1月18日，将2009年12月25日，广州宏基公司所欠货款25 000元转为坏账。

(6) 2016年1月20日，从广州明智有限公司购入材料铁100千克，单价260元，增值税税率17%，货款未付。

(7) 2016年1月25日，销售给广州金龙集团甲产品375台，无税单价200元，价款75 000元，增值税税率17%，款未收。

(8) 2016年1月31日，收到银行通知(电汇)，收回已作为坏账处理的应向宏基公司收取的应收账款25 000元。

(9) 2016年1月31日，以转账支票支付本月20日所欠广州明智有限公司货款30 420元。

(10) 2016年1月31日，收回香港飞鸿集团前欠货款36 000元。结算方式：电汇。

5. 期末业务处理

(1) 2016年1月31日，李明对所有凭证进行出纳签字、审核、记账的业务处理。

(2) 2016年1月31日，账套主管设置期间损益结转并生成凭证，李明进行审核，记账。

(3) 账套主管对应收应付、总账模块结账。

(4) 账套主管套用报表模板(2007年新会计制度科目)编制1月份"资产负债表"。答案参见表8-18。

表8-18 资产负债表
资产负债表

编制单位：广州青山湖电器有限公司　　2016年1月31日　　　　单位：元

资产	年初数	期末数	负债和所有者权益(或股东权益)	年初数	期末数
流动资产：			流动负债：		
货币资金	785 032.28	803 812.28	短期借款	86 300	86 300
交易性金融资产			交易性金融负债		
应收票据			应付票据		
应收账款	70 300	97 050	应付账款	91 000	91 000
预付款项			预收款项		
应收利息			应付职工薪酬		
应收股利			应交税费		8330
其他应收款			应付利息		
存货	51 200	77 200	应付股利		
一年内到期的非流动资产			其他应付款		
其他流动资产			一年内到期的非流动负债		
流动资产合计	906 532.28	978 062.28	其他流动负债		
非流动资产：			流动负债合计	177 300	185 630
可供出售金融资产			非流动负债：		

(续表)

资产	年初数	期末数	负债和所有者权益(或股东权益)	年初数	期末数
持有至到期投资			长期借款		
长期应收款			应付债券		
长期股权投资			长期应付款		
投资性房地产			专项应付款		
固定资产	3 058 200	3 058 200	预计负债		
在建工程			递延所得税负债		
工程物资			其他非流动负债		
固定资产清理			非流动负债合计		
生产性生物资产			负债合计	177 300	185 630
油气资产			所有者权益(或股东权益):		
无形资产			实收资本(或股本)	3 500 000	3 500 000
开发支出			资本公积	287 432.28	287 432.28
商誉			减：库存股		
长期待摊费用			盈余公积		
递延所得税资产			未分配利润		63 200
其他非流动资产			所有者权益(或股东权益)合计	3 787 432.28	3 850 632.28
非流动资产合计	3 058 200	3 058 200			
资产总计	3 964 732.28	4 036 262.28	负债和所有者权益(或股东权益)总计	3 964 732.28	4 036 262.28

项目九 综合实训

综合实训一

1. 系统管理

1) 建立新账套

(1) 账套信息——账套号：学号最后三位数字(如301)；账套名称：广州长江科技有限公司；采用默认账套路径；启用会计期：2017年1月；会计期间设置：1月1日至12月31日。

(2) 单位信息——单位名称：广州长江科技有限公司；单位简称：长江公司。

(3) 核算类型——该企业的记账本位币为人民币(RMB)；企业类型为工业；行业性质为新会计制度；账套主管为XXX(考生本人姓名)；按行业性质预置科目。

(4) 基础信息——该企业有外币核算，进行经济业务处理时，需要对存货、客户、供应商进行分类。

(5) 分类编码方案——科目编码级次：42222，其他为系统默认。

(6) 数据精度——该企业对存货数量、单价小数位定为2。

2) 财务分工(见表9-1)

表9-1　财务分工

编号	姓名	口令	所属部门	岗位	权限
901	XXX(考生本人姓名)	1	财务部	账套主管	账套主管全部权限
902	赵明	2	财务部	总账会计	总账系统全部权限
903	李萍	3	财务部	出纳	出纳签字及出纳全部权限

2. 基础档案设置

广州长江科技有限公司分类档案资料如表9-2～表9-9所示。

1) 部门档案

表9-2　部门档案

部门名称	部门属性	部门名称	部门属性	部门名称	部门属性
1综合部	管理部门	201销售一部	专售打印纸	4制造部	研发制造
101总经理办公室	综合管理	202销售二部	专售硬件	401产品研发	技术开发
102财务部	财务管理	3采购部	采购供应	402制造车间	生产制造
2销售部	市场营销				

2) 职员档案

表9-3　职员档案

职员编号	职员名称	所属部门	职员属性	个人账号
101	王海	总经理办公室	总经理	123456789001
102	XXX(考生性别)	财务部	会计主管	123456789002
103	李萍(女)	财务部	出纳	123456789003
104	赵明	财务部	会计	123456789004
201	赵斌	销售一部	部门经理	123456789005
202	宋佳(女)	销售二部	经营人员	123456789006
301	白雪(女)	采购部	部门经理	123456789009

3) 客户分类

表9-4　客户分类

分类编码	分类名称	分类编码	分类名称
01	事业单位	02001	工业
01001	学校	02002	商业
01002	机关	02003	金融
02	企业单位	03	其他

4) 供应商分类

表9-5　供应商分类

分类编码	分类名称	分类编码	分类名称
01	硬件供应商	03	材料供应商
02	软件供应商	04	其他

5) 地区分类

表9-6　地区分类

地区分类	分类名称	地区分类	分类名称
01	东北地区	04	华南地区
02	华北地区	05	西北地区
03	华东地区	06	西南地区

6) 客户档案

表9-7　客户档案

客户编号	客户名称	客户简称	所属分类	所属地区	税号	开户银行	银行账号	发展日期
001	上海世纪学校	世纪学校	01001	03	11111	工行	73853654	2010-01-01
002	深圳海达公司	海达公司	02002	04	22222	工行	69325581	2010-01-01
003	上海万邦证券公司	万邦证券	02003	03	33333	工行	36542234	2010-01-01
004	珠海光明制造厂	珠光厂	02001	04	44444	中行	43810587	2010-01-01

7) 供应商档案

表9-8　供应商档案

供应商编号	供应商名称	供应商简称	所属分类码	所属地区	税号	开户银行	银行账号	发展日期
001	上海万科有限公司	万科	02	03	55555	中行	48723367	2010-01-01
002	上海联想分公司	联想	01	03	66666	中行	76473293	2010-01-01
003	深圳多媒体教学研究所	多媒体研究所	04	04	77777	工行	55561275	2010-01-01
004	珠海信息记录纸厂	珠信纸厂	03	04	88888	工行	85115076	2010-01-01

8) 外币及汇率

币符：USD；币名：美元；浮动汇率1：6.675。

9) 结算方式

表9-9　结算方式

结算方式编码	结算方式名称	票据管理	结算方式编码	结算方式名称	票据管理
1	支票结算	否	2	现金结算	否
101	现金支票	是	3	商业汇票	是
102	转账支票	是	4	其他	否

3. 总账管理系统初始设置

1) 基础数据(见表9-10~表9-14)

(1) 2017年会计科目及期初余额表

表9-10　2017年会计科目及期初余额表

科目名称	辅助核算	方向	币别计量	期初余额
1001库存现金	日记账	借		2560.00
1002银行存款	银行日记账	借		373 929.16
100201工行存款	银行日记账	借		293 829.16
100202中行存款	银行日记账	借	美元	80 100.00
1122应收账款	客户往来	借		154 275.00
1123预付账款		借		1500.00
112301保险费		借		300.00
112302报刊费		借		1200.00
112303租金		借		
112304供货款	供应商往来	借		
1221其他应收款		借		3800.00
122101应收单位款	客户往来	借		
122102应收个人款	个人往来	借		3800.00
1231坏账准备		贷		921.40

(续表)

科目名称	辅助核算	方向	币别计量	期初余额
1401材料采购		借		365 234.00
140101生产用材料采购		借		165 000.00
140102其他材料采购		借		200 234.00
1403原材料		借		2 258 208.00
140301生产用原材料	数量核算	借	吨	1 350 000.00
140302其他原材料		借		908 208.00
1404材料成本差异		借		25 000.00
1405库存商品		借		555 000.00
1601固定资产		借		2 260 860.00
1602累计折旧		贷		47 120.91
1604在建工程		借		
160401人工费	项目核算	借		
160402材料费	项目核算	借		
160403其他	项目核算	借		
1701无形资产		借		88 500.00
1901待处理财产损溢		借		
190101待处理流动资产损益		借		
190102待处理固定资产损益		借		
2001短期借款		贷		200 000.00
200101人民币借款		贷		200 000.00
200102 美元借款		贷	美元	
2202应付账款	供应商往来	贷		276 850.00
2203预收账款	客户往来	贷		
2211应付职工薪酬		贷		8 200.00
221101应付工资		贷		
221102应付福利费		贷		8 200.00
2221应交税费		贷		16 800.00
222101应交增值税		贷		
22210101进项税额		贷		
22210102销项税额		贷		
222102未交增值税		贷		16 800.00
222104应缴城市维护建设税		贷		
222105应缴个人所得税		贷		
2231应付利息		贷		

(续表)

科目名称	辅助核算	方向	币别计量	期初余额
223101 人民币借款利息		贷		
223102 美元借款利息		贷	美元	
2241其他应付款		贷		3100.00
4001实收资本		贷		5 439 718.28
4103本年利润		贷		
4104利润分配		贷		119 022.31
410401未分配利润		贷		119 022.31
5001生产成本	项目核算	借		22 866.74
500101直接材料	项目核算	借		15 000.00
500102直接人工	项目核算	借		4200.74
500103制造费用	项目核算	借		2300.00
500104折旧费	项目核算	借		1366.00
500105其他	项目核算	借		
5101制造费用		借		
510101工资		借		
510102折旧费		借		
510103水电费		借		
6601销售费用		借		
660101 运输费	部门核算	借		
660102 广告费	部门核算	借		
660103折旧费	部门核算	借		
660104 工资	部门核算	借		
660105福利费	部门核算	借		
660106其他费用	部门核算	借		
6602管理费用		借		
660201工资	部门核算	借		
660202福利费	部门核算	借		
660203办公费	部门核算	借		
660204差旅费	部门核算	借		
660205招待费	部门核算	借		
660206折旧费	部门核算	借		
660207 保险费	部门核算			
660208其他		借		
6603财务费用		借		
660301利息支出		借		

(2) 辅助账期初余额表

表9-11　会计科目：其他应收款　余额：借3800元

日期	凭证号	部门	个人	摘要	方向	期初余额
2016-12-26	付-118	总经理办公室	王海	出差借款	借	2000.00
2016-12-27	付-156	销售二部	宋佳	出差借款	借	1800.00

表9-12　会计科目：应收账款　余额：借154 275.00 元

日期	凭证号	客户	摘要	方向	金额	业务员	票号	票据日期
2016-12-25	转-118	世纪学校	销售商品	借	99 600	宋佳	P111	2016-12-25
2016-12-10	转-15	海达公司	销售商品	借	54 675	宋佳	Z111	2016-12-10

表9-13　会计科目：应付账款　余额：贷 276 850 元

日期	凭证号	供应商	摘要	方向	金额	业务员	票号	票据日期
2016-11-20	转-45	万科	购买商品	贷	276 850	宋佳	C000	2016-11-20

表9-14　会计科目：生产成本　余额：借 22 866.74 元

科目名称	普通打印纸-A4	凭证套打纸-8X	合计
直接材料(500101)	6000	9000	15 000
直接人工(500102)	1600	2600.74	4200.74
制造费用(500103)	1000	1300	2300
折旧费 (500104)	820	546	1366
合计	9420	13 446.74	22 866.74

2) 凭证类别(见表9-15)

表9-15　凭证类别

凭证类别	限制类型	限制科目
收款凭证	借方必有	1001,100201,100202
付款凭证	贷方必有	1001,100201,100202
转账凭证	凭证必无	1001,100201,100202

3) 项目目录(见表9-16)

表9-16　项目目录

项目设置步骤	设置内容
项目大类	生产成本
核算科目	直接材料(500101) 直接人工(500102) 制造费用(500103) 折旧费(500104) 其他(500105)
项目分类	1. 自行开发项目　　2. 委托开发项目
项目名称	普通打印纸-A4　　102 凭证套打纸-8X

4. 总账管理系统日常业务处理

1) 凭证管理(下列凭证由赵明填制)

1月经济业务如下:

(1) 2日,以现金支票(XJ001)支付业务招待费1000元。

借:管理费用——招待费　　　　　　　　　1000.00
　　贷:银行存款——工行存款　　　　　　　　　1000.00

(2) 3日,以转账支票(ZZR001)支付本月份电话费1000元,其中销售一部750元,总经理办公室250元。

借:销售费用——其他费用(销售一部)　　　750
　　管理费用——办公费　　　　　　　　　250
　　　贷:银行存款——工行存款　　　　　　　　　1000

(3) 5日,销售二部经理宋佳报销差旅费1300元,退还剩余借款500元。

借:库存现金　　　　　　　　　　　　　500
　　销售费用——其他费用(销售二部)　　1300
　　　贷:其他应收款——应收个人款(宋佳)　　1800

(4) 6日,采购部白雪报销差旅费800元。

借:管理费用——差旅费　　　　　　　　　800
　　贷:库存现金　　　　　　　　　　　　　800

(5) 8日,从中国银行借入100 000美元,期限为6个月,借入的外币暂存银行。1月初的市场汇率为1美元=6.675元人民币。

借:银行存款——中行存款(100 000美元)
　　　　　　　　　　(100 000×6.675)　667 500
　　贷:短期借款——美元借款(100 000美元)
　　　　　　　　　　(100 000×6.6752)　667 500

(6) 9日,采购部白雪采购原纸10吨,每吨5000元,材料直接入库,货款以银行存款支付。(转账支票号ZZR002)

借:原材料——生产用原材料　　　　　　　50 000
　　贷:银行存款——工行存款　　　　　　　　　50 000

(7) 12日,销售二部宋佳收到上海世纪学校转来一张转账支票,金额99 600元,用以偿还前欠货款。(转账支票号ZZR003)

借:银行存款——工行存款　　　　　　　　99 600
　　贷:应收账款(上海世纪学校)　　　　　　　99 600

(8) 14日,采购部白雪从南京多媒体研究所购入"管理革命"光盘100张,单价80元,货税款暂欠,商品已验收入库。(适用税率17%)

借:库存商品　　　　　　　　　　　　　8000
　　应交税费——应交增值税——进项税额　1360
　　贷:应付账款　　　　　　　　　　　　　9360

(9) 17日,生产部领用原纸5吨,单价5000元,用于生产普通打印纸-A4。

借:生产成本——直接材料　　　　　　　25 000
　　贷:原材料——生产用原材料　　　　　　　25 000

(10) 20日，收到出租包装物租金5000元，存入银行(转账支票号RAX005)。

借：银行存款——工行存款　　　　　　　5000

　　贷：其他业务收入　　　　　　　　　　5000

(11) 22日，收到银行转来自来水公司委托收款结算凭证付款6000元通知。

借：制造费用——水电费　　　　　　　　3000

　　管理费用——其他　　　　　　　　　　2000

　　销售费用——其他费用(销售一部)　　　1000

　　贷：银行存款——工行存款　　　　　　6000

(12) 26日，财务部计提工资。

借：管理费用——工资　　　　　　　　　35 000

　　销售费用——工资(销售一部)　　　　28 000

　　销售费用——工资(销售二部)　　　　17 000

　　贷：应付职工薪酬——工资　　　　　　80 000

(13) 27日，财务部李萍从工行提取现金80 000元，备发工资(现金支票号XJ002)。

借：库存现金　　　　　　　　　　　　　80 000

　　贷：银行存款——工行存款　　　　　　80 000

(14) 28日，以现金发放工人工资80 000元。

借：应付职工薪酬——工资　　　　　　　80 000

　　贷：库存现金　　　　　　　　　　　　80 000

(15) 补充登记3日提现分录漏记金额9000元(现金支票号1001)。

借：库存现金　　　　　　　　　　　　　9000

　　贷：银行存款——工行存款　　　　　　9000

2) 出纳管理(李萍用户)

25日，销售二部宋佳领用转账支票一张，票号155，预计金额5000元。

5. 总账管理系统银行对账(操作员：李萍)

1) 银行对账期初

长江公司银行账的启用日期为2017/01/01，工行人民币户企业日记账调整前余额为293 829.16元，银行对账单调整前余额为253 829.16元，未达账项一笔，系企业已收银行未收款40 000元。

2) 银行对账单

12月份银行对账单如表9-17所示。

表9-17　12月份银行对账单

日期	结算方式	票号	借方金额	贷方金额
2017.01.03	101	XJ001		1000
2017.01.03	101	1001		9000
2017.01.05	102	ZZR001		1000
2017.01.10	102	ZZR002		50 000
2017.01.13	102	ZZR003	99 600	
2017.01.22	4			6000

3) 查看余额调节表

6. 总账管理系统期末处理(操作员：赵明)

1) 自动转账定义

(1) 提取本月人民币借款利息(年利率6%)

借：财务费用——利息支出   1000

    贷：应付利息——人民币借款利息 $200\,000 \times 0.06/12$

(2) 提取本月美元借款利息(年利率6%)

借：财务费用——利息支出   3337.5

    贷：应付利息——美元借款利息 $100\,000 \times 0.06/12$

2) 期间损益结转

3) 结账

编制1月份"总账发生额及余额表""资产负债表"，要求资产负债表必须平衡。

综合实训二

2012年第六届"用友杯"全国大学生会计信息化资格赛A卷

1. 操作须知

(1) 答题时间2小时。

(2) "2007新会计制度科目"。

(3) 凭证摘要必须写完整。

(4) 答题开始，请把系统时间调到2012-01-31。

2. 答题要求

(1) 考生注册企业应用平台，完成各模块初始设置操作(部分没有完成)。(操作员编号LPF，姓名刘鹏飞；操作时间：2012-01-01。)

(2) 考生注册企业应用平台，根据经济业务在相应模块填制相关业务单据，生成会计凭证，并登记账簿，完成各模块记账工作。(操作员：刘鹏飞；操作时间：2012-01-31；所有凭证制单日期为业务发生日期，附单据数不用填写。)

(3) 总账模块中审核凭证操作员刘笛，编号LD。

(4) 编制指定格式报表保存到考生文件夹中。

3. 企业概况

1) 企业基本情况

企业名称：北京诚信益友贸易有限公司(简称：诚信益友)(位于北京市朝阳区十八里店)；企业类型：商业企业；主营业务：批发零售儿童玩具；法定发表人：吴艳磊；联系电话和传真均为：010-68842322；纳税人识别号：01065863218。

2) 北京诚信益友贸易有限公司采用以下的会计政策和核算方法

(1) 企业记账本位币为人民币。

(2) 固定资产折旧方法采用平均年限法(二)，按月计提折旧。

(3) 所有操作员密码均为空。

4. 企业静态数据

1) 预置数据

账套信息：

账套号：168；账套名称：北京诚信益友贸易有限公司；启用日期：2012年01月01日。

基础信息：存货分类，客户、供应商不分类，有外币核算。

编码方案：科目编码：422222，部门：22；收发类别：111；存货分类222；其他采用系统默认。

数据精度：采用系统默认。

2) 设置操作员及权限(见表9-18)

表9-18 操作员及权限

操作员编号	操作员姓名	系统权限
LPF	刘鹏飞	账套主管
LD	刘笛	拥有总账、UFO报表所有权限

3) 系统启用

启用总账模块、应收账款管理模块、应付账款管理模块、固定资产模块、薪资管理模块，启用日期统一为：2012年1月1日。

4) 基础档案

(1) 部门档案(见表9-19)

表9-19 部门档案

部门编码	部门名称	部门编码	部门名称
01	行政人事部	04	市场企划部
02	财务部	05	采购部
03	销售部	06	库房

(2) 人员档案(见表9-20)

表9-20 人员档案

人员编号	人员姓名	性别	行政部门	人员类别	是否业务员
001	吴艳磊	男	行政人事部	在职人员	是
002	杨丹	女	行政人事部	在职人员	是
003	刘鹏飞	男	财务部	在职人员	是
004	刘笛	女	财务部	在职人员	是
005	王晓磊	男	销售部	在职人员	是
006	张薇	女	销售部	在职人员	是
007	胡雅洁	女	销售部	在职人员	是

(续表)

人员编号	人员姓名	性别	行政部门	人员类别	是否业务员
008	赵洋	男	销售部	在职人员	是
009	孙佳艳	男	采购部	在职人员	是
010	桑单	女	采购部	在职人员	是

(3) 供应商档案(见表9-21)

表9-21　供应商档案

编号	供应商名称	简称
BJLLG	北京乐乐高玩具公司	北京乐乐高
QQBB	琪琪宝贝玩具有限公司	琪琪宝贝
YTWJ	南京益童玩具厂	益童玩具
TDSM	唐达数码娱乐设备公司	唐达数码

(4) 客户档案(见表9-22)

表9-22　客户档案

编号	客户名称	简称
FDL	北京翻斗乐玩具城	北京翻斗乐
WHET	武汉儿童用品大厦	儿童用品大厦
TJSM	天津商贸中心	天津商贸
XSJWJ	北京新世界玩具城	新世界玩具城
SYLBB	沈阳乐宝宝玩具市场	沈阳乐宝宝

(5) 结算方式(见表9-23)

表9-23　结算方式

编号	结算名称
1	现金结算
2	现金支票
3	转账支票

(6) 凭证类型设置(见表9-24)

表9-24　凭证类型设置

类型	限制类型	限制科目
收款凭证	无限制	
付款凭证	无限制	
转账凭证	无限制	

(7) 存货分类(见表9-25)

表9-25　存货分类

存货分类编号	存货分类名称
01	电动玩具
02	益智玩具
03	毛绒玩具
04	特许经营玩具

(8) 计量单位

计量单位组，01无换算组；

计量单位：01套、02台、03盒。

(9) 存货档案(见表9-26)

表9-26 存货档案

存货编码	存货名称	单位	税率	存货属性
01001	乐风数码遥控飞机	台	17%	内销、外购
01002	乐风数码遥控汽车	台	17%	内销、外购
02001	乐乐高数字拼图	套	17%	内销、外购
02002	乐乐高数字油画	盒	17%	内销、外购
02003	积木立体拼图	盒	17%	内销、外购
03001	史迪仔毛绒玩具套装	套	17%	内销、外购
03002	大嘴猴毛绒玩具礼品装	套	17%	内销、外购

5) 各模块初始设置

(1) 应收系统模块，设置以下参数：

应收款核销方法：按单据；坏账处理方法：应收余额百分比法；其他参数为系统默认。

(2) 应付系统模块，设置以下参数：

应付款核销方法：按单据；其他参数为系统默认。

(3) 固定资产业务控制参数：

① 启用月份：2012年1月；固定资产类别编码方式为2112，固定资产编码方式：按"类别编号+序号"自动编码；已注销的卡片5年删除；当(月初已计提月份=可使用月份-1)时，要求将剩余折旧全部提足。

② 用平均年限法(二)按月计提折旧；卡片序号长度为5。

③ 与账务系统进行对账，固定资产对账科目：1601固定资产，累计折旧对账科目：1602累计折旧。

5. 考核内容——账套基础信息维护

1) 操作员管理

对已有操作员刘笛进行修改，修改：拥有"公用目录设置""公共单据""固定资产"中的所有权限，并且取消总账结账功能。

2) 基础档案设置

(1) 新增特许经营玩具类存货档案(见表9-27)。

表9-27 特许经营玩具类存货档案

存货编码	存货名称	计量单位	税率	存货属性
04001	奥运福娃礼盒套装	套	13%	内销、外购
04002	喜洋洋系列玩偶套装	套	13%	内销、外购

(2) 设置外币：币符：$；币名：美元；固定汇率；2012年1月记账汇率6.28，其他默认；会计科目100202(招商银行)下新增美元户科目(10020202)，要求美元外币核算。

(3) 设置会计科目：设置指定科目，指定"现金总账科目1001""银行总账科目1002"。

(4) 本月起，销售部王晓磊内部调动市场企划部工作，请在系统中操作。

(5) 根据所学会计知识，设置收付转凭证的限制类型及限制科目。

(6) 设置本单位开户银行(见表9-28)

表9-28 本单位开户银行

编号	银行账号	币种	开户银行/账户名称	所属银行编码
B01	766534827122	人民币	北京市朝阳区十八里店支行	02-招商银行

(7) 应收账款初始设置

科目设置：应收科目为1122，预收科目为2203(注意先定义往来辅助)，销售收入科目为6001；税金科目为22210102，其他暂时不设；结算方式科目设置：现金(人民币)对应1001；其他人民币币种的结算方式均对应100201。坏账准备设置：提取比例为1.5%，坏账准备期初余额为1000，坏账准备科目为1231，对方科目为6701。

(8) 应付账款初始设置

科目设置：应付科目为2202，预付科目为1123，采购科目1405，税金科目为22210101，其他暂时不设；结算方式科目设置：现金(人民币)对应1001；其他人民币结算方式均对应100201。

(9) 固定资产选项设置

根据下面要求，设置固定资产选项内容：设置固定资产、累计折旧入账科目；固定资产入账科目："1601固定资产"；累计折旧入账科目"1602累计折旧"；选择卡片金额型数据显示千分位格式和业务发生后立即制单。

(10) 会计科目的期初余额录入

应收账款、应付账款期初余额见表9-29和表9-30。

要求在应收账款、应付账款录入期初应收单或应付单，总账期初余额进行引入。

表9-29 应收账款(1122)期初余额

日期	客户名称	摘要	方向	余额
2011-08-05	北京新世界玩具城	客户欠款	借	87 300
2008-11-24	沈阳乐宝宝玩具市场	客户欠款	借	11 740

表9-30 应付账款(2202)期初余额

日期	供应商名称	摘要	方向	余额
2011-10-03	琪琪宝贝玩具有限公司	欠供应商款	贷	37 600
2011-11-23	北京乐乐高玩具公司	欠供应商款	贷	29 000

根据表9-31提供数据，录入部分期初余额，录入完毕后，请进行试算平衡。

表9-31 部分期初余额

科目名称	方向	币别/计量	期初余额
库存现金	借		26 400
银行存款	借		1 038 325
农业银行	借		850 000
招商银行	借		188 325
招行人民币户	借		68 325
招行美元户	借		120 000
	借	美元	19 600

(续表)

科目名称	方向	币别/计量	期初余额
应收账款	借		99 040
坏账准备	贷		1000
库存商品	借		236 800
固定资产	借		161 291
累计折旧	贷		35 484
应付账款	贷		66 600
长期借款	贷		550 000
实收资本	贷		600 000
盈余公积	贷		300 000
本年利润	贷		8772

6. 考核内容——日常业务处理

根据业务需要,自行选择相关产品模块进行操作。以下业务均由刘鹏飞(LPF)操作完成。

(1) 2012/01/01,公司从招商银行提取现金18 650元备用金,现金支票(票号1153)。

(2) 2012/01/02,销售部张薇报销平面媒体宣传费6800元,现金付讫。

(3) 2012/01/02,计提坏账准备金,请在相关系统中进行处理。

(4) 2012/01/03,由于本企业租用腾达大厦9层作为办公场地,每月3日都以农行现金支票方式支付租金30 000元,请填写本月凭证,并生成常用凭证(代号001,说明即摘要),以便日后使用(票号5658)。

(5) 2012/01/03,财务现金支付本企业上月网络宽带费用500元。

(6) 2012/01/04,根据行政人事部提供数据,财务部通过招商银行人民币户转账代发上月员工薪资83 800元。

(7) 2012/01/04,由于沈阳乐宝宝玩具市场经营不善,欠公司货款已无法追回,财务部做全额坏账发生业务处理,生成坏账发生业务凭证。

(8) 2012/01/06,采购部门桑丹从供应商北京乐乐高采购350套数字油画,无税单价121元,全部货款未支付,桑丹将采购普通发票交给财务部门,生成相关财务凭证。

(9) 2012/01/08,销售部赵洋从东莞玩具城洽谈业务归来,报销差旅费用2000元,以现金支付。(科目编号:660103,科目名称:差旅费,辅助核算:部门辅助核算,需要考生新增科目)。

(10) 2012/01/09,杨丹报销购买专业图纸费用11 000元,招商银行支付,现金支票(票号3513)。

(11) 2012/01/10,销售部张薇销售给北京新世界玩具城30台乐风数码遥控飞机,含税单价358元;20台乐风数码遥控汽车,含税单价269元,货款未收,请根据业务录入销售普通发票,生成应收账款凭证。

(12) 2012/01/12,财务部对2011年11月23日采购北京乐乐高商品进行全额付款,付款方式农业银行现金支票,请填写并审核付款单,生成相关财务凭证,并进行核销处理(票号8925)。

(13) 2012/01/13,采购部孙佳艳向琪琪宝贝购买奥运福娃礼品盒套装150套,原币单价250元;大嘴猴毛绒玩具礼品装100套,原币单价138元,货已入库,采购专用发票已经收到,但财务部暂不支付货款,请处理该业务,并生成相关凭证。

(14) 2012/01/14,销售部胡雅洁销售给北京翻斗乐玩具城史迪仔毛绒玩具套装150套,含税单价265元；乐乐高数字拼图670套，含税单价120元；合同签订，货款60天后客户支付，请根据业务录入销售专用发票，生成相关凭证。

(15) 2012/01/15，销售部告知财务部，1月10日销售给北京新世界玩具城的全部产品由于货品原因，客户全部退回，请财务进行退货处理。

(16) 2012/01/16，公司各个部门报销业务招待费，发生金额分别为：行政人事部3200元；财务部1786元；采购部2103元；市场企划部3812元；销售部3580元；财务现金付讫。

(17) 2012/01/18，财务部对1月13日采购琪琪宝贝大嘴猴毛绒玩具礼品装进行付款，本期先付款50套，其他以后再付；付款方式招商银行人民币户，现金支票，结算票号5535，请填写并审核付款单，生成相关财务凭证，并进行核销处理。

(18) 2012/01/20，销售部赵洋销售给天津商贸50套喜洋洋系列玩偶套装，含税单价310元，开据销售普通发票，货款下月付清，请处理业务，生成相关凭证。

(19) 2012/01/21，财务部收到北京翻斗乐玩具城现金支票，货款50 150元，其他货款以后再付，请填写收款单，生成收款凭证，并进行核销处理(票号6582)。

(20) 2012/01/22，本月初已经做坏账业务处理的沈阳乐宝宝玩具市场全部欠款已由相关部门追回，出纳已确认收到欠款现金支票，请处理相关业务(票号6875)。

7. 考核内容——固定资产业务

2012年1月20日，根据提供信息，由操作员刘鹏飞(LPF)进行如下操作：

(1) 设置资产类别(见表9-32)

表9-32　资产类别

编码	类别名称	净残值率	计提属性	折旧方法	卡片式样
01	工器具	10	正常计提	平均年限法(二)	通用样式(二)
02	办公设备	10	正常计提	平均年限法(一)	通用样式(二)

(2) 根据表9-33和表9-34提供信息，设置部门对应折旧科目、增减方式的入账科目：

表9-33　对应折旧科目

部门	对应折旧科目
行政人事部	660206"管理费用-折旧费"
采购部	660206"管理费用-折旧费"
财务部	660206"管理费用-折旧费"
销售部	660102"销售费用-折旧费"
库房	660206"管理费用-折旧费"
市场企划部	660206"管理费用-折旧费"

表9-34　增减方式

增减方式目录	对应入账科目
增加方式：直接购入	100201"银行存款-农业银行"
减少方式：报废	1606"固定资产清理"

(3) 根据表9-35提供资料，录入2012年1月原始卡片：

表9-35　原始卡片信息

编号	固定资产名称	类别编号	所在部门 (存放地点)	使用年限 /月	开始使用 日期	原值	12月份止累 计折旧
0100001	玩具有害物质检测仪	01	库房/采购部	120	2010-08-11	58 500	12 500
0100002	电动玩具测试器	01	销售部/库房	96	2011-1-1	31 000	8900
0100003	多媒体玩具设计平台	01	销售部/采购部/库房 /市场企划部	60	2010-6-12	37 650	8700
0200001	办公用电脑	02	行政人事部	60	2010-11-1	5500	1100
0200002	佳能一体机	02		72	2010-3-13	28 641	4284
合计						161 291	35 484

购买资产增加方式均为直接购入，多个部门折旧费平均分配；使用状况均为在用；录入完原始卡片，进行固定资产对账。

(4) 固定资产日常业务：

① 2012/01/27，行政人事部购入办公用固定资产IBM服务器一台，使用年限5年，净残值率10%；存放在办公室，价值18 650元，招商银行现金支票支付，票号66892；生成资产购入凭证。

② 2012/01/27，公司决定，把佳能一体机由行政人事部单独使用改为由采购、销售、行政人事部、财务部共同使用，折旧费平均分摊。

③ 2012/01/27，计提1月份折旧，生成折旧凭证。(按部门计提)

④ 固定资产模块月末结账。

8. 考核内容——薪资管理业务

2012/01/28，由操作员刘鹏飞处理薪资业务：

(1) 个人所得税按"实发合计"扣除"3500"元后计税。个人所得税税率表(工资、薪金所得适用)

(2) 参照设置工资项目：基本工资、岗位工资、奖金、迟到次数、迟到扣款。

(3) 参照人员档案，录入本单位所有人员信息。

(4) 根据如下工资信息，录入工资：

① 本单位所有在职人员基本工资为3000元。

② 设置岗位工资公式，销售部员工岗位工资为2500元，其他部门员工岗位工资为1000元。

③ 本月度所有员工奖金为岗位工资的80%。

④ 公司规定每迟到一次扣款30元，请设置迟到扣款公式，本月桑丹、赵洋迟到1次。

(5) 生成招商银行代发薪资格式文件，要求账号、金额、录入日期，其他默认即可，生成文件"薪资管理.txt"保存到考生文件夹D:\你的姓名\中。

(6) 薪资管理模块月末结账。

9. 考核内容——期末业务处理

(1) 2012/01/31，由操作员刘笛对所有业务凭证进行出纳签字、审核凭证、记账的业务处理。

(2) 2012/01/31，由操作员刘鹏飞设置期间损益结转并结转本年利润，收入、支出类生成一张凭证即可，并把本张凭证由刘笛进行审核、记账的操作。

(3) 操作员刘鹏飞对应收应付、总账模块结账。

(4) 财务报表生成：

1月31日，操作员刘鹏飞在UFO报表中，利用报表模板编制1月份"资产负债表""利润表"，要求资产负债必须平衡。

2012年第六届"用友杯"全国大学生会计信息化资格赛A卷评分标准

1. 账套基础信息维护(25 分)

1) 操作员管理

对已有操作员刘迪进行修改，修改姓名为刘笛：拥有"公用目录设置""公共单据""固定资产"中的所有权限，并且取消总账结账功能。

(修改操作员刘笛姓名0.5分，姓名错不得分；取消总账结账权限0.5分；总计1分)

2) 基础档案设置

(1) 新增特许经营玩具类存货档案

(存货档案增加1个0.5分；总计1分)

(2) 设置外币

(外币设置0.5分，记账汇率正确给分；新增科目编码、有美元核算正确0.5分，总计1分)

(3) 设置会计科目

(指定科目1分，错误不得分，总计1分)

(4) 本月起，销售部王晓磊内部调动市场企划部工作，请在系统中操作。

(部门档案修改1分，总计1分)

(5) 根据所学会计知识，设置收付转凭证的限制类型及限制科目。

(收付转限制类型及限制科目正确给分，错误不得分，总分1分)

(6) 设置本单位开户银行

(本单位开户银行1分；编号、银行账号、开户银行给分，总计1分)

(7) 应收账款初始设置

(录入科目4分，每科目1分；坏账准备科目与对方科目各0.5分，共5分)

(8) 应付账款初始设置

(录入科目4分，每个科目1分；每个结算方式1分，共3分；总计7分)

(9) 固定资产选项设置

(设置对账科目1分，每科目0.5分；选择卡片金额型数据显示千分位0.5分，业务发生后立即制单0.5分；共2分)

(10) 会计科目的期初余额录入

(应收账款期初余额，每条记录引入正确0.5分，共1分)

(应付账款期初余额，每条记录引入正确0.5分，共1分)

(期初余额试算平衡2分，不平衡不得分，总计2分)

2. 日常业务处理(45 分)

(1) 业务1如图9-1所示。

图9-1　业务1

(凭证正确1分；科目、金额、票号正确即可，总计1分。)

(2) 业务2如图9-2所示。

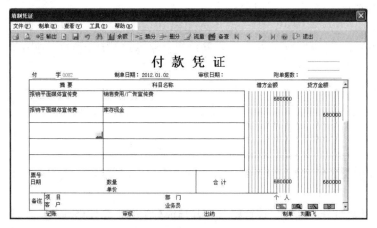

图9-2　业务2

(凭证正确1分；科目、金额、辅助核算项正确即可，总计1分。)

(3) 业务3如图9-3所示。

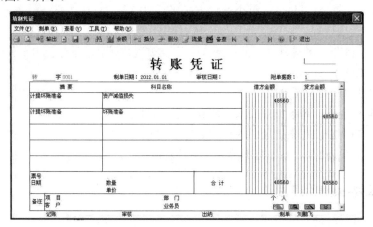

图9-3　业务3

(凭证正确1分；日期、科目、金额正确即可，总计1分。)

(4) 业务4如图9-4所示。

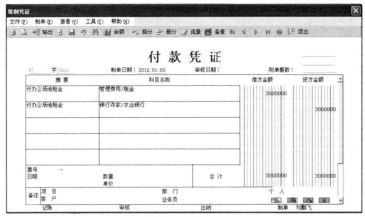

图9-4　业务4

(凭证正确1分，科目、金额、正确即可；生成常用凭证1分；总计2分。)

(5) 业务5如图9-5所示。

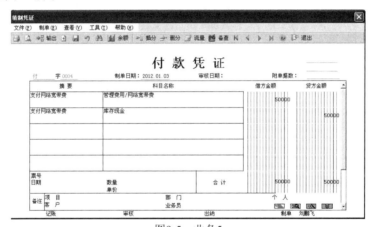

图9-5　业务5

(凭证正确1分，科目、金额正确即可；总计1分。)

(6) 业务6如图9-6所示。

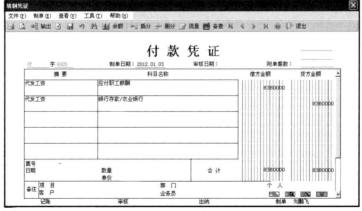

图9-6　业务6

(凭证正确1分，科目、金额正确即可；总计1分。)

(7) 业务7如图9-7所示。

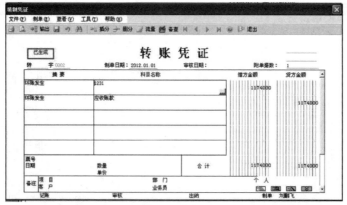

图9-7　业务7

(应收账款模块生成坏账发生凭证1分；　科目、金额正确即可，总计1分。)

(8) 业务8如图9-8所示。

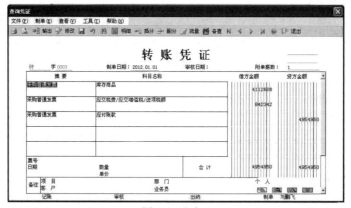

图9-8　业务8

(填制采购普通发票1分；数量、金额、供应商正确即可；生成凭证1分；　共2分。)

(9) 业务9如图9-9所示。

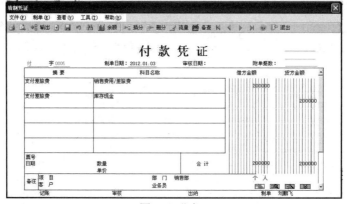

图9-9　业务9

(科目新增1分；凭证正确2分；科目、金额正确即可，总计3分。)

(10) 业务10如图9-10所示。

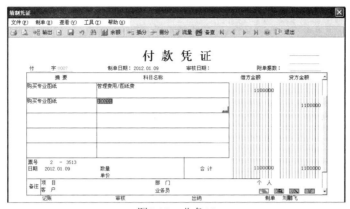

图9-10 业务10

(凭证正确1分，科目、金额正确即可；总计1分。)

(11) 业务11如图9-11所示。

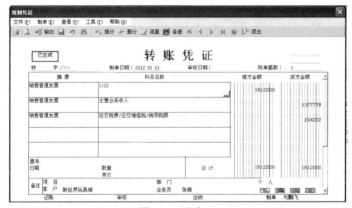

图9-11 业务11

(销售普通发票录入2分；数量、金额、客户正确即可；审核1分；应收凭证生成1分，共4分。)

(12) 业务12如图9-12所示。

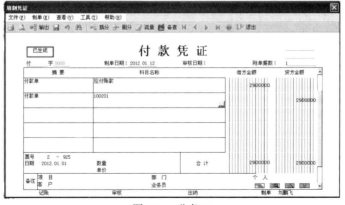

图9-12 业务12

(付款单填写1分；金额、供应商正确即可；付款凭证生成2分，核销处理1分，共4分。)

(13) 业务13如图9-13所示。

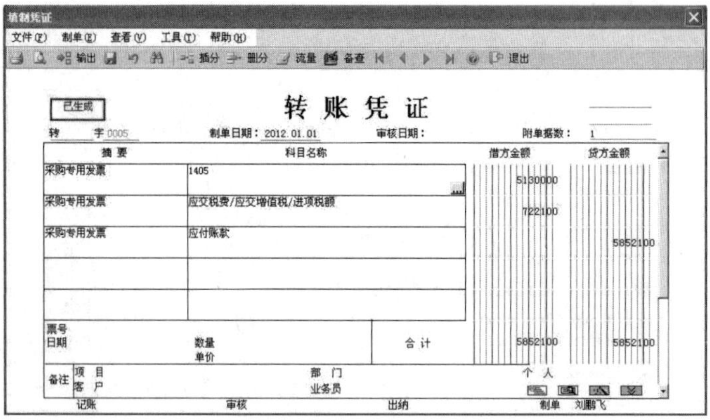

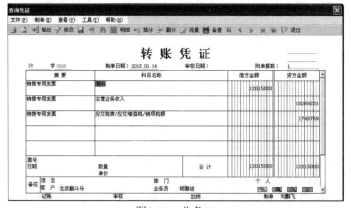

图9-13　业务13

(填制采购专用发票2分；数量、金额、供应商正确即可，审核1分；生成凭证1分，共 4分。)

(14) 业务14如图9-14所示。

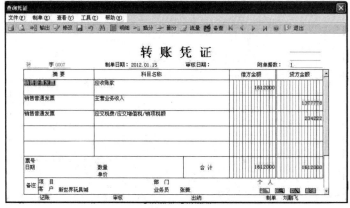

图9-14　业务14

(销售专用发票录入1分；客户名称、存货档案、金额正确即可；应收凭证生成1分，共 2分。)

(15) 业务15如图9-15所示。

图9-15　业务15

(红字销售普通发票录入2分；客户名称、存货档案、金额正确即可；红字凭证生成1分，共3分。)

(16) 业务16如图9-16所示。

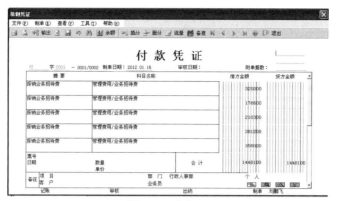

图9-16　业务16

(凭证正确2分；科目、金额正确即可，总计2分。)

(17) 业务17如图9-17所示。

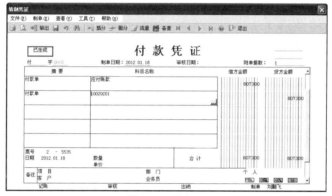

图9-17　业务17

(付款单填写1分，金额、客户档案正确给分；付款凭证生成1分；付款单与采购发票核销1分，共3分。)

(18) 业务18如图9-18所示。

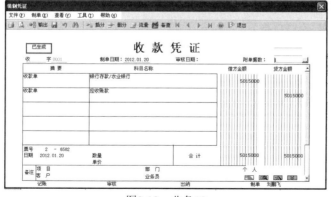

图9-18　业务18

(销售普通发票录入1分；客户名称、存货档案、金额正确即可；凭证正确2分，制单日期、科目、金额、辅助核算项正确即可，总计3分。)

(19) 业务19如图9-19所示。

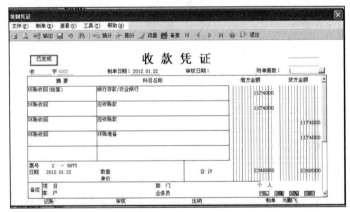

图9-19　业务19

(收款单填写1分，金额、客户档案正确给分；凭证生成1分；收款单与销售发票核销1分，共3分。)

(20) 业务20如图9-20所示。

图9-20　业务20

(收款单录入2分；客户名称、存货档案、金额正确即可；收款凭证生成1分，共3分。)

3. 固定资产业务(10分)

(1) 设置资产类别

(设置资产类别，设置正确给分；每个类别0.5分，总计1分。)

(2) 增减方式每个 0.5 分，总计1分，部门对应折旧科目不设采分点，与折旧凭证生成 一同判断。

(3) 每张固定资产卡片正确0.5分，固定资产名称、原值、折旧正确即可，共计2.5分。

(4) 固定资产日常业务

① 生成凭证1分，制单日期、金额、科目正确即可，总计2分。

② 使用部门修改正确1分；总计1分。

③ 折旧凭证如图9-21所示。

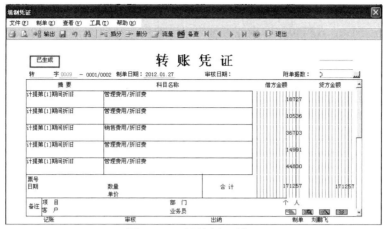

图9-21　1月份折旧凭证

(计提折旧，生成凭证2分；金额、科目正确即可。)

④ 固定资产月末结账0.5分，总计0.5分。

4. 薪资管理业务(10分)

(1) 设置扣税基数0.5分，总计0.5分。

(2) 设置工资项目，每个工资项目0.5分，总计2.5分。

(3) 本单位所有人员引入成功1分；总计1分。

(4) 工资变动；设置岗位工资公式1分；设置奖金公式1分；设置扣款公式1分，总计3分。

(5) 银行代发格式正确1分，生成银行代发文件1分；总计2分。

(6) 薪资管理模块结账1分，总计1分。

5. 期末业务处理(10分)

(1) 操作员刘笛对所有凭证出纳签字1分、审核1分、记账1分，总计3分。

(2) 期间损益结转凭证生成2分，金额、科目正确即可；共2分。

(3) 应收系统结账1分，应付系统结账1分，总账结账1分，总计3分。

(4) 资产负债表、利润表各1分，总计2分。

综合实训三

第三届"用友杯"全国大学生会计信息化技能大赛决赛(修改版)

1. 初始状态

1) 操作员

"001张林"是账套主管，操作员"002李峰"，操作员"003王兵"初始密码为空。

2) 账套信息

(1) 账套号：777，账套名称：精益电脑公司，默认路径。

(2) 单位名称为"精益电脑公司"，单位简称为"精益电脑"。

(3) 记账本位币："人民币"，企业类型为"工业"，行业性质为"2007年新会计制度科目"并预置科目。账套主管"张林"。

(4) 存货分类、供应商和客户不分类、无外币核算。

(5) 编码方案：

① 科目编码方案为4-2-2-2；

② 部门编码方案为1-2；

③ 结算方式编码方案为1-1；

④ 收发类别编码为1-1；

⑤ 存货分类编码为2-2-2；

⑥ 其他编码项目保持不变。

(6) 数据精度均默认2位。

(7) 启用日期为2017年1月1日。

(8) 启用总账、薪资管理、固定资产、应收款管理系统、应付款管理系统。

3) 定义外币及汇率

币符：USD，币名：美元，汇率小数位：2位，最大误差：0.01，折算方式：外币*汇率=本位币，固定汇率，1月份记账汇率为6.81。

4) 固定资产初始

① 主要折旧方法平均年限法(一)；

② 与总账系统进行对账科目 1601 固定资产，1602 累计折旧。

2. 基础档案

1) 定义结算方式

1 现金结算

2 支票结算

21 现金支票结算

22 转账支票结算

3 电汇

2) 部门档案(见表9-36)

表9-36　部门档案

部门编码	部门名称
1	生产部
101	生产一部
102	生产二部
2	采购部
3	销售部
301	销售一部
302	销售二部
4	财务部
5	人事部

3) 定义人员档案(见表9-37)

表9-37　人员档案

部门编码	部门名称	人员		人员类别	性别	业务或费用部门
101	生产一部	10101	宋兰	在职人员	女	生产一部
102	生产二部	10201	赵红	在职人员	男	生产二部
2	采购部	20001	张雪	在职人员	女	采购部
301	销售一部	30101	雷磊	在职人员	男	
302	销售一部	30201	何亮	在职人员	女	

4) 定义客户档案(见表9-38)

表9-38　客户档案

客户编码	客户简称
0001	华发公司
0002	达发公司
0003	昌运公司
0004	利群公司

5) 定义收发类别(见表9-39)

表9-39　收发类别

收/发	类别编码	类别名称
收	1	正常入库
	11	采购入库
	12	半成品入库
	13	产成品入库
发	3	正常出库
	31	销售出库
	32	生产领用

6) 定义仓库档案(见表9-40)

表9-40　仓库档案

仓库编码	仓库名称	计价方式	仓库属性
001	产成品仓库	全月平均	普通仓
002	半成品仓库	全月平均	普通仓
003	外购品仓库	全月平均	普通仓
004	原材料仓库	全月平均	普通仓

3. 考核内容——基础设置(增值税率为17%)

1) 操作员权限

操作员002李峰：拥有"公用目录设置""公共单据""应收""应付""采购管理""销售管理"中的所有权限。

操作员003王兵：拥有"公用目录设置""公共单据""总账""薪资管理""固定资产"中的所有权限。

2) 为了公司数据安全请设置"001重要数据备份"

内容：

(1) 每月对重要数据进行账套备份，发生天数为1天，从零点开始，有效触发时间为3小时，旧账套数据保留5天。

(2) 对777账套进行备份，数据保存在"C:\重要数据备份"路径下。

3) 增加企业税号为3106656437294，有外币核算

4) 应收账款设置

应收账款设置为客户核算，受控系统为应收账款。将应付账款设置为供应商核算，受控系统为应付账款。其他应收款设置为个人往来核算。

5) 设置会计科目

设置指定科目，指定"现金总账科目1001""银行总账科目1002"。

6) 定义凭证类别：记账凭证

7) 修改人员档案

(1) 删除生产部赵红。

(2) 20001 张雪的业务费用归集部门修改为"采购部"。

(3) 30101 雷磊修改为"是业务员"。

(4) 30201 何亮修改为"男""是业务员"。

8) 修改人员档案列表显示格式

选择	部门编码	部门名称	人员编码	姓名	人员类别	性别	身份证号	业务或费用部门名称

说明："身份证号"与"业务或费用部门名称"显示列宽调整为2250，并锁定列宽不允许调整。

9) 定义供应商档案(见表9-41)

表9-41　供应商档案

供应商编码	供应商简称	属性
YDGS	益达公司	货物
XHGS	兴华公司	货物
FMSH	泛美商行	委外
ADGS	艾德公司	服务

10) 定义存货分类(见表9-42)

表9-42　存货分类

编码	名称
01	产成品
02	半成品
03	外购品
04	原材料
05	应税劳务

11) 定义计量单位(见表9-43)

表9-43　计量单位

编号	名称	所属计量单位组	计量单位组类别
0101	台	数量单位	无换算
0102	个	数量单位	无换算
0103	条	数量单位	无换算

12) 定义存货档案(见表9-44)

表9-44 存货档案

存货编码	存货名称	计量单位	存货属性	所属类别	税率/%
0101	电脑P3	台	自制/销售	产成品	17
0102	电脑P4	台	自制/销售	产成品	17
0201	主机P3	台	自制/销售/生产耗用	半成品	17
0202	主机P4	台	自制/销售/生产耗用	半成品	17
0301	显示器	台	外购/销售/生产耗用	外购品	17
0302	鼠标	个	外购/销售/生产耗用	外购品	17
0303	键盘	个	外购/销售/生产耗用	外购品	17
0304	内存条	条	外购/销售/生产耗用	外购品	17
0305	硬盘	个	外购/销售/生产耗用	外购品	17

13) 定义采购类型、销售类型

(1) 普通采购,入库类别为"采购入库",默认值。

(2) 普通销售,出库类别均为"销售出库",默认值。

14) 定义收发类别(见表9-45)

表9-45 收发类别

收/发	类别编码	类别名称
收	14	调拨入库
	2	非正常入库
	21	盘盈入库
	22	其他入库
发	33	调拨出库
	4	非正常出库
	41	盘亏出库
	42	其他出库

15) 定义会计科目(见表9-46)

表9-46 会计科目

科目编码	科目名称	外币/单位	方向	辅助核算
1002	银行存款		借	
100201	工行存款		借	
100202	中行存款	美元	借	
1405	库存商品		借	
140501	硬盘		借	数量核算 个
140502	电脑P3		借	数量核算 台
140503	内存条		借	数量核算 条
140504	主板		借	数量核算 个
5001	生产成本		借	
500101	直接材料		借	
500102	直接人工		借	
500103	制造费用		借	

(续表)

科目编码	科目名称	外币/单位	方向	辅助核算
5101	制造费用	部门核算	借	
510101	工资	部门核算	借	
510102	福利费	部门核算	借	
510103	邮电费	部门核算	借	
510104	折旧费	部门核算	借	
6001	主营业务收入		贷	
600101	电脑P3		贷	数量核算 台
600102	电脑P4		贷	数量核算 台
6602	管理费用	部门核算	借	
660201	工资	部门核算	借	
660202	福利费	部门核算	借	
660203	电话费	部门核算	借	
660204	折旧费	部门核算	借	
660205	差旅费	部门核算	借	
6603	财务费用		借	

16) 固定资产初始设置

(1) 修改固定资产编码方式为：自动编号(类别编号+序号，序号长度4位);

(2) 业务发生后立即制单;

(3) 输入固定资产、累计折旧和减值准备缺省入账科目;

(4) 对账不平不允许结账。

17) 录入部门及对应折旧科目

(1) 生产部——制造费用;

(2) 其他部门——管理费用。

18) 设置固定资产类别:

(1) 房屋建筑物，使用年限70年，总不计提折旧。

(2) 生产专用设备，使用年限10年，正常计提，平均年限法(一)，净残值率3%。

(3) 交通设备，使用年限8年，正常计提，平均年限法(一)，净残值率5%。

(4) 办公设备，使用年限3年，正常计提，平均年限法(一)，净残值率3%。

19) 录入固定资产原始卡片

选择"系统"→"设置"→"卡片"→"录入原始卡片"，录入表9-47所示的卡片资料。

表9-47 卡片资料

名称	类别	规格	部门	使用年限	开始使用日期	原值	累计折旧	残值率
数控镗铣床10台	02	XK2720	多部门	10年	2015-01-01	1 000 000	185 916.66	3%
程控交换机	02	CH008	生产二部	10年	2015-08-01	180 000	23 280	3%
奥迪轿车	03	奥迪A4	人事部	8年	2015-10-11	250 000	36 240	5%
电脑10台	04	联想	多部门	3年	2016-10-01	50 000	2750	3%
合计						1 480 000	248 186.66	

注: 原始卡片增加方式，均为直接购入的方式，使用状况均为在用，各卡片均为"平均年限法(一)"。

(1) 数控镗铣床10台生产一部占用5台，生产二部占用5台。

(2) 增加卡片样式电脑10台采购部使用1台，销售一部使用2台，人事部使用1台，财务部使用5台，生产一部使用1台。

20) 增加卡片样式

为了对生产部数控机床加强管理，增加"数控机床卡片"卡片样式，卡片样式同通用卡片样式。

21) 薪资管理初始设置

(1) 使用两个工资类别进行管理，代扣个人所得税。

(2) 管理人员类别，所属部门为财务部、人事部、采购部、销售一部、销售二部。启用时期为"2017年1月1日"。

(3) 生产人员类别，所属部门为生产一部、生产二部。启用时期为"2017年1月1日"。

22) 设置工资项目

录入工资项目如表9-48所示。

表9-48 工资项目

工资项目	类型	长度	小数点	增减及其他
基本工资	数字	10	2	增项
岗位工资	数字	10	2	增项
住房补贴	数字	8	2	增项
应发合计	数字	10	2	增项
病假天数	数字	4	1	其他
病假扣款	数字	8	2	减项
事假天数	数字	4	1	其他
事假扣款	数字	8	2	减项
扣税基数	数字	8	2	其他
扣款合计	数字	8	2	减项
代扣税	数字	10	2	减项
实发合计	数字	10	2	增项

23) 设置工资公式

(1) 管理人员工资类别

设置工资项目及公式定义如下：

工资项目：选择所有工资项目

公式定义：病假扣款＝病假天数*50

事假扣款＝事假天数*150

(2) 生产人员工资类别

进入"生产人员工资类别"后，设置工资项目及公式定义如下：

工资项目：选择所有工资项目

公式定义：病假扣款＝病假天数*50

事假扣款＝事假天数*150

24) 录入人员工资数据(见表9-49)

表9-49 人员工资

部门	姓名	基本工资	岗位工资	住房补贴	病假天数	事假天数
销售一部	雷磊	3500	1000	400	3	1
采购部	张雪	3200	1500	300	1	1

注：个人所得税扣税基数按3500元计算。

4. 考核内容——期初余额

(1) 录入期初余额，如表9-50所示。

表9-50　期初余额

科目编码	科目名称	方向	期初余额	科目编码	科目名称	方向	期初余额
1001	现金	借	6775.5	2001	短期借款	贷	410 000
1002	银行存款	借	159 388.89	2202	应付账款	贷	276 850
100201	工行存款	借	159 388.89	4001	实收资本(或股本)	贷	1 500 000
1122	应收账款	借	157 600	4104	利润分配	贷	−120 922.31
1221	其他应收款	借	5000	410401	未分配利润	贷	−120 922.31
1403	原材料	借	238 384.16				
1405	库存商品	借	266 965.8				
140501	硬盘	借	68 376				
			100				
140502	电脑P3	借	143 589.8				
			20				
140503	内存条	借	15 000				
			100				
140504	主板	借	40 000				
			50				
1601	固定资产	借	1 480 000				
1602	累计折旧	贷	248 186.66				

(2) 录入应收账款1122明细余额，如表9-51所示。

表9-51　应收账款1122明细余额

日期	凭证号	客户单位名称	摘要	方向	金额
2016-10-13		华发公司	销售商品	借	99 600.00
2016-11-06		昌运公司	销售商品	借	58 000.00

(3) 录入1221其他应收款——个人明细余额，如表9-52所示。

表9-52　1221其他应收款——个人明细余额

日期	凭证号	部门	职员	摘要	方向	金额
2016-9-27		采购部	张雪	出差借款	借	5000.00

(4) 录入2202应付账款明细余额，如表9-53所示。

表9-53　2202应付账款明细余额

日期	凭证号	供应商单位名称	摘要	方向	金额
2016-11-07		兴华公司	采购商品	贷	176 850.00
2016-07-29		益达公司	采购商品	贷	100 000.00

余额录入完成后，请试算平衡，对账。

5. 考核内容——日常业务处理

(1) 1月2日，公司提取备用金，从工行提取现金20 000元，现金支票票号1234。

(2) 1月5日，采购部张雪报销差旅费4850.50元，交还现金149.50元。

(3) 1月5日，人事部申请购入天禧电脑2台，价值10 000元，工行转账支付，票号2245。

(4) 1月5日，收到华发公司2016年销售商品货款99 600元，工行转账支票4456，财务进行核销处理。

(5) 1月8日，业务员雷磊向兴华公司订购键盘300只，无税单价为46.8元，当天收到该笔货物的专用发票一张，发票号85010，货款未付。

(6) 1月14日，销售一部向昌运公司出售10台电脑P3，无税单价为6300元，当天开出专用销售发票一张，发票号65432。货税款未收。

昌运公司信息：税号41330589；开户银行为工行知春路分理处；银行账号120089894456。

本单位开户信息：开户银行为工行上地分理处；银行账号120087997788。

(7) 1月26日，将奥迪A4轿车出售，卖了18万元，转账支票结算。

第三届"用友杯"全国大学生会计信息化技能大赛决赛(修改版)评分标准

1. 基础设置(增值税率为17%)

1) 评分标准：得2分
(每个操作员名称正确，权限正确得1分。)

2) 评分标准：得1分

3) 评分标准：得1分

4) 评分标准：得1分

5) 评分标准：得1分

6) 评分标准：得0.5分

7) 评分标准：得1.5分
(前两个评分点每个0.5分，后两个评分点每个0.25分。)

8) 评分标准：得2分

9) 评分标准：得2分

10) 评分标准：得2分

11) 评分标准：得2分
(计量单位分组正确得1分。)
(计量单位设置正确得1分。)

12) 评分标准：得4分

13) 评分标准：得1分

14) 评分标准：得2分

15) 评分标准：得4分

16) 评分标准：得2分

17) 评分标准：得2分

18) 评分标准：得2分

19) 评分标准：得4分
(一条记录得1分。)

20) 评分标准：得1分
(卡片样式名称正确，卡片样式同通用卡片样式。)

21) 评分标准：合计2分

(每个类别1分，共2分。)

22) 评分标准：合计2分

23) 评分标准：合计4分

(每个类别2分，共4分。)

24) 评分标准：合计1分

2. 期初余额

评分标准：合计4分

(1) 金额录入正确得1分。

(2) 应收账款辅助明细录入正确得1分。

(3) 应付账款辅助明细录入正确得1分。

(4) 其他应收款辅助明细录入正确得1分。

3. 日常业务处理

1) 评分标准：2分

(凭证时间、分录、金额、结算方式、支票号正确。)

借：库存现金　　　　　　　　　　　　20 000.00

　　贷：银行存款——工行存款　　　　　　20 000.00

2) 评分标准：2分

借：库存现金　　　　　　　　　　　　149.50

　　管理费用——差旅费——采购部　　　4850.50

　　贷：其他应收款——张雪　　　　　　5000.00

3) 评分标准：合计4分

在固定资产——资产增加中新增加一张固定资产卡片，得2分。

在固定资产中录入卡片后立即制单，得2分。

(直接在总账中录入凭证不得分。)

借：固定资产　　　　　　　　　　　　10 000

　　贷：银行存款——工行存款　　　　　10 000

4) 评分标准：合计6分

在应收款管理系统制单，凭证时间、分录、金额、结算方式、支票号正确得2分。

核销处理得4分。

借：银行存款——工行存款　　　　　　99 600

　　贷：应收账款——华发公司　　　　　99 600

5) 评分标准：合计11分

(1) 填制采购专用发票85010，得6分(采购专用发票编码规则为可修改)。

(2) 凭证5分。

借：原材料　　　　　　　　　　　　　12 000

　　应交税费——应缴增值税——进项税额　2040

　　贷：应付账款——兴华公司　　　　　14 040

6) 评分标准：合计10分

(1) 销售发票5分

(2) 凭证3分

借：应收账款——昌运公司　　　　　　　63 000

　　贷：主营业务收入——电脑P3　　　53 846.15

　　　　应交税费——应缴增值税——销项税额　　　9153.85

(3) 昌运公司档案设置完整得1分。

(4) 本单位开户银行账号设置完整得1分。

7) 评分标准：4分

(每笔凭证2分。)

(1) 借：累计折旧　　　　　　　　　　　38 715

　　　　固定资产清理　　　　　　　　211 285

　　　　贷：固定资产　　　　　　　　　　250 000

(2) 借：银行存款——工行存款　　　　　180 000

　　　　待处理财产损溢——待处理固定资产　31 285

　　　　贷：固定资产清理　　　　　　　　211 285

附录

附录A 用友ERP自定义转账常用公式

1. 结转制造费用

借：生产成本 CE()

    贷：制造费用 QM(制造费用，月)

公式含义

借：借贷方平衡差额

    贷：制造费用本月期末余额

按比例分配制造费用(假设按4:1分配)

借：生产成本——A JG(制造费用)*0.8

    生产成本——B G(制造费用)*0.2或CE ( )

    贷：制造费用 QM(制造费用，月)

2. 结转完工产品

借：库存商品 CE()

    贷：生产成本 QM(生产成本，月)

公式含义

借：借贷方平衡差额

    贷：生产成本本月期末余额

3. 结转未交增值税

借：应交税费——应交增值税——转出未交增值税

QM(增值税销项税额，月)——QM(增值税进项税额，月)+QM(增值税进项税额转出，月)

    贷：应交税费——未交增值税CE()

公式含义

借：增值税销项税额本月期末余额——增值税进项税额本月期末余额+增值税进项税额转出的期末余额

    贷：借贷平衡差额

4. 计提城市维护建设税和地方教育费附加

借：税金及附加 CE()或JG()
　　贷：应交税费——应交城市维护建设税
　　　　(QM(未交增值税，月)+QM(应交消费税，月)*7%
　　　　　　——应交地方教育费附加
　　　　(QM(未交增值税，月)+QM(应交消费税，月)*3%
公式含义
借：借贷方差额
　　贷：(未交增值税本月期末余额+应交消费税本月期末余额)*7%
　　　　(未交增值税本月期末余额+应交消费税本月期末余额)*3%

5. 计提所得税

借：所得税 JG()
　　贷：应交税费——应交所得税 JE(本年利润，月)*25%
公式含义
借：取对方科目的计算结果
　　贷：本年利润本月净发生额*25%

6. 结转所得税

借：本年利润 JG()
　　贷：所得税 QM(所得税费用，月)
公式含义
借：取对方科目的计算结果
　　贷：所得税费用本月期末余额

7. 结转本年利润

借：本年利润 QM(本年利润，月)
　　贷：利润分配——未分配利润 CE()
公式含义
借：本年利润本月期末余额
　　贷：借贷方差额

8. 提取盈余公积和公益金

借：利润分配——提取法定盈余公积金 JG(盈余公积——法定盈余公积金)
　　　　——提取法定公益金 JG(盈余公积——法定公益金)
　　贷：盈余公积金——法定盈余公积金 FS(利润分配——未分配利润，月，贷)*10%
　　　　——法定公益金 FS(利润分配——未分配利润，月，贷)*5%
　　　或FS(本年利润，贷)*5%-FS(本年利润，借)*5%

公式含义

借：盈余公积——法定盈余公积金的计算结果

　　盈余公积——法定公益金的计算结果

　　贷：利润分配——未分配利润 本月 贷方的发生额 *10%

　　　　利润分配——未分配利润 本月 贷方的发生额 *5%

9. 结转盈余公积和公益金

借：利润分配——未分配利润 CE()

　　贷：利润分配——提取法定盈余公积金

　　　　FS(利润分配——提取法定盈余公积金，月，借)

　　　　　　　　——提取法定公益金

　　　　FS(利润分配——提取法定公益金，月，借)

公式含义

借：借贷方差额

　　贷：利润分配——提取法定盈余公积金 本月 借方的发生额

　　　　利润分配——提取法定公益金 本月 借方的发生额

> **提示：** JG()取对方计算结果(括号内输入具体科目代码；如果括号为空，则默认取对方计算结果)
>
> JE()借贷方净发生额(括号内输入具体科目代码，如本年利润科目代码)
>
> CE()借贷方平衡差额(括号一般为空)
>
> FS()借方发生额或者贷方发生额(括号内输入具体科目代码)
>
> QC()期初余额(括号内输入具体科目代码)
>
> QM()期末余额(括号内输入具体科目代码)

附录B 常用财务函数

1. 函数：期初QC

函数示例：QC(科目编码,会计期间,方向,账套号,会计年度,编码1,编码2,截止日期,是否包含未记账)

2. 函数：期末QM

函数示例：QM(科目编码,会计期间,方向,账套号,会计年度,编码1,编码2,截止日期,是否包含未记账)

3. 函数：外币期末wQM

函数示例：wQM(科目编码,会计期间,方向,账套号,会计年度,编码1,编码2,截止日期,是否包含未记账)

4. 函数：发生FS

函数示例：FS(科目编码,会计期间,方向,账套号,会计年度,编码1,编码2,截止日期,是否包含未记账)

5. 函数：净额JE

函数示例：JE(科目编码,会计期间,账套号,会计年度,编码1,编码2,截止日期,是否包含未记账)

6. 函数：对方科目发生DFS

函数示例：DFS(科目编码,对方科目编码,会计期间,方向,摘要,摘要匹配方式,账套号,会计年度,编码1,编码2,是否包含未记账)

7. 函数：累计发生LFS

函数示例：LFS(科目编码,会计期间,方向,账套号,会计年度,编码1,编码2,是否包含未记账)

8. 函数：本表他页取数SELECT

函数示例：SELECT(区域，页面筛选条件)

9. 函数：表间取数RELATION

实现跨表取其他UFO报表的某个数据或某几个数据之和等。

函数示例："D:\report1.rep"->D5 Relation 月 with "D：\report1.rep"->月

说明:

(1) 科目编码：填字符串，如库存现金（"1001"）。

(2) 会计期间：需要填整数或是"全年"二字。例如1表示一月份，"全年"表示年初余额数。常作为关键字，填个"月"字就行。

(3) 方向：就是科目的借方或贷方，填"借"、"贷"。缺省为""。

(4) 账套号：缺省为默认。

(5) 会计年度：常用作关键字，只要填个"年"字就行。

(6) 编码1和2：辅助核算的内容，暂时用不到这个。

(7) 截止日期：可以是某一日期或天，若为某个具体日期则计算该日期的余额；若为"天"则计算当前系统日期的余额。注意：会计期间和截止日期只能选择其中一个。

(8) 是否包含未记账：填"是""否""Y""N""y""n"，如果填了"是"或"Y"或"y"，表示取数时包含未记账凭证，这样不用每次重算报表时都要反记账取消审核再重新审核记账。干过的人都知道有多么麻烦。所以建议还是填上为好。

(9) 编码1或2汇总：暂时用不到这个。

下面举例说明。

1. 期初QC

QC（"1001",全年,,"001",2017,,,,"y"）

001账套2017年初现金科目的期初余额，包含未记账凭证，省略了不少的参数。

QC（"1001",全年,,,,,,,,）

若当前表页关键字为：年=2017，月=1，默认账套号为"001"，是001账套2017年现金科目期初余额。

QC（"1001",月,,,,,,,,）

若当前表页关键字为：年=2017，月=2，是001账套2017年现金科目2月份期初余额。

2. 发生FS

FS("1001",全年,"借","001",2017,,,,)

001账套2017年现金科目借方的发生额。

主营业务收入=FS("6001",月,"贷",,,,,,)

关键字：年=2017，月=1，缺省了账套号和会计年度，是主营业务收入1月份的发生额。

3. 累计发生LFS

LFS("6602",2,"借","001",,2017,,)

这是2017年2月管理费用的累计发生数。

4. 本表他页取数SELECT

区域：绝对地址表示的数据来源，不含页号和表名(因为是本表取数，所以不含表名；页号由页面筛选条件确定)。

C5=SELECT(B5,月@=月+1)

本表他页取数，B5说明本页的C5取的是本表其他页的B5单元格的数；月是关键字，表示本页的关键字比目标页的关键字大1。若本表关键字月=6，那么目标页的关键字月=5，找到了：关键字月=5的表页的B5单元格。

如6001科目(主营业务收入)每月叠加累计。

D5=C5+SELECT(D5,月@=月+1) (D列是累计数，C列是本月数，这个公式实现的是每月叠加累计。)

SELECT常用公式：

本年累计：D5=C5+SELECT(D5,年@=年 and 月@=月+1)

上月数：E5=SELECT(C5,年@=年 and 月@=月+1)

5. 表间取数RELATION

(1) 保存已有的报表，如路径为D:\report1.rep。

(2) 在要表间取数的报表中设置关键字：月。

(3) 在"格式"状态下单击fx，选择关联条件，关键值和关联关键值都选"月"，关联表名选择已有报表，路径为D:\report1.rep。

(4) 确认后，公式显示为：Relation 月with "D:\report1.rep"->月，复制"D:\report1.rep"->月，放在该公式前，修改月为指定单元格D5(需要跨表取数那个单元格)，公式最后显示为：

"D:\report1.rep"->D5 Relation 月with "D:\report1.rep"->月

"D:\考生文件夹\资产负债表.rep"->C18/"D:\考生文件夹\资产负债表.rep"->G19 Relation 月with "D:\考生文件夹\资产负债表.rep"->月

("D:\考生文件夹\资产负债表.rep"->C7+"D:\考生文件夹\资产负债表.rep"->C8+"D:\考生文件夹\资产负债表.rep"->C9+"D:\考生文件夹\资产负债表.rep"->C10)/"D:\考生文件夹\资产负债表.rep"->G19 Relation 月 with "D:\考生文件夹\资产负债表.rep"->月

"D:\考生文件夹\资产负债表.rep"->G29/"D:\考生文件夹\资产负债表.rep"->C38 Relation 月 with "D:\考生文件夹\资产负债表.rep"->月

跨表取数 "D:\lrb.rep"->C6/("D:\zcfzb.rep"->C15+"D:\zcfzb.rep"->D15)*2 Relation 月 with "D:\zcfzb.rep"->月

问题1：直接填列(见附表B-1)。

附表B-1　直接填列

项目	年初数	期末数
货币资金	QC("1001",全年,,,,,)+QC("1002",全年,,,,,)+ QC("1009",全年,,,,,)	QM("1001",月,,,,,)+QM("1002",月,,,,,)+ QM("1009",月,,,,,)
固定资产	QC("1601",全年,,,,)	QM("1601",月,,,,)
应交税费	QC("2221",全年,,,,,)	QM("2221",月,,,,)
实收资本	QC("4001",全年,,,,)	QM("4001",月,,,,)

问题2：分析填列(应收账款、预付账款、应付账款、预收账款科目编码)(见附表B-2)。

附表B-2　分析填列

项目	年初数	期末数
应收账款 1122	QC("1122",全年,"借",,,,) +QC("2203",全年,"借",,,,)-QC("1231", 全年,"借",,,,)	QM("1122",月,"借",,,,) + QM("2203",月,"借",,,,)-QM("1231",全 年,"借",,,,)
预付账款 1123	QC("1123",全年,"借",,,,) +QC("2202",全年,"借",,,,)	QM("1123",月,"借",,,,) +QM("2202",月,"借",,,,)
应付账款 2202	QC("2202",全年,"贷",,,,) +QC("1123",全年,"贷",,,,)	QM("2202",月,"贷",,,,) +QM("1123",月,"贷",,,,)
预收账款 2203	QC("2203",全年,"贷",,,,) +QC("1122",全年,"贷",,,,)	QM("2203",月,"贷",,,,) +QM("1122",月,"贷",,,,)